Bürgerbegehren und Bürgerentscheid zu Fragen der Bauleitplanung

Europäische Hochschulschriften

European University Studies
Publications Universitaires Européennes

Reihe II	**Rechtswissenschaft**
Series II	Law
Série II	Droit

Band/Volume **5613**

Katharina Kaup

Bürgerbegehren und Bürgerentscheid zu Fragen der Bauleitplanung

Eine Prüfung der Vereinbarkeit mit den Vorschriften des Baugesetzbuches

PL ACADEMIC RESEARCH

Bibliografische Information der Deutschen Nationalbibliothek
Die Deutsche Nationalbibliothek verzeichnet diese Publikation in der Deutschen Nationalbibliografie; detaillierte bibliografische Daten sind im Internet über http://dnb.d-nb.de abrufbar.

Zugl.: Heidelberg, Univ., Diss., 2013

D 16
ISSN 0531-7312
ISBN 978-3-631-65326-5 (Print)
E-ISBN 978-3-653-04505-5 (E-Book)
DOI 10.3726/ 978-3-653-04505-5

PL Academic Research ist ein Imprint der Peter Lang GmbH.
Peter Lang – Frankfurt am Main · Bern · Bruxelles · New York · Oxford · Warszawa · Wien

Dieses Buch wurde vor Erscheinen peer reviewed.

www.peterlang.com

Vorwort

Die vorliegende Arbeit wurde im Wintersemester 2013/2014 von der Juristischen Fakultät der Ruprecht-Karls-Universität Heidelberg als Dissertation angenommen. Sie ist im Wesentlichen auf dem Stand von Anfang 2011; seither ergangene Rechtsprechung und Literatur konnten nur vereinzelt berücksichtigt werden.

Mein Dank gilt meinem Doktorvater, Herrn Prof. Dr. Reimer, für seine Unterstützung sowie Frau Prof. Dr. Ute Mager für die zügige Erstellung des Zweitgutachtens. Der Graduiertenakademie der Universität Heidelberg danke ich für die Gewährung eines Promotionsstipendiums der Landesgraduiertenförderung.

Heidelberg, im Januar 2014 Katharina Kaup

Inhaltsverzeichnis

Einführung

Bürgerbegehren und Bürgerentscheide zu Fragen der Bauleitplanung sind für die Bürger einer Gemeinde von besonderem Interesse. Der Grund für diese statistisch belegte Erkenntnis[1] kann darin erblickt werden, dass die Stimmbürgerschaft von stadtplanerischen Maßnahmen regelmäßig fühlbar betroffen wird. So tritt eine besondere Betroffenheit nicht nur dann ein, wenn bauleitplanungsrechtliche Entscheidungen sich im Einzelfall auf das eigene Grundstück des jeweils begehrenden und abstimmenden Bürgers beziehen sollten, vielmehr hat eine Entscheidung zur Stadtplanung angesichts ihrer Konsequenzen etwa für den allgemeinen Freizeitwert, das Orts- und Landschaftsbild, die Einkaufsmöglichkeiten, das Verkehrsaufkommen oder die Beschäftigungsmöglichkeiten, regelmäßig eine fühlbare Betroffenheit der Allgemeinheit zur Folge. Durch das kommunalverfassungsrechtliche Rechtsinstitut des Bürgerbegehrens und -entscheids wird eine Entscheidung der Stimmbürgerschaft anstelle des sonst zuständigen Gemeinderats ermöglicht. Unabhängig von deren rechtlicher Zulässigkeit sind damit im Rahmen der Bauleitplanung grundsätzlich verschiedene praktische Anwendungsfälle denkbar. Dies sind zum einen der zwingend den Gegenstand eines jeden abgeschlossenen Bauleitplanverfahrens darstellende Satzungs- bzw. Feststellungsbeschluss sowie der regelmäßig diesem vorausgehende Aufstellungs- und der Auslegungsbeschluss. Ein Bürgerentscheid ist zum anderen für Entscheidungen vorstellbar, bei denen es sich zwar nicht um im Verfahren des Baugesetzbuchs ausdrücklich genannte (förmliche) Beschlüsse handelt, die aber dennoch maßgeblich auf die Bauleitplanung einwirken. Gemeint sind die Festlegung einzelner Festsetzungen durch Bürgerentscheid, wobei wiederum zwischen der Entscheidung über einzelne konkret bestimmte Planinhalte und sogenannten Rahmenfestlegungen zu unterscheiden ist, und die Entscheidung über einen Planungsverzicht oder Planungsstopp.

---

1 Vgl. etwa Mehr Demokratie e.V., Erster Bürgerbegehrensbericht Deutschland, S. 20 f., wonach im bundesweiten Vergleich über 43 Prozent aller Verfahren den Bereich der Bauleitplanung berührten.

Zudem zeigen die zur Verfügung stehenden Statistiken, dass etwa in Bayern, wo eine ausdrückliche Ausnahmeregelung für Bürgerbegehren in Sachen der Bauleitplanung vollständig fehlt, Bauleitpläne bei den Themen der Bürgerbegehren und Bürgerentscheide mit an vorderster Stelle rangieren, vgl. Mehr Demokratie e.V., Zehn-Jahres-Bericht bayerischer Bürgerbegehren und Bürgerentscheide, S. 4 u. 17 f.

Thema der vorliegenden Arbeit ist die für eine praktische Umsetzung der denkbaren Anwendungsfälle entscheidende Frage nach der rechtlichen Zulässigkeit von Bürgerbegehren und Bürgerentscheiden zu Fragen der Bauleitplanung bzw. deren Grenzen. Dabei geht es jedoch nicht um die rechtlichen Grenzen, die durch die verschiedenen auf Zweckmäßigkeitserwägungen[2] des Landesgesetzgebers beruhenden landesrechtlichen Bestimmungen gesetzt werden[3]. Auch unterbleibt eine Prüfung am Maßstab solcher (verfassungsrechtlicher) Bestimmungen, die direktdemokratische Elemente wie Bürgerbegehren und Bürgerentscheid insgesamt, d. h. nicht speziell Bürgerbegehren und Bürgerentscheid zu Fragen der Bauleitplanung, als problematisch erscheinen lassen. Die bereits vielfach zum Gegenstand umfangreicher Untersuchungen gemachte Frage nach der grundsätzlichen Vereinbarkeit von Bürgerbegehren und Bürgerentscheid insbesondere mit dem Demokratieprinzip, dem Rechtsstaatsprinzip sowie der Garantie der gemeindlichen Selbstverwaltung kann heute weitgehend als geklärt angesehen werden[4].

---

2 Zu den für und wider kommunale Abstimmungen erwogenen rechtspolitischen Zweckmäßigkeitsgesichtspunkten vgl. ausführlich Gebhardt, Direkte Demokratie, S. 135 ff.; Streinz, Die Verwaltung 16 (1983), 293 (305 ff); siehe auch Pröckl, Die unmittelbare Beteiligung der Bürger an der Gemeindeverwaltung, S. 107 ff.

3 Die Zulässigkeit von Bürgerbegehren und Bürgerentscheiden zu Fragen der Bauleitplanung erfährt in den einzelnen Bundeländern unterschiedliche Regelungen, vgl. Art. 18a Abs. 3 BayGO; § 21 Abs. 2 Nr. 6 GemO BW; § 20 Abs. 3 Nr. 10 GO Bbg; § 8 b Abs. 2 HGO; § 20 Abs. 2 Nr. 4 KV M-V; § 22 b Abs. 2 S. 2 Nr. 6 NGO; § 26 Abs. 5 Nr. 6 GO NRW; § 17 a Abs. 2 Nr. 6 GemO RP; § 21 a Abs. 4 Nr. 6 SaarlKSVG; § 24 Abs. 2 SächsGemO; § 26 Abs. 3 GO LSA; § 16 g Abs. 2 Nr. 6 GO SH; § 17 Abs. 2 ThürKO (die Darstellung der Regelungen ist in dieser Arbeit angesichts der unterschiedlichen Struktur von Flächen- und Stadtstaaten aus Gründen der Übersichtlichkeit auf die Flächenstaaten der Bundesrepublik beschränkt). Unterscheiden lassen sich dabei drei Regelungstypen: Nach dem überwiegend, namentlich in Brandenburg, Mecklenburg-Vorpommern, Nordrhein-Westfalen, Niedersachsen, Rheinland-Pfalz, dem Saarland und Schleswig-Holstein, vorzufindenden Regelungstyp werden Bürgerbegehren und -entscheide über „die Aufstellung, Änderung, (Ergänzung) und Aufhebung von Bauleitplänen“ für unzulässig erklärt. Die seit der Neuregelung im Jahre 2005 in Baden-Württemberg vorzufindende Ausnahmevorschrift verbietet Bürgerentscheide „über Bauleitpläne …“. In den übrigen Bundesländern, namentlich in Bayern, Hessen, Sachsen, Sachsen-Anhalt und Thüringen, fehlt es dagegen vollständig an einem die Bauleitplanung betreffenden Ausnahmetatbestand.

4 Vgl. insb. Gebhardt, Direkte Demokratie, S. 85 ff.; Huber, AöR 126 (2001), 165 (169 ff.), Streinz, Die Verwaltung 16 (1983), 293 (299 ff.); Ritgen, Bürgerbegehren und Bürgerentscheid, S. 55 ff.; dens. NVwZ 2000, 129 (130 f.); Dressel, Bürgerbegehren und Bürgerentscheid, S. 47 ff; siehe auch BVerfG, Beschluss vom 24.03.1982 – 2 BvH 1, 2/82, 2 BvR 233/82 –, BVerfGE 60, 175 (208).

Gegenstand der vorliegenden Untersuchung ist vielmehr die Prüfung der Vereinbarkeit mit den Vorschriften, die sich speziell für den hier interessierenden Fall der Bürgerbegehren und Bürgerentscheide zu Fragen der Bauleitplanung als problematisch erweisen, und damit insbesondere die Prüfung der Vereinbarkeit mit den bundesrechtlichen Vorschriften des Baugesetzbuches.

Durch die Prüfung möglicher rechtlicher Grenzen zeigt die Arbeit auch den Spielraum auf, der den Landesgesetzgebern im Hinblick auf die Zulassung von Bürgerbegehren und Bürgerentscheid zu Fragen der Bauleitplanung bei der Ausgestaltung der jeweiligen landesrechtlichen Bestimmung zusteht. Gleichzeitig leistet sie so einen Beitrag zu der vielfach umstrittenen Auslegung der bestehenden landesrechtlichen Regelungen[5], denn die bundesrechtskonforme Auslegung lässt nur ein solches Verständnis landesrechtlicher Regelungen zu, das die Vereinbarkeit mit dem höherrangigen Bundesrecht gewährleistet.

Die bisherige Auseinandersetzung in der Rechtsprechung[6] und rechtswissenschaftlichen Literatur[7] mit der Frage der Zulässigkeit von Bürgerbegehren und

---

5 Vgl. aus der Rechtsprechung bspw. VGH Mannheim, Beschluss vom 27.06.2011 – 1 S 1509/11 –, DVBl. 2011, 1035 (1037 f.); dens., Beschluss vom 20.03.2009 – 1 S 419/09 –, NVwZ-RR 2009, 574 (574 f.); dens., Urteil vom 22.06.2009 – 1 S 2865/08 –, VBlBW 2009, 425 (425 ff.); BayVGH, Beschluss vom 28.07.2005 – 4 CE 05.1961 –, BayVBl. 2006, 405 (406); VG Karlsruhe, Urteil vom 30.05.2008 – 1 K 78/08 –, juris Rn. 14 ff.; VG Braunschweig, Urteil vom 27.05.2004 – 1 A 103/04 –, NdsVBl. 2005, 78 (79); VG Köln, Urteil vom 25.05.2007 – 4 K 4967/06 –, juris Rn. 18 ff.; dass., Urteil vom 03.09.1999 – 4 K 2849/97 –, NWVBl. 2000, 267 (270); OVG Greifswald, Beschluss vom 24.07.1996 – 1 M 43/46 –, NVwZ 1997, 306 (308); OVG Sachsen, Beschluss vom 08.06.2000 – 3 B 500/99 –, SächsVBl. 2000, 265 (266 f.); OVG Münster, Beschluss vom 17.07.2007 – 15 B 874/07 –, NVwZ-RR 2007, 803 (803 f.). Aus der Literatur vgl. etwa Burmeister/Wortha, VBlBW 2009, 412 (413 ff.); Löbbecke, VBlBW 2009, 253 (254 ff.); Geitmann, VBlBW 2007, 321 (328).

6 Vgl. etwa BayVGH, Beschluss vom 28.07.2005 – 4 CE 05.1961 –, NVwZ-RR 2006, 208 (209); dens., Beschluss vom 11.08.2005 – 4 CE 05.1580 –, BayVBl 2006, 733 (734); dens., Urteil vom 28.05.2008 – 4 BV 07.1981 –, KommP BY 2008, 308 (310); dens., Beschluss vom 07.10.1997 – 4 ZE 97.2965 –, VwRR BY 1997, 357 (357 ff.); dens., Urteil vom 14.10.1998 – 4 B 98.505 –, VwRR BY 1999, 4 (7); VG Würzburg, Urteil vom 02.07.2003 – W 2 K 03.304 –, BayVBl 2003, 758; dass., Urteil vom 08.05.2002 – W 2 K 01.1244 –, BayVBl 2003, 87 (88); VG Augsburg, Urteil vom 18.06.1997 – Au 5 K 96.1065 –, VwRR BY 1997, 321 (322); VG Regensburg, Beschluss vom 12.10.2004 – RO 3 E 04.1875 –, abgedr. In Thum, Bürgerbegehren und Bürgerentscheid, Kz. 43.18.

7 Vgl. insbesondere Thum, Bürgerbegehren und Bürgerentscheid, Art. 18 a GO, Kz. 13.01, S. 10 f.; dens., KommP BY 1998, 411 (412 f.); Kautz, BayVBl. 2005, 193 (195 ff.); Finkelnburg, in: Battis/Söfker/Stüer, FS für Krautzberger, S. 11 (16 f.);

Bürgerentscheid zu Fragen der Bauleitplanung betrifft fast ausschließlich die rechtliche Problematik der Vereinbarkeit mit dem bauplanungsrechtlichen Abwägungsgebot und markiert damit deutlich den Schwerpunkt der gesamten Diskussion um die Zulässigkeit direktdemokratischer Entscheidungen zu bauplanungsrechtlichen Fragen. Eine nähere Untersuchung findet sich jedoch nur sehr vereinzelt[8]. Die oft anzutreffende Aussage, Planungsentscheidungen seien Bürgerbegehren und Bürgerentscheid von vorneherein nicht zugänglich, da sich komplexe Abwägungsentscheidungen nicht in ein Ja/Nein-Schema pressen ließen, ist jedenfalls zu kurz gegriffen und wird der Problematik nicht gerecht.

Als Kernstück der Untersuchung analysiert die vorliegende Arbeit deshalb in ihrem ersten Teil die Vereinbarkeit von Bürgerbegehren und Bürgerentscheid zu Fragen der Bauleitplanung mit dem bundesrechtlich geregelten bauplanerischen Abwägungsgebot der §§ 1 Abs. 7, 2 Abs. 3 BauGB, das die Bauleitplanung sowohl verfahrensrechtlich als auch inhaltlich steuert. Nach einer kurzen Darstellung der allgemeinen Anforderungen des Abwägungsgebots im ersten Kapitel und einer darauffolgenden Zusammenfassung der in Rechtsprechung und Literatur vertretenen Auffassungen zur Vereinbarkeit von Bürgerbegehren und Bürgerentscheid zu Fragen der Bauleitplanung mit dem Abwägungsgebot in Kapitel 2 folgt im dritten Kapitel eine eingehende Untersuchung zur Vereinbarkeit des Abwägungsgebots mit sämtlichen im Rahmen der Bauleitplanung in Betracht kommenden direktdemokratischen Entscheidungen.

Der zweite Teil der Untersuchung richtet den Blick auf weitere Vorschriften des Baugesetzbuches, die der Zulässigkeit von Bürgerbegehren und Bürgerentscheid zu Fragen der Bauleitplanung entgegenstehen könnten. In fünf Kapiteln wird die Vereinbarkeit namentlich mit § 1 Abs. 3 S. 1, § 1 Abs. 3 S. 2, § 3, § 33 BauGB

---

v. Golitschek, in: Wollenschläger/Kreßel/Egger, FS für Hablitzel, S. 137 (146 ff.); Gebhardt, Direkte Demokratie, S. 181 f.; Neusinger, Bürgerbegehren und Bürgerentscheid, S. 114 ff.; Pröckel, Die unmittelbare Beteiligung der Bürger an der Gemeindeverwaltung, S. 88; Wegmann, in: Bayerische Landeszentrale für politische Bildungsarbeit, Kommunalpolitik in Bayern, S. 75 (94); Ossenbühl, in: Seiler, FS für Rommel, S. 247 (262); Metzner, KommP BY 1998, 163 (163 f.); Dressel, Bürgerbegehren und Bürgerentscheid, S. 120 ff.; Burkhardt, Die rechtliche Ordnung des Bürgerentscheids, Bürger- und Ratsbegehrens, S. 220; Huber, in: Hölzl/Hien/Huber, GO, Art. 18 a Anm. 4.3.1 und Groh/Haubelt/Raithel, Bürgerentscheid in Bayern, S. 71 f.

8 Eine nähere Auseinandersetzung mit der Problematik des Abwägungsgebots im Zusammenhang mit Bürgerbegehren und Bürgerentscheid zu Fragen der Bauleitplanung findet sich bei Kautz, BayVBl. 2005, 193 (193 ff).

sowie §§ 39 ff. BauGB i.V.m. dem Grundsatz der wirtschaftlichen und sparsamen Haushaltsführung einer eingehenden Prüfung unterzogen.

Die Arbeit schließt in einem dritten Teil mit der Zusammenfassung der wesentlichen Ergebnisse und einem kurzen Blick auf die Konsequenzen für das Kommunalrecht der Flächenstaaten ab.

Teil 1: Vereinbarkeit von Bürgerbegehren und Bürgerentscheiden zu Fragen der Bauleitplanung mit dem Abwägungsgebot

Es bedarf einer Untersuchung der Frage, ob und, wenn ja, inwieweit das bauplanungsrechtliche Gebot gerechter Abwägung Bürgerbegehren und Bürgerentscheiden zu Fragen der Bauleitplanung entgegenstehen könnte. Die in der Rechtsprechung und rechtswissenschaftlichen Literatur vorzufindenden Auseinandersetzungen mit der Zulässigkeit von Bürgerbegehren und Bürgerentscheiden zu Fragen der Bauleitplanung, welche fast ausschließlich die rechtliche Problematik der Vereinbarkeit mit dem Abwägungsgebot betreffen, machen deutlich, dass es sich bei dieser Frage zweifellos um einen Schwerpunkt der gesamten Diskussion um die Zulässigkeit direktdemokratischer Entscheidungen zu bauplanungsrechtlichen Fragen handelt. Da es aber bislang nur sehr vereinzelt zu einer umfassenderen Untersuchung der sich hier stellenden Probleme gekommen ist und sich selbst in Einzelpunkten eine einheitliche Linie nicht verzeichnen lässt, ist an dieser Stelle eine ausführliche Untersuchung geboten.

Dabei soll zunächst eine kurze Darstellung der Anforderungen des bauplanungsrechtlichen Abwägungsgebots im Allgemeinen erfolgen. Nach einer daran anschließenden Darlegung der in Literatur und Rechtsprechung vertretenen Auffassungen zur Vereinbarkeit von Bürgerbegehren und Bürgerentscheiden zu Fragen der Bauleitplanung im Hinblick auf das Abwägungsgebot erfolgen sodann eine umfangreiche Untersuchung und eine eigene Stellungnahme zur Vereinbarkeit des Abwägungsgebots mit sämtlichen im Rahmen der Bauleitplanung in Betracht kommenden direktdemokratischen Entscheidungen.

Kapitel 1: Das bauplanungsrechtliche Abwägungsgebot – Allgemeines

Nach § 1 Abs. 7 BauGB sind bei der Aufstellung – und über § 1 Abs. 8 BauGB auch bei der Änderung, Ergänzung und Aufhebung von Bauleitplänen – die öffentlichen und privaten Belange gegeneinander und untereinander gerecht abzuwägen. Dieses bauplanungsrechtliche Gebot ist als Bestandteil des verfassungsrechtlichen

Rechtsstaatsprinzips grundsätzlich Kennzeichen jeder rechtsstaatlichen Planung[9]. Für das Bauplanungsrecht hat es in § 1 Abs. 7 BauGB und in dem mit diesem in engem Zusammenhang stehenden § 2 Abs. 3 BauGB eine besondere einfachgesetzliche Ausformung erfahren. Es wirkt sich im Hinblick auf die Erstellung eines Bauleitplans auf die (beabsichtigten) Festsetzungen aus[10], die sich aus den bundesrechtlichen Vorschriften des Baugesetzbuchs und der Baunutzungsverordnung ergeben, und setzt durch die ihm eigene „Steuerungsfunktion im Detail“[11] der planerischen Gestaltungsfreiheit gewisse Grenzen.

Nach ständiger Rechtsprechung des Bundesverwaltungsgerichts[12] erfordert eine gerechte Abwägung, dass eine Abwägung überhaupt stattfindet, dass alle betroffenen Belange sorgfältig ermittelt und in die Abwägung eingestellt werden und dass weder die Bedeutung der betroffenen Belange verkannt noch der Ausgleich zwischen ihnen in einer Weise vorgenommen wird, die zur objektiven Gewichtigkeit einzelner Belange außer Verhältnis steht. Trotz der strengen Bindung der Gemeinde an diese Vorgaben des Abwägungsgebots hat sie immer noch eine breite Auswahl im Hinblick auf die bei der planerischen Gestaltung möglichen Festsetzungsalternativen. Insbesondere hat die Gemeinde das Recht, sich im Rahmen ihrer planerischen Gestaltungsfreiheit für die Bevorzugung eines Belangs und damit notwendigerweise für die Zurückstellung eines anderen Belangs zu entscheiden[13].

In praktischer Konsequenz der vom Bundesverwaltungsgericht gesetzten Anforderungen des Abwägungsgebots lässt sich die Abwägung als Entscheidungsvorgang, der in ein Ergebnis mündet, in folgende Phasen[14] einteilen: Zunächst bedarf es einer Ermittlung der abwägungserheblichen Belange, sodann

---

9 Grundlegend BVerwG, Urteil vom 30.04.1969 – IV C 6.68 –, BauR 1970, 35 (36) sowie Urteil vom 20.10.1972 – IV C 14.71 –, BVerwGE 41, 67 (68).

10 Steht dagegen die isolierte Aufhebung eines Bauleitplans in Frage, kann sich das Abwägungsgebot, welches auch in diesem Fall über § 1 Abs. 8 BauGB zur Anwendung kommt, freilich nur auf die Wahl der Entscheidung zwischen der Vornahme oder Unterlassung einer isolierten Aufhebung des Plans auswirken (siehe dazu noch eingehend unten Teil 1, Kapitel 3, A., II., 2.).

11 Manssen, in: Becker/Heckmann/Kempen/Manssen, Öffentliches Recht in Bayern, S. 391 (437 Rn. 221).

12 Seit BVerwG, Urteil vom 12.12.1969 – IV C 105.66 –, BVerwGE 34, 301 (309); weiterentwickelt insbesondere durch dass., Urteil vom 05.07.1974 – IV C 50.72 –, BVerwGE 45, 309 (314 f.) und dass., Urteil vom 14.02.1975 – 4 C 21.74 –, BVerwGE 48, 56 (63 f.).

13 BVerwG, Urteil vom 12.12.1969 – IV C 105.66 –, BVerwGE 34, 301 (309).

14 So beispielsweise auch Erbguth, JZ 2006, 484 (488); Manssen, in: Becker/Heckmann/Kempen/Manssen, Öffentliches Recht in Bayern, S. 391 (438 Rn. 226 f.).

einer isolierten Bewertung bzw. Gewichtung derselben und schließlich – als Kernstück – der eigentlichen Abwägung als eine Ausgleichsfindung im Verhältnis der Belange zueinander, also in ihrer Relation.

Durch die im Rahmen der Neufassung des Baugesetzbuchs durch das EAG Bau neu eingefügte Vorschrift des § 2 Abs. 3, welche als „Verfahrensgrundnorm"[15] bestimmt, dass bei der Aufstellung der Bauleitpläne die Belange, die für die Abwägung von Bedeutung sind (Abwägungsmaterial), zu ermitteln und zu bewerten sind, hat sich an diesem Vorgehen und den dabei einzuhaltenden Anforderungen inhaltlich nichts geändert[16]; und auch die grundsätzliche Bedeutung etwaiger auftretender Abwägungsfehler im Sinne der von der Rechtsprechung entwickelten Abwägungsfehlerlehre ist als solche nicht in Frage gestellt. Es ist aber die schon bisher als notwendiger Bestandteil des Abwägungsvorgangs anerkannte Vorarbeit der eigentlichen planerischen Abwägung, eben die Ermittlung und Bewertung der abwägungserheblichen Belange, ausdrücklich in das Gesetz aufgenommen worden, und zudem sind diese bisher unter das materiell-rechtliche Abwägungsgebot des § 1 Abs. 6 BauGB a.F. subsumierten Anforderungen nunmehr dem Verfahrensrecht zugeordnet (vgl. § 214 Abs. 1 Nr. 1, Abs. 3 S. 2 Hs. 1 BauGB)[17]. Mit dieser gesetzgeberischen Entscheidung ging eine Aufspaltung der zuvor rein materiell-rechtlich betrachteten Abwägung in einen materiell-rechtlichen und einen formellen Teil einher. Der Teil des Abwägungsvorgangs, der die Ermittlung und Bewertung des Abwägungsmaterials betrifft (§ 2 Abs. 3 BauGB), ist nunmehr ausschließlich dem Verfahrensrecht zugeordnet, während sich der Abwägungsvorgang im Übrigen[18] (vgl. § 214 Abs. 3 S. 2 Hs. 2 BauGB) sowie das Abwägungsergebnis an den Anforderungen des materiell-rechtlichen Abwägungsgebots des § 1 Abs. 7 BauGB messen lassen

15 BT-Drs. 15/2250, S. 42.

16 BT-Drs. 15/2250, S. 42.; vgl. auch Ley, DVP 2005, 45 (49); Finkelnburg, NVwZ 2004, 897 (899); sowie nun auch BVerwG, Urteil vom 09.04.2008 – 4 CN 1.07 –, NVwZ 2008, 899 (900) mit Besprechung von Mager, JA 2009, 398 (400).

17 Aus der umfangreichen Literatur zu dieser Neuregelung vgl. Hoppe, NVwZ 2004, 903 (903 ff.); Kraft, UPR 2004, 331 (331); Erbguth, DVBl. 2004, 802 (807); Uechtritz, ZfBR 2005, 11 (12 und 14 f.); Stelkens, UPR 2005, 81 ff.; Wickel/Bieback, Die Verwaltung 39 (2006), 571 ff.; Kupfer, Die Verwaltung 38 (2005), 493 (500 ff.); Quaas/Kukk, BauR 2004, 1541 (1544 ff.); Kment, BauR 2005, 1257 (1258 f.); Happ, NVwZ 2007, 304 ff.; Pieper, Jura 2006, 817 ff.; Decker/Konrad, Bayerisches Baurecht, Kapitel III Teil 1, Rn. 108 ff.

18 Sollte diesem außerhalb der in § 2 Abs. 3 BauGB genannten Ermittlung und Bewertung des Abwägungsmaterials überhaupt noch Bedeutung beigemessen werden, dazu sogleich.

müssen. Der in der rechtswissenschaftlichen Literatur geführte Streit über die Bedeutung dieser Neuregelung, welcher sich darum dreht, ob und inwieweit neben der durch § 2 Abs. 3 BauGB vorgegebenen Verfahrensprüfung noch eine materiell-rechtliche Prüfung des Abwägungsvorgangs zu erfolgen hat, liegt letztlich in der Frage begründet, wie der Begriff des „Bewertens“ in § 2 Abs. 3 BauGB zu verstehen ist. Während die Vertreter einer engeren Auslegung dem Begriff des „Bewertens“ nur die Bedeutung der Abwägungserheblichkeit der planbetroffenen Belange[19] oder – mit der auch hier vertretenen Auffassung etwas weiter gehend – die objektive Einzelbewertung der abwägungserheblichen Belange[20] beimessen, sieht die weiteste Auslegung die Anforderungen, die bisher von der Rechtsprechung an den Abwägungsvorgang gestellt wurden, weitgehend als von dem Begriff des „Bewertens“ umfasst an[21]. Auswirkungen zeitigt dieser dogmatische Streit nur bei der rechtlichen Einordnung der im Rahmen des Abwägungsvorgangs möglichen Fehler und der sich daran anknüpfenden Fehlerfolgenregelungen der §§ 214 f. BauGB. In Konsequenz der Meinungsverschiedenheiten werden nach den eben dargestellten Meinungen zur engeren Auslegung solche Fehler im Abwägungsvorgang, die nicht (nur) die Ermittlung und Bewertung des Abwägungsmaterials betreffen (§ 214 Abs. 1 Nr. 1 BauGB), der Fehlerfolgenregelung des § 214 Abs. 3 S. 2 Hs. 2 BauGB zugeordnet. Nach der weitesten Auslegung sind dagegen solche „übrigen“ Fehler im Abwägungsvorgang nicht denkbar, weshalb die Planerhaltungsvorschrift des § 214 Abs. 3 S. 2 Hs. 2 BauGB nur noch als übriggebliebene „Angstklausel“ ohne Anwendungsbereich verstanden wird. Diese Auswirkungen und damit der gesamte Streit über die genaue Einordnung und Abgrenzung der Typen von Abwägungsfehlern sind im Ergebnis aber zu vernachlässigen, da das Fehlerfolgenregime sowohl für formelle als auch für (je nach Auffassung mögliche) materielle Fehler im Abwägungsvorgang nahezu identisch ist[22].

Es kann also insgesamt festgehalten werden, dass die rechtliche Qualifizierung von Abwägungsfehlern im Rahmen des Abwägungsvorgangs von (bisher)

19 So Stelkens, UPR 2005, 81 (84); Hoppe, NVwZ 2004, 903 (910); Jäde, in: ders./Dirnberger/Weiss, BauGB, § 2 Rn. 17.

20 Wie hier auch Reidt, in: Gelzer/Bracher/Reidt, Bauplanungsrecht, Rn. 555 und 562; Grupp/Stelkens, Aufbauhilfe zur Prüfung der Rechtmäßigkeit eines Bebauungsplans; Bernhardt, JA 2008, 166 (169 f.); mit kleineren Abweichungen im Detail auch Manssen, in: Becker/Heckmann/Kempen/Manssen, Öffentliches Recht in Bayern, S. 391 (438 Rn. 226 u. 444 Rn. 259).

21 Pieper, Jura 2006, 817 (820); Quaas/Kukk, BauR 2004, 1541 (1551).

22 Vgl. dazu auch Mager, JA 2009, 398 (399).

materiellen Fehlern zu (jetzt) – zumindest teilweise – Verfahrensfehlern in der Sache jedenfalls keine anderen Anforderungen an den Abwägungsprozess gebracht hat. Wie bisher verlangen die für eine ordnungsgemäße Abwägung maßgeblichen Vorschriften (jetzt §§ 2 Abs. 3, 1 Abs. 7 BauGB), dass die Gemeinde in einem ersten Schritt die für die Abwägung in der konkreten Planungssituation erheblichen Belange ermittelt (§ 2 Abs. 3 BauGB). Tut sie dies nicht oder nicht in dem gebotenen Umfang, handelt sie abwägungsfehlerhaft[23]. Der Begriff „Belang" ist dabei anerkanntermaßen weit auszulegen[24]. Wesentliche Anhaltspunkte für öffentliche Belange ergeben sich aus § 1 Abs. 5, 6 sowie § 1a Abs. 2 bis 4 BauGB. Private Belange beschränken sich nicht auf subjektive öffentliche Interessen oder auf das, was nach Art. 14 GG oder Art. 2 Abs. 2 GG verfassungsrechtlich gegen einen entschädigungslosen Entzug geschützt ist. Auch verfassungsrechtlich nicht geschützte Interessen, Chancen oder Möglichkeiten können grundsätzlich zu den abwägungserheblichen privaten Belangen zählen[25]. Auszuscheiden sind bereits in dieser Phase geringwertige, nicht erkennbare sowie nicht schutzwürdige Belange[26].

In einem zweiten Schritt ist eine objektive Bewertung bzw. Gewichtung der abwägungserheblichen Belange vorzunehmen (§ 2 Abs. 3 BauGB), d.h., es sind zunächst die einzelnen Belange im Verhältnis zu der beabsichtigten Planung objektiv zu bewerten. Eine fehlende oder fehlerhafte Bewertung durch die Gemeinde begründet ebenfalls einen Abwägungsfehler[27].

Auf Grundlage der eben dargestellten Stufen sind anschließend in einem dritten Schritt die konfligierenden Belange auszutarieren (§ 1 Abs. 7 BauGB). Dieses als eigentliche Abwägung zu bezeichnende In-Ausgleich-Bringen der

---

23 In einem solchen Fall liegt ein Ermittlungsausfall oder Ermittlungsdefizit vor, dessen rechtliche Beachtlichkeit sich nach § 214 Abs. 1 Nr. 1 BauGB beurteilt. Hiernach ist ein solcher Ermittlungsfehler nur beachtlich, wenn der Belang, welcher entgegen § 2 Abs. 3 BauGB nicht ermittelt wurde, der Gemeinde bekannt war oder hätte bekannt sein müssen, der Fehler wesentliche Punkte betrifft und der Mangel offensichtlich und auf das Ergebnis des Verfahrens von Einfluss gewesen ist.

24 Ausführlich, Stüer, Handbuch des Bau- und Fachplanungsrechts, Rn. 1413.

25 Zu umfangreichen Beispielen aus der Rechtsprechung Jäde, in: ders./Dirnberger/Weiss, BauGB, § 2 Rn. 20 ff.

26 Ausführlich dazu Stüer, Handbuch des Bau- und Fachplanungsrechts, Rn. 1415 ff.

27 Nach hier vertretener Auffassung handelt es sich bei diesen Fehlern um einen Bewertungsausfall bzw. um ein Bewertungsdefizit, welche sich in ihrer Fehlerfolge nach § 214 Abs. 1 Nr. 1 BauGB beurteilen.

konfligierenden Belange ist ein Vorgang der Integration der verschiedenen Interessen. Er mündet unmittelbar in einen bestimmten Planinhalt. Während bei der zeitlich vorhergehenden Bewertung der einzelnen Belange die Gemeinde noch relativ unproblematisch auf gesetzliche und damit objektive Wertungen zurückgreifen kann, weshalb für die zweite Phase die Verfahrensmäßigkeit des Vorgehens charakteristisch ist, tritt in der dritten Phase, der eigentlichen Abwägung, in der die im konkreten Einzelfall aufgrund besonderer örtlicher Gegebenheiten konfligierenden Belange mit dem Ziel der Konfliktlösung erstmals auch zueinander ins Verhältnis gesetzt werden müssen, das Moment des subjektiven Gewichtens in den Vordergrund. Es handelt sich hier um qualitativ mehr als das verfahrensmäßige Erbringen von Vorarbeit, da die Gestaltungswirkung der subjektiven Gewichtung in den Vordergrund tritt. Überprüfbare Fehler in dieser Phase des Abwägungsvorgangs sind denkbar, wenn der Gemeinderat trotz ordnungsgemäßer Ermittlung und Bewertung der abwägungserheblichen Belange eine eigentliche Abwägung gar nicht vornimmt[28] oder einzelne Belange bei der Beschlussfassung über die Abwägung außer Betracht lässt[29]. Stellt sich dagegen das Ergebnis des Abwägungsvorgangs, wie es sich in einem bestimmten Planinhalt ausdrückt, selbst als offensichtlich abwägungsfehlerhaft dar (§ 1 Abs. 7 BauGB), weil es zu der objektiven Gewichtung der betroffenen Belange außer Verhältnis steht, liegt ein immer beachtlicher Fehler im Abwägungsergebnis vor[30].

Dieser erste Überblick zu den Anforderungen des Abwägungsgebots soll an dieser Stelle genügen. Auf die einzelnen dabei einzuhaltenden Anforderungen und die Frage, wie diesen Anforderungen im praktischen Bauleitplanverfahren gerecht zu werden ist, ist im Rahmen der Untersuchung zur Vereinbarkeit des Abwägungsgebots mit den verschiedenen Varianten der im Bauleitplanverfahren denkbaren direktdemokratischen Entscheidungen zurückzukommen.

28 Nach hier vertretener Auffassung handelt es sich dabei um einen nach § 214 Abs. 3 S. 2 Hs. 2 BauGB zu beurteilenden Abwägungsausfall.

29 Ein solches Abwägungsdefizit ist nach hier vertretener Auffassung ebenfalls Gegenstand der Fehlerfolgenregelung des § 214 Abs. 3 S. 2 Hs. 2 BauGB.

30 Dieser als sogenannte Abwägungsdisproportionalität bezeichnete Fehler im Abwägungsergebnis ist unstreitig ein immer beachtlicher materieller Abwägungsfehler.

Kapitel 2: Überblick zu den bisher vertretenen Auffassungen zur Vereinbarkeit des Abwägungsgebots mit Bürgerbegehren und Bürgerentscheiden zu Fragen der Bauleitplanung

Die bisher vertretenen Ansichten zur Vereinbarkeit von Bürgerbegehren und Bürgerentscheiden mit dem Abwägungsgebot unterscheiden mit kleineren Abweichungen im Detail zunächst sämtlich zwischen sogenannten verfahrensleitenden Maßnahmen[31], wie insbesondere dem Aufstellungsbeschluss bzw. dem Auftrag an den Gemeinderat, sich mit der Frage zu befassen, ob ein Bauleitplanverfahren eingeleitet werden soll[32], dem Auslegungsbeschluss, der Entscheidung, eine Planung zu unterlassen (Planungsverzicht) oder eine bereits begonnene Planung wieder einzustellen (Planungsstopp), sowie der Vorgabe bestimmter Zielsetzungen, Maßgaben oder Eckwerte im Hinblick auf den konkret zu erstellenden Plan einerseits und dem Satzungsbeschluss für den Bebauungsplan bzw. dem diesem entsprechenden abschließenden Feststellungsbeschluss, wenn es um einen Flächennutzungsplan geht, andererseits.

Für die sogenannten verfahrensleitenden Maßnahmen besteht weitgehend Einigkeit im Hinblick auf die Zulässigkeit von Bürgerbegehren und Bürgerentscheid. Bei der Entscheidung über solche grundsätzlichen Fragen wie diejenige, ob das Verfahren zur Aufstellung eines Bauleitplans eingeleitet oder eine bereits begonnene Bauleitplanung wieder eingestellt werden solle, handele es sich um „Entscheidungen ohne Abwägungscharakter“, weshalb ein Konflikt mit dem Abwägungsgebot nicht zu befürchten sei[33]. Dabei soll es der Vereinbarkeit solcher

---

31 Dieser Begriff stammt von Thum, Bürgerbegehren und Bürgerentscheid, Art. 18 a GO, Kz. 13.01, S. 10 und wird in Abgrenzung zum Satzungsbeschluss bzw. Beschluss über den Flächennutzungsplan als abschließende materielle Entscheidung verwandt.

32 Ein solcher „Befassungsauftrag“ an die Gemeinde stellt ein Minus gegenüber dem förmlichen Planaufstellungsbeschluss dar. Vgl. zu einem solchen Fall VG Würzburg, Urteil vom 08.05.2002 – W 2 K 01.1244 –, BayVBl. 2003, 87 (87 ff).

33 Vgl. aus der Literatur insbesondere Thum, Bürgerbegehren und Bürgerentscheid, Art. 18 a GO, Kz. 13.01, S. 10; Finkelnburg, in: Battis/Söfker/Stüer, FS für Krautzberger, S. 11 (16 f.); Kautz, BayVBl 2005, 193 (200 f.); v. Golitschek, in: Wollenschläger/Kreßel/Egger, FS für Hablitzel, S. 137 (146 ff.); Gebhardt, Direkte Demokratie, S. 181 f.; Neusinger, Bürgerbegehren und Bürgerentscheid, S. 114 ff.; Pröckel, Die unmittelbare Beteiligung der Bürger an der Gemeindeverwaltung, S. 88;

Entscheidungen durch Bürgerentscheid mit dem Abwägungsgebot auch nicht entgegenstehen, wenn ein Befassungsauftrag an die Gemeinde oder ein förmlicher Aufstellungsbeschluss durch Bürgerentscheid nicht nur mit groben Zielsetzungen im Hinblick auf den beabsichtigten Inhalt, sondern auch mit konkreten inhaltlichen Einzelmaßgaben versehen ist[34]. Es wird insoweit sogar für zulässig gehalten, dass ein Bürgerentscheid über einen Aufstellungsbeschluss bereits einen Planentwurf enthält, welcher der Bürgerbeteiligung nach § 3 Abs. 1 und 2 BauGB und der Trägerbeteiligung nach § 4 BauGB zugrunde zu legen ist, wenn durch die Fragestellung eines solchen Bürgerentscheids deutlich gemacht werde, dass der Gemeinderat nicht zur Übernahme dieses Entwurfs verpflichtet sei, sondern die Freiheit behält, die im Rahmen des Verfahrens erkannten Belange in die Abwägung einzubeziehen und ggf. von dem Planentwurf abzuweichen oder sogar völlig

---

Wegmann, in: Bayerische Landeszentrale für politische Bildungsarbeit, Kommunalpolitik in Bayern, S. 75 (94); Ossenbühl, in: Seiler, FS für Rommel, S. 247 (262); sowie aus der Rechtsprechung BayVGH, Beschluss vom 07.10.1997 – 4 ZE 97.2965 –, VwRR BY 1997, 357 (357 ff.); dens., Urteil vom 14.10.1998 – 4 B 98.505 –, VwRR BY 1999, 4 (7); VG Würzburg, Urteil vom 02.07.2003 – W 2 K 03.304 –, BayVBl 2003, 758; dass., Urteil vom 08.05.2002 – W 2 K 01.1244 –, BayVBl 2003, 87 (88); VG Augsburg, Urteil vom 18.06.1997 – Au 5 K 96.1065 –, VwRR BY 1997, 321 (322); VG Regensburg, Beschluss vom 12.10.2004 – RO 3 E 04.1875 –, abgedr. In Thum, Bürgerbegehren und Bürgerentscheid, Kz. 43.18; unklar insoweit nur das VG Karlsruhe, Urteil vom 30.05.2008 – 1 K 78/08 –, juris Rn. 19 und Rn. 24, das in dem dort vorliegenden Fall eines Bürgerbegehrens, durch welches ein Bürgerentscheid über einen Planungsverzicht erreicht werden sollte, die Auffassung vertrat, dass auch die grundsätzliche Entscheidung über das „Ob“ einer Bauleitplanung in einem bestimmten Gebiet, welche im planerischen Ermessen des Gemeinderats stehe und von umfangreichen Überlegungen und Abwägungen bestimmt sei, einen vielschichtigen Entscheidungsprozess darstelle, der nicht auf eine einfache mit Ja/Nein zu beantwortende Fragstellung reduziert werden könne. Die Besonderheit dieses Falles lag aber darin begründet, dass der Gemeinderat, der den Erlass eines Bebauungsplans mit der Ausweisung einer Wohnbaufläche anstrebte, bereits die Änderung des Flächennutzungsplans durch Ausweisung einer Wohnbaufläche anstelle der bisherigen Grünzone bewirkt hatte.

34 Vgl. dazu insbesondere Gebhardt, Direkte Demokratie, S. 181 f.; Neusinger, Bürgerbegehren und Bürgerentscheid, S. 115; Wegmann, in: Bayerische Landeszentrale für politische Bildungsarbeit, Kommunalpolitik in Bayern, S. 75 (94); zu einem Fall sehr konkret gefasster „Zielsetzungen“ für das Aufstellungsverfahren eines Bebauungsplans vgl. auch VGH München, Beschluss vom 23.4.2997 – 4 ZE 97.1237 –, NVwZ 1998, 423 (424), der dies offensichtlich unproblematisch für zulässig hält.

von der Planaufstellung abzusehen[35]. Auch ein solcher mit konkreten Maßgaben oder einem vollständigen Planentwurf versehener Aufstellungsbeschluss beruhe weder selbst auf einer Abwägung noch liege in ihm eine Entscheidung über den Inhalt des Bauleitplans; er habe für die spätere Abwägung keine präjudizielle Wirkung[36]. Besonders bemerkenswert in diesem Zusammenhang ist die noch einen Schritt weiter gehende neuere Rechtsprechung des Bayerischen Verwaltungsgerichtshofs, nach der auch ein Bürgerentscheid, der auf eine Vorentscheidung zum Inhalt des Bauleitplans abzielt, nicht von vorneherein gegen das Abwägungsgebot verstößt, wenn nur Rahmenfestlegungen betroffen sind, die einen Planungsspielraum von substanziellem Gewicht belassen und genügend Alternativen zur Abwägung der konkreten Belange offenhalten[37]. Nach Auffassung des Bayerischen Verwaltungsgerichtshofs stellt die Festlegung etwa einer Höchstgrenze für die Geschossflächenzahl durch Bürgerbegehren und Bürgerentscheid zwar einen Eckpunkt für die gemeindliche Abwägung dar, beinhaltet aber nicht von vorneherein eine solche Selbstbindung, dass eine Abwägung in keinem Fall mehr in sachgerechter Weise vorgenommen werden könne. Ein Abwägungsmangel sei durch eine derartige Entscheidung nicht automatisch vorprogrammiert, sondern es sei eine Frage des Einzelfalls, ob auf der Grundlage einer solchen Vorentscheidung durch einen Bürgerentscheid die nachfolgende Planungsentscheidung abwägungsfehlerfrei getroffen werden könnte[38]. Mit dieser Rechtsprechung hat der Bayerische Verwaltungsgerichtshof ausdrücklich betont, dass er seine bisherige engere Auffassung nicht mehr aufrechterhalte. Ursprünglich vertrat er die Auffassung, dass ein Bürgerbegehren, welches sich nicht in Maßgaben für das Planaufstellungsverfahren erschöpfe, sondern auf satzungsmäßig zu beschließende Festsetzungen ziele, gegen das Abwägungsgebot verstoße, da es allein Sache der Gemeinde sei, das Abwägungsmaterial zu ermitteln und frei die verschiedenen Belange gegeneinander und untereinander abzuwägen[39].

---

35 Kautz, BayVBl 2005, 193 (200).

36 Kautz, BayVBl 2005, 193 (200).

37 Für Bebauungspläne BayVGH, Beschluss vom 28.07.2005 – 4 CE 05.1961 –, NVwZ-RR 2006, 208 (209) und ders., Beschluss vom 11.08.2005 – 4 CE 05.1580 –, BayVBl 2006, 733 (734); für Flächennutzungspläne BayVGH, Urteil vom 28.05.2008 – 4 BV 07.1981 –, KommP BY 2008, 308 (310); kritisch gegenüber dieser neuen Rechtsprechung Finkelnburg, in: Battis/Söfker/Stüer, FS für Krautzberger, S. 11 (18) sowie Ritgen, KommJur 2007, 288 (292).

38 BayVHG, Beschluss vom 11.08.2005 – 4 CE 05.1580 –, BayVBl 2006, 733 (734).

39 BayVGH, Beschluss vom 10.06.1998 – 4 ZE 98.1598 –, VwRR BY 1998, 283 (284); ders., Beschluss vom 24.07.1998 – 4 ZE 98.1989 –, VwRR BY 1998, 324 (325);

Im Hinblick auf die Zulässigkeit von Bürgerbegehren und Bürgerentscheid betreffend den Satzungsbeschluss bzw. den diesem entsprechenden abschließenden Beschluss über den Flächennutzungsplan stehen sich im Wesentlichen zwei konträre Auffassungen gegenüber. Während überwiegend die Auffassung herrscht, dass sich abschließende materielle Entscheidungen im Bauleitplanverfahren durch Bürgerentscheid zwingend als abwägungsfehlerhaft erweisen würden, da die hier zu treffende komplexe Abwägungsentscheidung der allein möglichen Beantwortung mit „Ja" oder „Nein" nicht zugänglich sei[40], argumentiert die Gegenauffassung[41] insbesondere damit, dass auch der Gemeinderat bzw. das sonst nach Landesrecht für den Satzungsbeschluss zuständige Organ auf der Grundlage

---

diese Auffassung wurde im Ergebnis auch von den Verwaltungsgerichten vertreten, vgl. dazu insbesondere VG Würzburg, Urteil vom 08.05.2002 – W 2 K 01.1244 –, BavVBl 2003, 87 (88) und dass., Urteil vom 02.07.2003 – W 2 K 03.304 –, BayVBl 2003, 758 (759 f.), wonach Gegenstand eines kommunalen Bürgerbegehrens nur die Grundsatzentscheidung sein könne, ob ein gemeindlicher Bauleitplan erlassen werden soll. Beziehe sich das Bürgerbegehren auf das „Wie" dieser Planung, deren inhaltliche Ausgestaltung im Einzelnen und damit auf Entscheidungsprozesse mit Abwägungscharakter, sei es unzulässig. Ähnlich auch VG Augsburg, Urteil vom 21.03.2002 – Au 8 K 01.1408 –, BayVBl 2003, 91 (92).

40 Vgl. Thum, Bürgerbegehren und Bürgerentscheid, Art. 18 a GO, Kz. 13.01, S. 10b; Finkelnburg, in: Battis/Söfker/Stüer, FS für Krautzberger, S. 11 (16); v. Golitschek, in: Wollenschläger/Kreßel/Egger, FS für Hablitzel, S. 137 (151 ff.); Dressel, Bürgerbegehren und Bürgerentscheid, S. 179 f.; Gebhardt, Direkte Demokratie, S. 182 f.; Neusinger, Bürgerbegehren und Bürgerentscheid, S. 120 ff.; Pröckel, Die unmittelbare Beteiligung der Bürger an der Gemeindeverwaltung, S. 88; Metzner, KommP BY 1998, 163 (163 f.); Thum, KommP BY 1998, 411 (412 f.); dens., KommP BY 1996, 251; Ritgen, Bürgerbegehren und Bürgerentscheid, S. 200 f.; Wegmann, in: Bayerische Landeszentrale für politische Bildungsarbeit, Kommunalpolitik in Bayern, S. 75 (95); Burkhardt, Die rechtliche Ordnung des Bürgerentscheids, Bürger- und Ratsbegehrens, S. 220; differenzierend Kautz, BayVBl 2005, 193 (195).

41 Vertreten insbesondere von Huber, in: Hölzl/Hien/Huber, GO, Art. 18 a Anm. 4.3.1 und Groh/Haubelt/Raithel, Bürgerentscheid in Bayern, S. 71 f. Im Ergebnis teilweise zustimmend auch Lissack, Bayerisches Kommunalrecht, § 4 Rn. 127, der die Auffassung vertritt, es müsse zulässig sein, einen bereits vollständig durch den Gemeinderat abgewogenen Plan durch Bürgerentscheid sanktionieren zu lassen. In einem Einzelpunkt mit dieser Gegenauffassung übereinstimmend auch Kautz, BayVBl. 2005, 193 (200), der es für zulässig hält, dass der Gemeinderat im Wege des Ratsbegehrens eine Entscheidung der Bürger über einen bereits vollständig seitens der Gemeinde abgewogenen Plan veranlasst, da sich die zur Abstimmung der Bürger stehende Ja-/Nein-Alternative in diesem Fall nicht von derjenigen unterscheide, vor der auch der Gemeinderat in der Schlussabstimmung stünde.

einer Ja-/Nein-Fragestellung[42] beschließe. Die Abwägung sei kein mystischer Vorgang, der sich in der Brust eines jeden Gemeinderatsmitglieds ordnungsgemäß abspielen müsse, sondern regelmäßig in der dem Bebauungsplanentwurf zum Beispiel von der Verwaltung beigefügten Begründung enthalten. Es sei nicht einzusehen, warum eine Abstimmung hierüber durch das Kollegialorgan Gemeinderat dem Grundsatz nach dem Abwägungsgebot entspricht, während die Abstimmung durch die Gesamtheit der Bürger diesem Gebot grundsätzlich nicht entsprechen solle[43]. Als weiteres Argument für die Zulässigkeit eines das Bauleitplanverfahren abschließenden Beschlusses durch Bürgerentscheid wird angeführt, dass die Abwägung ohnehin bereits vor der abschließenden Abstimmung stattfinde, unabhängig davon, ob es sich um den Gemeinderat oder alle Bürger handele[44]. Zudem handele es sich im Rahmen der Bauleitplanung zwar zugegebenermaßen um eine Abwägung mit hohen Qualitätsanforderungen, dennoch könne die Bürgerschaft die Entscheidungen ebenso treffen, wenn ihr, wie dem Gemeinderat auch, sämtliche für und gegen den geplanten Bauleitplan sprechenden Gründe bekannt seien und wenn alle Anregungen und Bedenken der Öffentlichkeit und der Träger der öffentlichen Belange offengelegt würden[45].

Kapitel 3: Umfangreiche Untersuchung zur Vereinbarkeit des Abwägungsgebots mit Bürgerbegehren und Bürgerentscheiden zu Fragen der Bauleitplanung und eigene Stellungnahme

Bürgerentscheide ergehen anstelle von Beschlüssen des Gemeinderats. Im Rahmen der Bauleitplanung sind verschiedene durch den Gemeinderat zu fassende Beschlüsse zu unterscheiden. Für jeden einzelnen bedarf es einer Untersuchung, ob sich auch eine Beschlussfassung durch Bürgerentscheid mit dem Abwägungsgebot vereinbaren ließe.

---

42 Diese laute etwa so: „Stimmen sie dem Bebauungsplanentwurf in der Fassung der Beschlussvorlage X zu oder nicht?“, Huber, in: Hölzl/Hien/Huber, GO, Art. 18 a, Anm. 4.3.1.

43 Huber, in: Hölzl/Hien/Huber, GO, Art. 18 a, Anm. 4.3.1.

44 Groh/Haubelt/Raithel, Bürgerentscheid in Bayern, S. 71.

45 Groh/Haubelt/Raithel, Bürgerentscheid in Bayern, S. 72.

A. Satzungs- bzw. Feststellungsbeschluss durch Bürgerbegehren und Bürgerentscheid

Mit Blick auf die seitens des Gemeinderats im Bauleitplanverfahren regelmäßig gefassten Beschlüsse fordert das Baugesetzbuch allein den am Ende eines Bauleitplanverfahrens stehenden Satzungs- bzw. Feststellungsbeschluss als zwingende Rechtmäßigkeits- und Wirksamkeitsvoraussetzung für das Zustandekommen eines Bauleitplans bzw. dessen Aufhebung[46]. Ein durch Satzungs- bzw. Feststellungsbeschluss sowie durch Einhaltung ggf. erforderlicher weiterer Wirksamkeitsvoraussetzungen[47] wirksam erstellter, ergänzter, geänderter oder aufgehobener Bauleitplan verlangt aber u. a., dass die Anforderungen des Abwägungsgebots eingehalten worden sind. Im „normalen" Bauleitplanverfahren geschieht dies, kurz gesagt, indem die Gemeindeverwaltung[48] die abwägungserheblichen Belange ermittelt und eine objektive Bewertung derselben vornimmt; der Gemeinderat hat sodann, regelmäßig auf der Grundlage eines ebenfalls durch die Gemeindeverwaltung erarbeiteten Abwägungsvorschlags, die eigentliche Abwägung vorzunehmen und den Satzungs- bzw. Feststellungsbeschluss zu fassen[49]. Im Hinblick auf einen Satzungs- bzw. Feststellungsbeschluss durch Bürgerentscheid sind drei verschiedene Konstellationen vorstellbar und auf ihre Rechtmäßigkeit hin zu überprüfen: Zum Ersten wäre es denkbar, dass die Aufstellung, Änderung, Ergänzung bzw. Aufhebung eines Bauleitplans unter vollständiger Umgehung der verfassten Gemeindeorgane erfolgt, indem die die Abstimmungsvorlage erstellenden Initiatoren eines Bürgerbegehrens die Ermittlung und Bewertung des Abwägungsmaterials und die abstimmende Bürgerschaft sodann die in zwingendem Zusammenhang stehende eigentliche Abwägung und den Satzungsbeschluss (dazu unter I) vornähmen. Zum Zweiten wäre es denkbar, dass zwar die Ermittlung und Bewertung des Abwägungsmaterials seitens der

46 Der im Folgenden zu besprechende Aufstellungsbeschluss sowie der Auslegungsbeschluss sind dagegen nicht einmal vom Baugesetzbuch geforderte Rechtmäßigkeitsvoraussetzungen eines Bauleitplans bzw. dessen Änderung oder Aufhebung.

47 Wie etwa die ordnungsgemäße Bekanntmachung (vgl. § 10 Abs. 2 BauGB für den Bebauungsplan und § 6 Abs. 5 BauGB für den Flächennutzungsplan) oder die Genehmigung der höheren Verwaltungsbehörde für die Aufstellung, Änderung, Ergänzung oder Aufhebung eines Flächennutzungsplans (§ 6 Abs. 1 BauGB) sowie in Ausnahmefällen auch für den Bebauungsplan (vgl. § 10 Abs. 2 BauGB).

48 Gemeindeverwaltung wird hier in Abgrenzung zum Gemeinderat verstanden als der der Leitung des Bürgermeisters als Chef der Verwaltung i.e.S. unterstellte Verwaltungsapparat, d. h. die Beamten und sonstigen Bediensteten der Gemeinde.

49 Vgl. auch Kment, BauR 2005, 1257 (1259).

Gemeindeverwaltung bzw. jedenfalls unter deren Verfahrensherrschaft erfolgt, die eigentliche Abwägung sowie der Satzungs- bzw. Feststellungsbeschluss dann durch die per Bürgerentscheid entscheidenden Bürger vorgenommen würde (dazu unter II.). Zuletzt käme eine Fassung des Satzungs- bzw. Feststellungsbeschlusses durch Bürgerentscheid in Betracht, nachdem bereits eine vollständige eigentliche Abwägung durch den Gemeinderat stattgefunden hatte (dazu unter III.).

I. Aufstellung, Änderung und Aufhebung eines Bauleitplans durch Bürgerbegehren und Bürgerentscheid ohne jede Beteiligung der Gemeinde? – Das Problem der Ermittlung und Bewertung des Abwägungsmaterials im gesellschaftlichen Bereich

An den Beginn der Untersuchung sämtlicher denkbarer Varianten von direktdemokratischen Entscheidungen im Rahmen der Bauleitplanung im Hinblick auf deren Vereinbarkeit mit dem Abwägungsgebot soll die Frage stehen, ob es den Bürgern möglich wäre, ohne jede Beteiligung von Gemeindeverwaltung und Gemeinderat einen Bauleitplan aufzustellen, zu ändern oder aufzuheben. Praktisch würde dies bedeuten, dass ein durch die Initiatoren eines Bürgerbegehrens eigens erstellter Bauleitplan den Bürgern zur abschließenden Entscheidung vorgelegt würde bzw., ginge es um die Frage der isolierten Aufhebung eines bereits bestehende Bauleitplans, den Bürgern die Frage nach der Aufhebung eines konkret benannten Bauleitplans zur Abstimmung gestellt würde.

Wie bereits im Rahmen der allgemeinen Anforderungen des Abwägungsgebots dargestellt, verlangt dieses eine ordnungsgemäße Abwägung, die sich in die drei Stufen der Ermittlung des Abwägungsmaterials, der Bewertung desselben und der eigentlichen Abwägung aufgliedern lässt. Bevor der Frage nachgegangen wird, ob es den per Bürgerentscheid entscheidenden Bürgern rechtlich möglich ist, eine den Anforderungen des Abwägungsgebots genügende „eigentliche" Abwägung vorzunehmen[50], soll an dieser Stelle ausschließlich der sich einen Schritt vorher stellenden Frage nachgegangen werden, ob die als Vorbereitung der eigentlichen Abwägung und Fassung des Satzungs- bzw. Feststellungsbeschlusses erforderliche Ermittlung und Bewertung des Abwägungsmaterials auch in rechtlich zulässiger Weise durch die Initiatoren vorgenommen werden könnte; denn der Stimmbürgerschaft ist ein solches Vorgehen naturgemäß nicht möglich. Nur wenn es rechtlich zulässig wäre, dass die Ermittlung und Bewertung des Abwägungsmaterials und damit auch das gesamte förmliche Verfahren des Baugesetzbuches,

---

50 Siehe dazu ausführlich unten Teil 1, Kapitel 3, A., II.

durch welches die bei der Aufbereitung des Abwägungsmaterials erforderliche Vorgehensweise teilweise besonders gesetzlich konkretisiert ist, seitens der Initiatoren durchgeführt würden, käme eine Aufstellung, Ergänzung oder Aufhebung eines Bauleitplans unter vollständiger Umgehung der verfassten Gemeindeorgane überhaupt in Betracht.

Die sich an diesem Punkt stellende Problematik liegt darin begründet, dass grundsätzlich das gesamte Verfahren zur Aufstellung, Änderung oder Aufhebung eines Bauleitplans nach ausdrücklicher Anordnung des Baugesetzbuches (vgl. nur § 2 Abs. 1 BauGB) in den Zuständigkeits- und Verantwortungsbereich der Gemeinde fällt. Die Besonderheit der hier zu besprechenden Fallvariante zeichnet sich jedoch dadurch aus, dass zwar der abschließende Satzungs- bzw. Feststellungsbeschluss und möglicherweise auch die eigentliche Abwägung[51] seitens „der Gemeinde" – hier im Wege des direktdemokratischen Entscheidungsverfahrens – erfolgen könnte[52]. Die Erarbeitung der der Gesamtheit der Gemeindebürger im Rahmen des Bürgerentscheids zur Entscheidung gestellten Beschlussvorlage samt vollständiger Aufbereitung des Abwägungsmaterials würde jedoch ausschließlich durch einzelne Initiatoren erfolgen. Es stellt sich deshalb zunächst die Frage, ob auch das Handeln der Initiatoren bei Erstellung der dem Bürgerbegehren zugrunde liegenden Fragestellung als „Gemeindehandeln" qualifiziert werden kann oder ob es sich dabei nicht vielmehr um ein Handeln im ausschließlich gesellschaftlichen Bereich handelt. Sollten die nachfolgenden Untersuchungen der rechtlichen Qualifikation des Handelns der Initiatoren zu dem Ergebnis gelangen, dieses ausschließlich dem gesellschaftlichen Bereich zuordnen zu können, bedürfte es einer weiteren Untersuchung der Frage, ob auch ein solches ggf. ausnahmsweise zulässig ist.

1. Die rechtliche Qualifikation des Handelns der Initiatoren eines Bürgerbegehrens bei der Ermittlung und Bewertung des Abwägungsmaterials als solches „der Gemeinde" oder ausschließliche Zuordnung zum gesellschaftlichen Bereich?

Unabhängig davon, ob es den Initiatoren eines Bürgerbegehrens in tatsächlicher Hinsicht möglich sein sollte, sämtliche abwägungserheblichen Belange zu ermitteln und nach objektiv richtiger Bewertung dem in einer Abstimmungsvorlage und deren Begründung zum Ausdruck kommenden Abwägungsvorschlag zugrunde zu

51 Dazu ausführlich unten Teil 1, Kapitel 3, A., II.

52 Denn der per Bürgerentscheid getroffenen Entscheidung der Gemeindebürger ist die Wirkung eines Gemeinderatsbeschlusses beizumessen.

legen, stellt sich also die für die hier allein entscheidende rechtliche Zulässigkeit bedeutsame Frage, ob das Handeln der Initiatoren bei der Ermittlung und Bewertung des Abwägungsmaterials quasi als ersatzweises Handeln der Gemeindeverwaltung angesehen und damit rechtlich als hoheitliches „Handeln der Gemeinde" qualifiziert werden kann – genauso, wie ja auch der eigentliche Bürgerentscheid zweifellos nicht als privater, sondern als hoheitlicher Rechtsakt zu qualifizieren ist[53].

Jedenfalls auf den ersten Blick erscheint eine solche Einschätzung nicht von vorneherein ausgeschlossen. So könnte man die Auffassung vertreten, dass den Initiatoren, denen als notwendige Voraussetzung eines Bürgerbegehrens und darauffolgenden Bürgerentscheids durch die kommunalverfassungsrechtlichen Regelungen der Länder das Recht zur Frageerstellung eingeräumt worden ist, quasi die Funktion einer Gemeindeverwaltung zukommt, indem sie – so wie auch die in der Gemeindeverwaltung tätigen Bediensteten die Beschlüsse des Gemeinderats vorbereiten – die Beschlüsse der im Wege des Bürgerentscheids anstelle des Gemeinderats entscheidenden Bürger vorbereiten.

Der Annahme, den Handlungen der Initiatoren allein aufgrund des ihnen notwendigerweise eingeräumten Rechts zur Frageerstellung für sämtliche Handlungen, die im Rahmen der Vorbereitung der sich abschließend stellenden Frage ergehen, Rechtswirkungen entsprechend den Handlungen der Gemeindeverwaltung zuzusprechen, steht jedoch möglicherweise das verfassungsrechtliche Gebot demokratischer Legitimation hoheitlichen Handelns entgegen, so dass den Handlungen der Initiatoren selbst weder de lege lata noch de lege ferenda[54] Rechtswirkungen entsprechend den Handlungen der Gemeindeverwaltung zugesprochen werden könnten. Ließe sich nachweisen, dass es sich bei den Verfahrenshandlungen der

53 Ohne eine Auseinandersetzung mit der rechtlichen Problematik geht das VG Würzburg, Urteil vom 08.05.2002 – W 2 K 01.1244 –, BayVBl. 2003, 87 (91), offensichtlich davon aus, dass es den Initiatoren eines Bürgerbegehrens in rechtlich zulässiger Weise möglich wäre, eine Ermittlung und Bewertung des Abwägungsmaterials selbst vorzunehmen, indem es darauf hinweist, dass, wollte man auch Planungsentscheidungen mit Abwägungscharakter als für Abstimmungen mittels Bürgerbegehren und Bürgerentscheid offen ansehen, es auch den Initiatoren obläge, „den Bürgerinnen und Bürgern … eine ‚abstimmungsausgereifte Planung' zur Abstimmung vorzulegen". Vgl. auch Kautz, BayVBl. 2005, 193 (196), der, wenn auch ohne Begründung, davon ausgeht, dass die Initiatoren „nach der gesetzlichen Konzeption" dem gesellschaftlichen Bereich zuzuordnen sind. Daraus könnte man schließen, dass er eine Zuordnung zum hoheitlichen Bereich der Gemeinde zumindest durch entsprechende landesgesetzliche Regelung nicht für ausgeschlossen erachtet.

54 Sollte man die derzeit geltenden Regelungen der Gemeindeordnungen der Länder nicht für ausreichend halten, wäre an eine ausdrückliche Regelung zu denken.

Ermittlung und Bewertung des Abwägungsmaterials um legitimationsbedürftige Ausübung von Staatsgewalt handelt und weiter, dass ein solches Handeln der Initiatoren den ein ausreichendes Legitimationsniveau sichernden Anforderungen unter keinen Umständen gerecht werden könnte, würde es einen Verfassungsverstoß bedeuten, das Handeln der Initiatoren hier einem solchen „der Gemeinde“, wie es das Baugesetzbuch grundsätzlich verlangt, gleichsetzen zu wollen.

Bei der nachfolgenden Untersuchung wird in einem ersten Schritt zunächst das Legitimationserfordernis hoheitlichen Handelns im demokratischen Staat im Allgemeinen dogmatisch aufbereitet (a.), um in einem zweiten Schritt die Besonderheiten im Fall der kommunalen Selbstverwaltung aufzuzeigen (b.). In einem dritten Schritt sollen sodann die bis dahin abstrakt gefundenen Ergebnisse auf den der vorliegenden Untersuchung zugrunde liegenden konkreten Fall übertragen werden (c.).

a. Das Gebot demokratischer Legitimation hoheitlichen Verwaltungshandelns, Art. 20 Abs. 2 S. 1 GG

Gemäß Art. 20 Abs. 2 S. 1 GG und der darin enthaltenen Normierung der Volkssouveränität ist das Volk zum alleinigen Ausgangspunkt der Ausübung von Staatsgewalt bestimmt. Es wird die Notwendigkeit der Rückführbarkeit aller Staatsgewalt auf das Volk verfassungsrechtlich garantiert. Diese Rückführung ist es, die mit dem Begriff der demokratischen Legitimation gekennzeichnet wird.

Bevor im Einzelnen darauf einzugehen ist, welche Legitimationsanforderungen an das Handeln der staatlichen Verwaltung zu stellen sind, d.h., wodurch eine den verfassungsrechtlichen Vorgaben ausreichende Legitimation genau bewirkt wird[55], gilt es zunächst zu klären, worauf sich die demokratische Legitimation begrifflich bezieht.

aa. Subjekt und Objekt demokratischer Legitimation

Dem Satz „Alle Staatsgewalt geht vom Volke aus“ lassen sich sowohl das Legitimationssubjekt, nämlich das Volk, als auch das Objekt demokratischer Legitimation, nämlich die Staatsgewalt, entnehmen.

aaa. Das Volk als Legitimationssubjekt

Bei der Frage, wer das Volk im Sinne des Art. 20 Abs. 2 S. 1 GG ist, muss zunächst festgestellt werden, dass sich der Begriff jedenfalls nicht eindeutig aus dem

55 Mechanismen, in denen sich die Rückbindung der Staatsgewalt an den Willen des Volkes vollzieht.

Grundgesetz selbst heraus erklärt. Nach der Rechtsprechung des Bundesverfassungsgerichts handelt es sich bei dem Volk im Sinne des Art. 20 Abs. 2 S. 1 GG um das „Staatsvolk (der Bundesrepublik Deutschland)“[56] oder auch die „Gesamtheit der Staatsbürger“[57]. Zu diesen gehören die deutschen Staatsangehörigen und die diesen nach Art. 116 GG gleichgestellten Personen[58]. Gestützt wird diese Auffassung insbesondere auf die Präambel des Grundgesetzes und Art. 146 GG, die das deutsche Volk zum Träger und Subjekt des Staates der Bundesrepublik Deutschland erklären[59].

bbb. Die Staatsgewalt als Legitimationsobjekt

Anknüpfungspunkt des demokratischen Legitimationserfordernisses ist die Ausübung von Staatsgewalt. Darüber lässt das Grundgesetz keinen Zweifel, indem es ausdrücklich bestimmt, dass „alle Staatsgewalt“ vom Volke ausgeht. Ungewissheit besteht jedoch im Hinblick auf die Frage, was unter dem Begriff der Staatsgewalt zu verstehen ist. Diese Ungewissheit gilt es zu beseitigen, da die genaue Bestimmung dessen, was unter den Begriff der Staatsgewalt fällt, erforderlich ist, um den Umfang der legitimationsbedürftigen Tätigkeit der öffentlichen Hand zu erfassen. Die nachfolgende Untersuchung wird sich bei der Auslegung des Begriffs der Staatsgewalt auf die vollziehende Gewalt beschränken[60], was sich

---

56 BVerfG, Urteil vom 31.10.1990 – 2 BvF 2.89, 6.89 –, BVerfGE 83, 37 (50).

57 BVerfG, Urteil vom 31.10.1990 – 2 BvF 3.89 –, BVerfGE 83, 60 (72).

58 BVerfG, Urteil vom 31.10.1990 – 2 BvF 2.89, 6.89 –, BVerfGE 83, 37 (51).

59 Angesichts der europapolitischen Dimension, welche der Auseinandersetzung um den Volksbegriff zukommt, wurde die seitens der Rechtsprechung des Bundesverfassungsgerichts vorgenommene Definition des Staatsvolkes in der rechtswissenschaftlichen Literatur heftig kritisiert. Für das kommunale Wahlrecht ist der aus der Rechtsprechung des Bundesverfassungsgerichts folgende Ausschluss des Wahlrechts auch Staatsangehöriger eines Mitgliedstaates der Europäischen Union inzwischen durch die Einfügung des Satzes 3 in Art. 28 Abs. 1 GG abgewendet worden.
Zum ebenfalls als Legitimationssubjekt anerkannten „Teilvolk“ in den Ländern und Gemeinden, siehe unten Teil 1, Kapitel 3, A., I., 1., b., bb.

60 Im Rahmen der rechtswissenschaftlichen Diskussion über die Fragen der demokratischen Legitimation von Staatsgewalt stand trotz der zweifelsfrei für alle drei Gewalten geltenden Verbindlichkeit dieses Verfassungsprinzips die längste Zeit fast ausschließlich die Exekutive im Zentrum des Interesses; die anderen Gewalten haben nur wenig Aufmerksamkeit erfahren. Im Bereich der Legislative war dies nachvollziehbar, da diese dank ihrer direkten Wahl durch das Volk demokratisch als wenig problematisch anzusehen ist. Für die Frage nach der demokratischen Legitimation im Bereich der Judikative, welche dagegen keinesfalls als unproblematisch angesehen

insbesondere daraus rechtfertigt, dass es sich bei der eigentlich interessierenden Frage der Legitimationsbedürftigkeit der im Rahmen des Bauleitplanverfahrens seitens der Gemeinde vorzunehmenden Verfahrensschritte, für deren Untersuchung hier die Grundlage bereitet werden soll, vollständig um Handlungen der Exekutive handelt[61].

Für eine übersichtliche und nachvollziehbare Klärung des Begriffes Staatsgewalt erscheint es sinnvoll, zwischen zwei verschiedenen Perspektiven zu unterscheiden[62]. So ist zum einen der Begriff der Staatsgewalt mit Blick auf das in diesem enthaltene Moment der „Staatlichkeit" zu untersuchen und zum anderen die „Gewalt"-Komponente des Begriffs einer näheren Betrachtung zu unterziehen[63]. Diese unterschiedliche Betrachtung bei der Untersuchung der Reichweite von Staatsgewalt wird auch mit „Staatsgewalt im materiellen Sinne" im Gegensatz zur „Staatsgewalt im formellen Sinne" bezeichnet[64].

(1) Staatsgewalt im materiellen Sinne, das „staatliche" Moment

Nach richtiger Auffassung wird der Begriff der „Staats"gewalt weit gefasst. So beschränkt sich entgegen der in der Literatur zum Teil vertretenen Gegenauffassung[65] die Ausübung von Staatsgewalt nicht auf den Bereich hoheitlichen Handelns, bei dem der Staat seine einseitige Überlegenheit in den Formen des

---

werden kann, hat sich die Situation geringer Aufmerksamkeit insbesondere durch das Werk Tschentschers, Demokratische Legitimation, vgl. insb. S. 148 ff., geändert.

61 Trotz des für das klassische Tätigkeitsbild der Exekutive seltsam anmutenden Zuständigkeitsbereichs des Gemeinderats im Rahmen der Erledigung von Selbstverwaltungsaufgaben ist die gemeindliche Rechtsausübung vollständig dem Bereich der Exekutive zuzuordnen, vgl. zur Diskussion die umfangreichen Nachweise bei Mehde, Neues Steuerungsmodell, S. 239 Anm. 42. Dennoch kann nicht geleugnet werden, dass die faktischen Entscheidungsstrukturen in den Kommunen, also die Gewichtsverteilung zwischen der Gemeindevertretung und der „Gemeindeverwaltung", sich nicht grundlegend von jenen unterscheiden, die zwischen Parlament und Regierung bestehen, Huber, AöR 126 (2001), 165 (188), so dass die Aufgabenverteilung innerhalb der Gemeinde durchaus mit einer „Gewaltenteilung" vergleichbar ist, vgl. dazu Ebsen, DVBl 1984, 1107 (1111 und Anm. 31).

62 Jestaedt, Demokratieprinzip und Kondominialverwaltung, S. 225 ff.

63 Jestaedt, Demokratieprinzip und Kondominialverwaltung, S. 225, vgl. auch Musil, Wettbewerb in der staatlichen Verwaltung, S. 95 und 97 ff.

64 Jestaedt, Demokratieprinzip und Kondominialverwaltung, S. 225.

65 Insb. Herzog, in: Maunz/Dürig, GG, Art. 20 Rn. 54; stark differenzierend zwar Tettinger, Mitbestimmung, S. 31 ff., mit seiner Theorie der abgestuften Stringenz des Gebots demokratischer Legitimation, in voller Stringenz soll das Gebot demokratischer

öffentlichen Rechts geltend macht. „Sie umfasst vielmehr die Wahrnehmung der dem Staat zukommenden bzw. von ihm tatsächlich in Anspruch genommenen Aufgaben insgesamt."[66]

Staatsaufgabe ist, was „durch die Verfassung oder durch eine im Rahmen der Verfassung getroffene Entscheidung des demokratischen Gesetzgebers zu einer staatlichen Aufgabe erklärt und entsprechend organisiert"[67] wird, somit „alle Aufgaben, denen sich der Staat in verfassungskonformer Weise angenommen hat"[68]. Für diese weite Auslegung des Begriffs Staatsgewalt und die dabei geknüpfte Verbindung mit dem Begriff der Staatsaufgabe spricht entscheidend die Erwägung, dass es bei dem Gebot demokratischer Legitimation nicht vorrangig um den Schutz vor Eingriffen in die Freiheit der Bürger geht, sondern das Innehaben und die maßgebliche Steuerung der im Hinblick auf die Erledigung der gemeinsamen Angelegenheiten des Volkes organisierten staatlichen Gewalt im Mittelpunkt stehen[69]. Es soll sich die staatliche Herrschaft insgesamt, worunter die Sorge für die gemeinsamen Angelegenheiten generell und nicht nur der Erlass von Ge- und Verboten zu verstehen ist, in ihrer Ausübung vom Volk herleiten[70].

Legitimation aber auch hiernach nur im Rahmen der obrigkeitlichen Wahrnehmung von Hoheitsaufgaben gelten, S. 33.

66 Böckenförde, in: Isensee/Kirchhof, HStR II, § 24 Rn. 12; zu dieser ganz herrschenden Meinung vgl. aus der Lit. auch Jestaedt, Demokratieprinzip und Kondominialverwaltung, S. 226 ff.; Musil, Wettbewerb in der staatlichen Verwaltung, S. 97 ff.; Schmidt-Aßmann, AöR 116 (1991), 329 (341 f.); Weiße, Die Bürgerkommune, S. 31; Blanke, KJ 1998, 451 (460 f.); Britz, VerwArch 91 (2000), 418 (425); aus der Rspr. vgl. BVerfG, Beschluss vom 15.02.1978 – 2 BvR 134/76, 268/76 –, BVerfGE 47, 253 (273); dass., Beschluss vom 01.10.1987 – 2 BvR 1178.86, 1179.86, 1191.86 –, BVerfGE 77, 1 (40): „Das demokratische Prinzip erstreckt sich nicht nur auf bestimmte, sondern auf alle Arten der Ausübung von Staatsgewalt."

67 Böckenförde, in: ders., Staat, Gesellschaft, Freiheit, S. 185 (202).

68 Jestaedt, Demokratieprinzip und Kondominialverwaltung, S. 248. So auch Isensee, in: ders./Kirchhof, HStR III, § 57 Rn. 137; Peters, in: Dietz/Hübner, FS für Nipperdey, S. 877 (880); Leisner, Werbefernsehen und Öffentliches Recht, S. 23; Martens, Öffentlich als Rechtsbegriff, S. 131; Ossenbühl, VVDStRL 29 (1971), 137 (153).

69 Böckenförde, in: Isensee/Kirchhof, HStR II, § 24 Rn. 12.

70 Böckenförde, in: Isensee/Kirchhof, HStR II, § 24 Rn. 12. Zu weitergehenden ausführlichen Begründungsversuchen für die weite Auslegung des Begriffs der Staatsgewalt vgl. insbesondere Jestaedt, Demokratieprinzip und Kondominialverwaltung, S. 233 sowie Musil, Wettbewerb in der staatlichen Verwaltung, S. 99 ff.

(2) Staatsgewalt im formellen Sinne, das „Gewalt"-Moment

Weiter ist nun der Begriff der Staatsgewalt mit Blick auf das Gewaltmoment zu untersuchen. Hierbei stellt sich die Frage, ob das staatliche Handeln einen bestimmten Intensitätsgrad erreichen bzw. eine bestimmte Qualität aufweisen muss, um als Ausübung von Staatsgewalt angesehen werden zu können, und, wenn ja, nach welchen Kriterien eine solche Abgrenzung vorzunehmen ist.

In der Rechtswissenschaft ist diese Frage umstritten. Die Problemschwerpunkte der geführten Diskussionen können dabei insbesondere unter den Schlagworten „Entscheidung", „Außenwirksamkeit" sowie „vorbereitende, beratende und rein technische Tätigkeit" zusammengefasst werden.

Nach inzwischen ständiger Rechtsprechung des Bundesverfassungsgerichts und überwiegend in der rechtswissenschaftlichen Literatur vertretenen Auffassung ist Ausübung von Staatsgewalt „jedenfalls alles amtliche Handeln mit Entscheidungscharakter"[71]. Angesichts der Steuerungsfunktion, welche Entscheidungen im Allgemeinen zukommt[72], bietet sich der Terminus der Entscheidung durchaus an, um den Bereich der legitimationsbedürftigen Ausübung von Staatsgewalt mit einem Begriff zu umschreiben, insbesondere aber, um die Grenzen des legitimationsbedürftigen Verwaltungshandelns aufzuzeigen.

Für den Begriff der Entscheidung im hier verstandenen Sinne kommt es ganz entscheidend auf die Rechtserheblichkeit einer Maßnahme an. Unter dem Gesichtspunkt der Volkssouveränität bedarf der Staat für alle rechtserheblichen Wirkungsweisen demokratischer Legitimation. „Legitimationsbedürftig ist damit jede rechtlich erhebliche, genauer: jede aus sich heraus rechtliche Verbindlichkeit erzeugende Äußerung des Staatswillens"[73]. Aus dem Anwendungsbereich des Begriffes der Staatsgewalt auszunehmen sind demnach solche Maßnahmen, die vollständig programmiert oder unverbindlich sind[74]. Ist eine Maßnahme dem zur „Entscheidung" Berufenen vollständig vorgegeben, handelt dieser bildlich gesprochen als bloßes „Vollzugs-Werkzeug"[75] eines bereits vollständig ausgereiften Willens.

71 BVerfG, Beschluss vom 15.02.1978 – 2 BvR 134/76, 268/76 –, BVerfGE 47, 253 (273); dass., Urteil vom 31.10.1990 – 2 BvF 3/89 –, BVerfGE 83, 60 (73); dass., Beschluss vom 24.05.1995 – 2 BvF 1/92 –, BVerfGE 93, 37 (68).

72 So auch die Begründung des Bundesverfassungsgerichts für die Begriffswahl, Urteil vom 31.10.1990 – 2 BvF 3/89 –, BVerfGE 83, 60 (73).

73 Jestaedt, Demokratieprinzip und Kondominialverwaltung, S. 257.

74 Oebbecke, Weisungs- und unterrichtungsfreie Räume, S. 80 ff.; Jaestaedt, Demokratieprinzip und Kondominialverwaltung, S. 259; Weiße, Die Bürgerkommune, S. 32 f.; a.A. Ehlers, JZ 1987, 218 (219); Schulte, Schlichtes Verwaltungshandeln, S. 163 f.

75 Jestaedt, Demokratieprinzip und Kondominialverwaltung, S. 259.

Einer solchen Maßnahme, die man auch als rein mechanische Ausführungstätigkeit bezeichnen könnte, fehlt es an jedem noch so geringen eigenständigen Willensbildungselement des Handelnden, da die Willensbildung bereits vollständig, d.h. ohne das Belassen jeglichen Spielraums, bei dem vorangehenden Programmierungsakt, der vorgelagerten Gesetzesschaffung, stattgefunden hat. Die Legitimationsbedürftigkeit beschränkt sich deshalb auf diese vorgelagerte Programmierung. Zuzugeben ist freilich, dass ein solcher Fall vollständiger Programmierung des Verwaltungshandelns einen äußerst seltenen Ausnahmefall darstellen dürfte, da jede auch gebundene Verwaltungstätigkeit, der von Gesetzes wegen gerade keine Entscheidungsalternative eröffnet ist, zumeist einen Akt wertender und insoweit rechtsschöpferischer Erkenntnis enthält[76].

Als weitere Ausnahmefälle vom Grundsatz der Legitimationsbedürftigkeit des Verwaltungshandelns sind mangels Rechtserheblichkeit bzw. Rechtsverbindlichkeit zudem rein technische Hilfsarbeiten sowie ausschließlich vorbereitende und beratende Tätigkeiten angesprochen. Insoweit kann es zunächst als gesichert angesehen werden, dass völlig untergeordnete Hilfstätigkeiten wie bloße Schreibarbeiten oder das Anfertigen von Kopien mangels Rechtserheblichkeit außerhalb des Bereiches der demokratierelevanten Handlungen liegen[77]. Weiter sind grundsätzlich auch reine Vorbereitungs- und Beratungsmaßnamen von dem Erfordernis der Legitimationsbedürftigkeit auszunehmen[78]; dies deshalb, weil ihnen rechtlich[79] die Teilhabe am eigentlichen, die Rechtsverbindlichkeit hervorbringenden Entscheidungsakt versagt bleibt.

Zu beachten ist jedoch, dass insbesondere im Hinblick auf den Ausnahmefall der bloß vorbereitenden Maßnahmen besondere Vorsicht geboten ist. Es bedarf für jeden Einzelfall einer genauen Untersuchung, ob eine Verwaltungstätigkeit nicht möglicherweise trotz ihres vorbereitenden Charakters im Hinblick auf eine am

---

76 Jestaedt, Demokratieprinzip und Kondominialverwaltung, S. 259 m.w.N.; Weiße, Die Bürgerkommune, S. 33 Anm. 69; Mehde, Neues Steuerungsmodell, S. 173; Scheuner, DÖV 1969, 585 (591); VG Wiesbaden, Urteil vom 25.09.1986 – V/1 E 52/82 –, NJW 1988, 356 (358 ff.).

77 Jestaedt, Demokratieprinzip und Kondominialverwaltung, S. 245 f.; Musil, Wettbewerb in der staatlichen Verwaltung, S. 95.

78 BVerfG, Urteil vom 31.10.1990 – 2 BvF 3.89 –, BVerfGE 83, 60 (74); Musil, Wettbewerb in der staatlichen Verwaltung, S. 96 f.; Jestaedt, Demokratieprinzip und Kondominialverwaltung, S. 255 ff.; Mehde, Neues Steuerungsmodell, S. 172 ff.

79 Gerade interner Vorbereitung dienenden Beratungsmaßnahmen ist dagegen oftmals ein faktisch feststellbar und rechtspolitisch beabsichtigt entscheidungsbeeinflussender Charakter eigen.

Schluss eines Verfahrens stehende abschließende Entscheidung selbst bereits eine Entscheidung beinhaltet, indem die dort erfolgten Festlegungen, welche als Grundlage der Schlussentscheidung dienen, einer Überprüfung nicht mehr unterzogen werden (können), somit also deren Inhalt selbst nicht mehr zur Disposition steht[80]. Es würde den verfassungsrechtlichen Anforderungen und dem mit ihnen verfolgten Zweck der Sicherung einer formal optimalen Gemeinwohlverwirklichung nicht gerecht, wollte man in solchen Fällen allein auf die formale Unterscheidung zwischen Vorbereitungsmaßnahmen und verfahrensbeendender Schlussentscheidung abstellen und mit dem Argument der „Letztentscheidungsverantwortung"[81] ausschließlich die abschließende Entscheidung als legitimationsbedürftig ansehen, ohne jegliche Differenzierung hinsichtlich der Art der vorbereitenden Beiträge bzw. der tatsächlichen inhaltlichen Reichweite der Letztentscheidung[82]. Denn es liegt hierbei eben nur äußerlich betrachtet die Entscheidung allein bei demjenigen, der die nach außen wirksame[83], verfahrensbeendende Schlussentscheidung

80 Vgl. Burgi, Die Verwaltung 33 (2000), 183 (194 f.), der insoweit beispielhaft insbesondere zutreffend auf die im Bauplanungs- und Fachplanungsrecht gegebene Komplexität der Entscheidungssituation hinweist, indem einzelne vorbereitende Schritte, wie z. B. die Entgegennahme von Äußerungen in einem Anhörungstermin, bisweilen nicht rekapituliert werden könnten, weil sie situationsgebunden und damit erledigt seien. Es sei der Amtsträger hier schlichtweg darauf angewiesen, dass die ihm übermittelten Anhörungsergebnisse ordnungsgemäß zusammengestellt und abschließend erhoben werden. Vgl. allgemein auch den Hinweis von Jestaedt, Demokratieprinzip und Kondominialverwaltung, S. 261 Anm. 270 sowie, speziell zu den verschiedenen Entscheidungsstufen der Abwägungsentscheidung im Rahmen des Bauleitplanverfahrens, die umfangreichen Ausführungen unten Teil 1, Kapitel 3, A., I., c., aa., bbb.

81 Zur Letztentscheidungsverantwortung vgl. allgemein Kunig, in: Hofmann-Riem/Schmidt-Aßmann, Konfliktbewältigung durch Verhandlungen, S. 43 (62 f.); Schulte, Schlichtes Verwaltungshandeln, S. 173 f.; Schmidt-Aßmann, in: Hofmann-Riem/Ders., Konfliktbewältigung durch Verhandlungen, S. 9 (27); Kunig/Rublak, Jura 1990, 1 (9); kritisch zur „unzureichenden Perspektive staatlicher Letztverantwortung" Trute, DVBl 1996, 950 (955 f.), der nach zusätzlichen Anforderungen verlangt, um eine mangelnde inhaltliche Entscheidungsbeherrschung (des allein legitimierten Staates) zu kompensieren; zu den besonderen Anforderungen, um eine Entscheidung dem demokratisch legitimierten Staat trotz Verfahrensbeteiligung Privater auch inhaltlich zurechnen zu können, vgl. auch Pietzcker, in: Hofmann-Riem/Schneider, Verfahrensprivatisierung im Umweltrecht, S. 284 (303 ff.).

82 Wie hier auch Burgi, Die Verwaltung 33 (2000), 183 (195).

83 Zum nach heutigem Meinungsstand nicht mehr erforderlichen Kriterium der Außenwirksamkeit siehe sogleich.

trifft. Die Entscheidung im materiellen Sinne liegt dagegen teilweise[84] bei denjenigen, welche der Schlussentscheidung vorangehende und diese vorbereitende (Teil-) Entscheidungen getroffen haben.

Außerhalb der eben dargestellten Ausnahmefälle ist aufgrund des Zwecks des Art. 20 Abs. 2 GG, die Rückbindung des gesamten staatlichen Handelns an den Willen des Volkes sicherzustellen, der Begriff der Entscheidung in einem weiten, umfassenden Sinne zu verstehen. So stellen beispielsweise auch zunächst ohne Regelungscharakter intendierte Äußerungen legitimationsbedürftige Entscheidungen dar, wenn sie rechtserhebliche Folgen zeitigen[85]. Zudem ist – wie schon oben im Zusammenhang mit den Ausführungen zur Vorbereitungsmaßnahme angemerkt – vor allem zu beachten, dass es entgegen früher teilweise vertretener Auffassung für die Ausübung von Staatsgewalt nicht mehr darauf ankommt, ob das Handeln mit Entscheidungscharakter Außenwirkung besitzt oder nur „behördenintern die Voraussetzungen für die Wahrnehmbarkeit der Amtsaufgaben schafft“[86].

bb. Legitimationsmodi der Verwaltung

Nachdem nun das Subjekt demokratischer Legitimation geklärt ist und zudem dargestellt wurde, welche Verwaltungsmaßnahmen der demokratischen Legitimation bedürfen, soll im Folgenden thematisiert werden, wie der nötige Zusammenhang zwischen Subjekt und Objekt demokratischer Legitimation hergestellt werden kann.

---

84 „Mitentscheidung“ als Gegensatz zur Vorbereitung und Konsultation, BVerfG, Urteil vom 31.10.1990 – 2 BvF 3.89 –, BVerfGE 83, 60 (74).

85 Vgl. Schmidt-Aßmann, AöR 166 (1991), 329 (342): „Von Art 20 Abs. 2 GG erfasst werden Empfehlungen, Warnungen, öffentliche Verlautbarungen und überhaupt die sich ständig ausweitenden staatlichen Informationstätigkeiten.“ sowie Böckenförde, in: Isensee/Kirchhof, HStR II, § 24 Rn. 12: Auch amtliche Erklärungen oder Äußerungen im politischen Bereich, etwa von Regierungsmitgliedern, bedürfen demokratischer Legitimation.

86 So nunmehr ausdrücklich das BVerfG, Beschluss vom 24.05.1995 – 2 BvF 1/92 –, BVerfGE 93, 37 (68), entgegen einer früher vertretenen Auffassung, vgl. dass., Beschluss vom 15.02.1978 – 2 BvR 134/76, 268/76 –, BVerfGE 47, 253 (273). In einer zeitlich zwischen den beiden vorgenannten Entscheidungen ergangenen Entscheidung hatte das Bundesverfassungsgericht dagegen lediglich festgestellt, dass das Erfordernis demokratischer Legitimation sowohl für unmittelbar außenwirksame Entscheidungen gelte als auch für solche, die erst noch von einer anderen Stelle der öffentlichen Verwaltung umgesetzt werden müssen, sofern dieser dazu verpflichtet sei, Urteil vom 31.10.1990 – 2 BvF 3/89 –, BVerfGE 83, 60 (73). Ausführlich zu dieser Entwicklung Mehde, Neues Steuerungsmodell, S. 173 f.

Als Mittel zur Herstellung eines hinreichenden Legitimationsniveaus werden dabei insbesondere zwei Legitimationskomponenten anerkannt[87]. Es sind dies die sachlich-inhaltliche und die personelle Legitimation. Während es bei der

---

87 Im Rahmen der Darstellung der Legitimationskomponenten wird zwar regelmäßig noch ein dritter Legitimationsmodus, namentlich derjenige der funktionellen und institutionellen Legitimation genannt, welcher besagt, dass der Verfassungsgeber die gesetzgebende, die vollziehende und die rechtsprechende Gewalt als eigene Funktionen und Organe konstituiert hat, um die Ausübung von Staatsgewalt zu organisieren. Inhalt der institutionellen und funktionellen Legitimation ist somit die Anerkennung der eigenständigen Bedeutung aller drei Gewalten für die demokratische Legitimation; es ist jede Gewalt für sich als demokratisch legitimierte Ausübung von Staatsgewalt anzusehen; vgl. insb. Ossenbühl, Verwaltungsvorschriften, S. 196 ff., auf den der Begriff zurückzuführen ist, und auf den das Bundesverfassungsgericht, Beschluss vom 08.08.1978 – 2 BvL 8/77 –, BVerfGE 49, 89 (125), Bezug nimmt. Einem Teil der Literatur (vgl. bspw. Kluth, Funktionale Selbstverwaltung, S. 357; Jestaedt, Demokratieprinzip und Kondominialverwaltung, S. 265 ff. m.w.N) folgend wird jedoch hier die Auffassung vertreten, dass die institutionelle und funktionelle Legitimation der Genauigkeit wegen nicht als demokratische Legitimationsform tituliert bzw. mit derjenigen der personellen und materiellen gleichgesetzt werden sollte. Sie sollte vielmehr als „genuin verfassungsrechtliche Legitimation" bezeichnet werden, da ihr insofern eine Sonderstellung zukommt, als „durch sie die Funktionszuweisung durch den Verfassungsgeber bzw. die Verfassung selbst zum Ausgangspunkt der Vermittlung demokratischer Legitimation genommen wird" (Kluth, Funktionale Selbstverwaltung, S. 357). Damit wird jedoch – im Gegensatz zu den beiden anderen Legitimationsformen – nicht das Legitimationssubjekt des Art. 20 Abs. 2 GG, das Volk als Staatsorgan, in Bezug genommen, sondern vielmehr das Volk als Verfassungsgeber; vgl. dazu auch Jestaedt, Demokratieprinzip und Kondominialverwaltung, S. 277 f. Gegen eine Behandlung der funktionellen und institutionellen Legitimation im Rahmen der Darstellung der demokratischen Legitimationsmodi bei der vorliegenden Untersuchung spricht vor allem aber auch deren geringe Aussagekraft: dies zum einen deshalb, weil es sich um einen allgemein vorliegenden Modus handelt, der schon durch die Zuordnung zu einer der drei Gewalten erfüllt ist, so auch Mehde, Neues Steuerungsmodell, S. 179 f.; zum anderen fehlt es der funktionellen und institutionellen Legitimation jedenfalls an einer Kompensationswirkung gegenüber den konkreteren Legitimationskomponenten der sachlich-inhaltlichen und personellen Legitimation, da aus ihr keine legitimatorischen Wirkungen für konkrete Entscheidungsvorgänge abgeleitet werden können. Die konkrete Legitimation der jeweils Handelnden und ihres Handelns, welche allein durch die materielle und personelle Legitimation vermittelt werden kann, ist also zusätzlich erforderlich, da anderenfalls die einmal demokratisch gebildeten Gewalten in ihrer personellen Besetzung sowie ihrer Tätigkeit vom Volk unabhängig würden (Böckenförde, in: Isensee/Kirchhof, HStR II, § 24 Rn. 15), vgl. auch Musil, Wettbewerb in der staatlichen Verwaltung, S.110 f.

sachlich-inhaltlichen Legitimation um die inhaltliche Verbindung zwischen der Ausübung von Staatsgewalt und dem Volk geht, stellt der personelle Modus auf den einzelnen Amtswalter und seine Rückbindung an das Legitimationssubjekt Volk ab. Diese Modi gelten gleichermaßen für die Verwaltung im Bund wie – mittels Art. 28 Abs. 1 S. 1 GG – in den Ländern; für die Verwaltung in den Kommunen sind hinsichtlich der konkreten Ausgestaltung der Legitimationsmodi einige Besonderheiten zu berücksichtigen, welche in einem nächsten Punkt, aufbauend auf die hier erfolgenden Ausführungen, gesondert darzustellen sein werden.

aaa. Sachlich-inhaltliche Legitimation

Eine umfassende demokratische Legitimation der Ausübung von Staatsgewalt setzt zunächst voraus, dass das Volk Einfluss auf den Inhalt der getroffenen Entscheidungen gewinnt. Es wird deshalb durch die Komponente der sachlich-inhaltlichen Legitimation die Ausübung von Staatsgewalt ihrem Inhalt nach auf das Volk bezogen[88], wobei die hierbei erforderliche Rückbindung des Handelns der Verwaltung an den Willen des Volkes bzw. seiner Repräsentanten durch ein System präventiver und nachträglicher oder – je nach Blickwinkel – das Verwaltungshandeln begleitender Steuerungstechniken bewirkt wird, die mit den Begriffen der Gesetzesbindung und der Verantwortlichkeit der Verwaltungsführung gegenüber dem Volk bzw. gegenüber der Volksvertretung als Vermittler beschrieben werden.

(1) Sachlich-inhaltliche Legitimation aufgrund Gesetzesbindung

Sachlich-inhaltliche Legitimation wird zum einen aufgrund der Bindung aller anderen Staatsorgane an die vom Parlament beschlossenen Gesetze (Art. 20 Abs. 3 GG) erzeugt. Es hat die generell als Ausprägung der Rechtsstaatlichkeit der Verwaltung angesehene Gesetzesbindung also auch eine demokratische Komponente, da durch sie die parlamentarische Steuerbarkeit gesichert wird[89]. Dabei bleibt nicht unberücksichtigt, dass die Effektivität der legislativen Steuerung an Grenzen stößt. Die Tatsache, dass das Recht selbst zwangsläufig Spielräume für die Anwendung lässt, wird heute nicht mehr in Frage gestellt[90]. Dies ändert aber freilich

---

88 Aufgrund dieses inhaltlichen Bezuges zwischen der Ausübung von Staatsgewalt und dem Legitimationssubjekt Volk wird die Legitimationskomponente der sachlich-inhaltlichen Legitimation auch als materielle Legitimation bezeichnet, vgl. etwa Jestaedt, Demokratieprinzip und Kondominialverwaltung, S. 270.

89 Mehde, Neues Steuerungsmodell, S. 185; Schmidt-Aßmann, AöR 116 (1991), 329 (357).

90 Vgl. dazu ausführlich Dreier, Hierarchische Verwaltung, S. 160 ff., der zutreffend darauf hinweist, dass Rechtsanwendung mehr sei als quasi von einem Subsumtionsautomaten

nichts am normativen Tatbestand einer legitimatorischen Wirkung der Gesetzesbindung. Dennoch variiert die Effektivität der legislativen Steuerung im Einzelfall je nach Steuerungskraft, sprich Programmierungsgrad, der Gesetze stark.

(2) Sachlich-inhaltliche Legitimation aufgrund Verantwortlichkeit und Weisungsabhängigkeit

Neben der Legitimation aufgrund Gesetzesbindung wird sachlich-inhaltliche Legitimation zum anderen durch die demokratische Verantwortlichkeit der Verwaltung für die Wahrnehmung von Staatsaufgaben hergestellt. Während es sich im Falle der Parlamentsabgeordneten bei der Verantwortlichkeit gegenüber dem Volk um eine direkte handelt, da diese unmittelbar vom Volk gewählt werden[91], stellt sie sich bei der vollziehenden Gewalt als eine solche mittelbaren Charakters dar. Sie wird durch die Verantwortung der Regierung und der einzelnen Minister für ihr eigenes Handeln und grundsätzlich auch für das der nachgeordneten Behörden und Organe gegenüber der Volksvertretung vermittelt[92]. Es soll über eine ununterbrochene Verantwortungskette zurück zum Parlament jede exekutive Entscheidung dem Wahlvolk gegenüber verantwortet werden. Diesem zweiten Strang der sachlich-inhaltlichen Legitimation, der Legitimation aufgrund Verantwortlichkeit, kommt insbesondere aufgrund der begrenzten Steuerbarkeit durch Gesetze, die zum Ausgleich des so entstehenden Legitimationsdefizits nach einem zusätzlichen Mechanismus für die Gewährleistung der inhaltlichen Rückbindung der Verwaltung an das Parlament verlangt, besondere Bedeutung zu[93].

---

zu vollziehende formal-technische Konkretisierung und der Verwaltung schon aufgrund der zwangsläufigen Konkretisierungsbedürftigkeit ein gewisses Maß an Eigenständigkeit zukomme. Es wird die rein praktische Unmöglichkeit für den Gesetzgeber, die große Komplexität der gesellschaftlichen Verhältnisse in einer auf die Zukunft gerichteten Weise so zu bewältigen, dass die konkrete Rechtsanwendung durch die abstrakte Rechtssetzung für alle Sachverhalte, auf die die Norm angewendet werden soll, vorgezeichnet ist, als rechtstatsächlicher Grundtatbestand bezeichnet.

91 Es erfolgt also die Sanktionierung durch die regelmäßig stattfindenden Wahlen.

92 Als Sanktionen werden dabei neben solchen strafrechtlicher Art oder des Amtsverlustes auch eher demonstrative Maßnahmen, wie Anträge im Parlament oder öffentliche Diskussionen mit der Benennung politischer Fehler, genannt, vgl. Mehde, Neues Steuerungsmodell, S. 186 f. m.w.N.

93 Vgl. auch Mehde, Neues Steuerungsmodell, S. 186, der das Erfordernis eines zusätzlichen Rückbindungsmechanismus als „zwangsläufige Folge der Schwerfälligkeit des Gesetzgebungsverfahrens“ bezeichnet.

Verantwortlichkeit für den Inhalt von Entscheidungen als Mechanismus demokratischer Legitimation setzt logisch die Möglichkeit der Einflussnahme voraus. Im Hinblick auf die Verantwortlichkeit im Verhältnis Legislative, als Vermittler der Verantwortlichkeit der Exekutive gegenüber dem Volk, und Exekutive wird diese im Wesentlichen durch die parlamentarischen Kontrollrechte gewährleistet. Darunter ist freilich nicht eine unmittelbare Einflussnahme des Parlaments auf die Detailarbeit der Exekutive mittels Weisung zu verstehen[94], sondern es können unter dem Oberbegriff der parlamentarischen Kontrollrechte all diejenigen Befugnisse der Volksvertretung zusammengefasst werden, die ihr ex post eine Untersuchung und damit eine gewisse Beeinflussung der konkreten exekutiven Tätigkeit ermöglichen[95].

Weiter ist erforderlich, dass die dem Parlament verantwortlichen Verwaltungsspitzen, welche wiederum als Legitimationsmittler im Hinblick auf die Entscheidungstätigkeit untergeordneten Verwaltungsstellen fungieren, ihrerseits Einflussnahmemöglichkeiten gegenüber den konkreten Entscheidungsträgern besitzen. Nur so kann eine ununterbrochene Verantwortlichkeit gewährleistet werden. Zu den verwaltungsinternen Steuerungsmitteln zählen neben Rechtsverordnungen und Verwaltungsvorschriften als abstrakte Steuerungsmittel[96] insbesondere Einzelweisungs- bzw. Fachaufsichtsbefugnisse als konkrete Steuerungsmittel. Die Weisung ist, soweit sie nicht allein auf die Einhaltung der Rechtmäßigkeit gerichtet ist[97], als zentrales Instrument zur Vermittlung demokratischer Legitimation

94 Dies verstieße gegen das Gewaltenteilungsprinzip.

95 Vgl. Mehde, Neues Steuerungsmodell, S. 187 f. Zu nennen sind hier neben den eher demonstrativen Maßnahmen, wie Anträge oder öffentliche Diskussionen, die parlamentarischen Anfragen und das Recht zur Einrichtung parlamentarischer Untersuchungsausschüsse (Art. 44 GG), das Zitier- und Interpellationsrecht (Art. 43 Abs. 1 GG) sowie das konstruktive Misstrauensvotum (Art. 67 Abs. 1 GG).

96 Die abstrakten Steuerungsmittel sind insbesondere gegenüber der konkreten Einzelweisung mit weit weniger Steuerungskraft ausgestattet und verfügen deshalb über eine geringere Legitimationswirkung, Mehde, Neues Steuerungsmodell, S. 190.

97 Bei einer umfassenden inhaltlichen Weisungsbefugnis, welche sich neben der Absicherung der Gesetzesbindung auch zur Durchsetzung von Zweckmäßigkeitserwägungen eignet bzw. dem Entscheidenden keinen Raum für eigenständige Gestaltungs-, Bewertungs-, Beurteilungs- oder Ermessensentscheidungen lässt, könnte man auch allgemein von Fachaufsicht sprechen. Obwohl der Begriff der Fachaufsicht, so wie auch der der Rechtsaufsicht, gemeinhin nur kommunalrechtlich verwendet wird, um zwischen den umfassenden Kompetenzen der aufsichtführenden Behörde im übertragenen Wirkungskreis (Fachaufsicht) und ihren eingeschränkten Kompetenzen im eigenen Wirkungskreis der Kommunen (Rechtsaufsicht) zu

anerkannt[98]. Es kommt dem Weisungsrecht für die sachlich-inhaltliche Legitimation des Verwaltungshandelns eine besonders wichtige Bedeutung zu, da es eine umfassende inhaltliche Einflussnahme der höheren Verwaltungsstellen auf das Verwaltungshandeln der nachgeordneten Stellen ermöglicht und auf diese Weise gewährleistet, dass alles Handeln der Verwaltung sich letztlich auf den Willen des Ressortministers als Spitze der Verwaltungshierarchie zurückführen lässt[99], womit die Regierung die „Sachverantwortung" gegenüber Parlament und Volk übernehmen kann[100]. Die Weisung kann initiativ eingesetzt werden, sie ist nicht auf die bloße Überprüfung der Rechtmäßigkeit beschränkt, sondern nimmt auch die Zweckmäßigkeit einer Handlung in den Blick und vermag zudem ohne Zeitverlust eine volle „Willensübereinstimmung" zwischen Weisungsgeber und -empfänger herzustellen[101]. Selbst wenn also das ausführende Organ sehr viel weiter unten in der Hierarchie angesiedelt ist, wird damit die Regierung bzw. der einzelne Minister zum eigentlichen Entscheidungsträger gemacht[102]. Zu beachten ist, dass die Legitimationswirkung nicht nur dann besteht, wenn von der Weisungsbefugnis im Einzelfall tatsächlich Gebrauch gemacht wird. Vielmehr genügt allein die Tatsache der Weisungsabhängigkeit. Dies ergibt sich aufgrund des Charakters der Weisung als „stets präsente Ordnungsreserve"[103]. Zudem kann bei bestehender Weisungsabhängigkeit gerade auch in dem Unterlassen einer Weisung im Einzelfall eine

unterscheiden, könnte dieselbe begriffliche Unterteilung in Fach- und Rechtsaufsicht, differenziert nach der Kontrolldichte, an sich auf jede Form exekutiver Weisungsbefugnisse übertragen werden.

98 Vgl. aus der Rechtsprechung etwa BVerfG, Urteil vom 31.10.1990 – 2 BvF 2/89 –, BVerfGE 83, 60 (72); dass., Beschluss vom 24.05.1995 – 2 BvF 1/92 –, BVerfGE 93, 37 (67) und BVerwG, Beschluss vom 17.12.1997 – 6 C 1.97 –, NVwZ 1999, 870 (873) sowie aus der Literatur Böckenförde, in: Isensee/Kirchhof, HStR II, § 24 Rn. 21 f.; Schmidt-Aßmann, AöR 116 (1991), 329 (358).

99 Wie von Tschentscher, Demokratische Legitimation, S. 55, richtigerweise festgestellt, gewinnt der Begriff der Legitimationskette, wie er vor allem im Rahmen der Vermittlung personeller Legitimation verwendet wird (dazu sogleich), hier eine zweite Bedeutung: Die Legitimationskette ist gleichzeitig der Weg, auf dem ein Teil der sachlich-inhaltlichen Legitimation vom Volk über das Parlamentsgesetz zur konkret-individuellen Gesetzesanwendung hinfließt.

100 BVerfG, Urteil vom 27.04.1959 – 2 BvF 2/58 –, BVerfGE 9, 268 (281); dass., Beschluss vom 24.05.1995 – 2 BvF 1/92 –, BVerfGE 93, 37 (67).

101 Jestaedt, Demokratieprinzip und Kondominialverwaltung, S. 342 f.

102 Mehde, Neues Steuerungsmodell, S. 189.

103 Dreier, Hierarchische Verwaltung, S. 210.

konkludente Billigung des Verwaltungshandelns erblickt werden; demokratische Legitimation erfolgt also nicht nur durch ausdrückliche fachliche Weisung[104].

Während die legitimatorische Wirkung der umfassenden inhaltlichen Weisungsbefugnis (Fachaufsicht) und zudem deren Auszeichnung als „durchgriffsintensivste Möglichkeit der Einzelfallsteuerung“[105] allgemein anerkannt ist, sind im Hinblick auf eine Weisungsbefugnis, welche sich ausschließlich auf die Einhaltung der Rechtmäßigkeit bezieht, sprich Rechtsaufsicht, sowohl deren legitimationsstiftende Wirkung überhaupt als auch – will man diese grundsätzlich anerkennen – deren Steuerungskraft und damit das Ausmaß der tatsächlichen legitimatorischen Wirkung problematisch. Insofern ist zunächst festzustellen, dass entgegen einer in der Literatur zum Teil vertretenen Auffassung[106] auch die reine Rechtsaufsicht durchaus zur Gewährleistung der inhaltlich-sachlichen Legitimation des Verwaltungshandelns beitragen kann. Der Gegenauffassung ist zwar zuzugeben, dass durch die reine Rechtsaufsicht keine Zweckmäßigkeitserwägungen durchgesetzt werden können und bei bestehenden Beurteilungs- und Ermessensermächtigungen nicht eigene Wertungen bzw. Ermessenserwägungen an die Stelle derjenigen der beaufsichtigten Behörde gesetzt werden können[107] und somit keine umfassende Sachverantwortung der Regierung sichergestellt ist. Nicht zutreffend ist jedoch die (daraus gefolgerte) Annahme, dass die Rechtsaufsicht die von den gesetzlichen Regelungen selbst ausgehende demokratische

---

104 Emde, Demokratische Legitimation der funktionalen Selbstverwaltung, S. 85; Brosius-Gersdorf, Deutsche Bundesbank und Demokratieprinzip, S. 101; Kluth, Funktionale Selbstverwaltung, S. 272 Anm. 142.

105 Mehde, Neues Steuerungsmodell, S. 189.

106 Vgl. insbesondere Kluth, Funktionale Selbstverwaltung, S. 271 f., der die Auffassung vertritt, Rechtsaufsicht vermittle keinerlei demokratische Legitimation, weil bei der reinen Rechtsaufsicht die umfassende und alleinige Sachverantwortung bei der ausführenden und überwachten Stelle liege. Indem die Aufsichtsbehörde keinerlei Sachverantwortung trage, werde durch Aufsichtsrechte auch keinerlei demokratische Legitimation vermittelt. Diese dienten dann allein der Durchsetzung des rechtsstaatlichen, nicht aber des demokratischen Prinzips. Die Rechtsaufsicht erweitere die von den gesetzlichen Regelungen selbst ausgehende Legitimationswirkung nicht. Vgl. zudem auch Weiße, Bürgerkommune, S. 103 f.

107 Jedenfalls für den Bereich der Kommunalaufsicht im Bereich der Selbstverwaltungsangelegenheiten ist anerkannt, dass sie nicht weiter geht als die gerichtliche Kontrolle der Gesetzmäßigkeit. Bei im Hinblick auf unbestimmte Rechtsbegriffe ggf. bestehenden Beurteilungsspielräumen oder bei vom Gesetzgeber eingeräumten Ermessensermächtigungen findet also auch die Prüfung der Rechtsaufsichtsbehörde nur in beschränktem Umfang statt.

Legitimationswirkung nicht erweitere. Denn dabei wird übersehen, dass in den vielen Fällen der Konkretisierungsbedürftigkeit bzw. Auslegungsbedürftigkeit gesetzlicher Normen, in denen der zur Entscheidung berufenen Stelle keine Beurteilungs- oder Ermessensspielräume bei der Rechtsanwendung eingeräumt sind[108], sich die Rechtsauffassung der Aufsichtsbehörde gegenüber derjenigen der beaufsichtigten Stelle durchsetzen kann. Handelt es sich also bei den anzuwendenden gesetzlichen Regelungen – wie im Regelfall – um solche, die der Konkretisierung im Einzelfall bedürfen, ist in der rechtsaufsichtlichen Kontrolle durchaus ein über die bloße Umsetzung der gesetzlichen Vorgaben hinausgehender Steuerungseffekt zu erblicken[109] und damit die Rechtsaufsicht grundsätzlich als Legitimation vermittelndes exekutives Steuerungsmittel anzusehen[110]. Zu beachten ist dagegen freilich die begrenzte Steuerungskraft und damit die begrenzte Reichweite der Legitimationsvermittlung des Steuerungsmittels Rechtsaufsicht. An dieser Stelle kommt dem Argument der fehlenden umfassenden Sachverantwortung der Regierung in den Fällen der bloßen Rechtsaufsicht seine ausschlaggebende Bedeutung zu. Je nach Inhalt der gesetzlichen Vorgaben im Hinblick auf die Einräumung von Beurteilungs- und Ermessensspielräumen der zum Handeln berufenen Stelle beurteilt sich auch die Steuerungskraft der Rechtsaufsicht.

bbb. Personelle Legitimation

Die personelle Komponente der demokratischen Legitimation bezieht sich auf die Personen, die Staatsgewalt ausüben, und verlangt, dass diese ihre Entscheidungsberufung auf das Volk als Legitimationssubjekt zurückzuführen imstande sind. Sie bedürfen mit den Worten des Bundesverfassungsgerichts „einer Legitimation, die – als eine demokratische – auf die Gesamtheit der Staatsbürger, das Volk zurückgeht, jedoch regelmäßig nicht durch unmittelbare Volkswahl erfolgen muss … In aller Regel genügt … ein mittelbarer Legitimationszusammenhang, der durch

108 Insbesondere im Hinblick auf die vielen unbestimmten Rechtsbegriffe in gesetzlichen Regelungen sei darauf hingewiesen, dass die hier getroffenen Entscheidungen im Regelfall der vollständigen gerichtlichen und damit auch rechtsaufsichtsbehördlichen Überprüfung unterliegen. Nur in bestimmten Ausnahmefällen ist der zur Entscheidung berufenen Behörde ein Beurteilungsspielraum eingeräumt. Dies wurde seitens der Rechtsprechung nunmehr mehrfach bestätigt, vgl. etwa BVerfG, Urteil vom 20.02.2001 – 2 BvR 1444/00 –, BVerfGE 103, 142 (156) m.w.N.

109 Mehde, Neues Steuerungsmodell, S. 191.

110 So auch Emde, Demokratische Legitimation der funktionalen Selbstverwaltung, S. 84; Borchert, Bauleitplanung durch Beliehene, S. 120; im Ergebnis ebenso Gotzmann, Staatsaufsicht, S. 62 f.

eine ununterbrochene Legitimationskette vom Volk über die von diesem gewählte Vertretung zu den mit staatlichen Aufgaben betrauten Organen und Amtswaltern hergestellt wird"[111]. Nach dieser auch in der Literatur vorherrschenden Legitimationsdogmatik ist hierbei grundsätzlich eine konkrete, auf den einzelnen Amtswalter[112] und das diesem zugewiesene Amt[113] individuell bezogene Legitimation notwendig; nicht allein ausreichend ist dagegen eine lediglich abstrakte Legitimation, die die Berufung der Amtswalter nur generell regelt, wie etwa in einem Thronfolgegesetz[114]. Eine nur generelle Umschreibung des Personenkreises oder eine bloß abstrakte Konturierung des Funktionskreises reicht also grundsätzlich nicht aus, um der personellen demokratischen Legitimation als der individuell-konkreten Betrauung eines Funktionsträgers mit einem staatlichen Wirkungskreis zu entsprechen.

Grundformen der Berufung von Amtswaltern und damit der Vermittlung personeller demokratischer Legitimation sind die allgemeine Wahl und die Ernennung, welche auch den einschlägigen Ausführungen des Bundesverfassungsgerichts und der Literatur zur Vermittlung personeller Legitimation sämtlich modellhaft zugrunde liegen. Dies bedeutet aber nicht, dass die Legitimationsvermittlung an

---

111 BVerfG, Urteil vom 31.10.1990 – 2 BvF 3/89 –, BVerfGE 83, 60 (72 f.); ebenso bspw. dass., Beschluss vom 01.10.1987 – 2 BvR 1178/86, 1179/86, 1191/86 –, BVerfGE 77, 1 (40); dass., Beschluss vom 24.05.1995 – 2 BvF 1/92 –, BVerfGE 93, 37 (67 f.). So wird die personelle Legitimation bei Beamten der Ministerialverwaltung beispielsweise durch Ernennung und Zuweisung des konkreten Amtes (im funktionellen Sinne) durch einen vom Minister beauftragten Amtswalter oder den Minister selbst hergestellt, der seinerseits seine Legitimation vom Bundeskanzler/Ministerpräsidenten ableitet, der vom Parlament gewählt wurde und diesem gegenüber verantwortlich ist.

112 Unter Amtswalter wird dabei jede Person verstanden, die ein öffentliches Amt in einer der drei Staatsfunktionen wahrnimmt.

113 Die neben der individuellen Berufung erforderliche Berufung für einen konkreten Funktionsbereich hat zur Folge, dass der Amtswalter nur im Rahmen seiner Funktion demokratisch legitimiert ist. Wird er außerhalb dieses Funktionskreises tätig, handelt er „ultra legitimationem", Jestaedt, Demokratieprinzip und Kondominialverwaltung, S. 269.

114 Herzog, Allgemeine Staatslehre, S. 208 ff.; Böckenförde, in: Isenseee/Kirchhof, HStR II, § 24 Rn. 16; vgl. auch BVerfG, Urteil vom 10.12.1974 – 2 BvK 1/73 –, BVerfGE 38, 258 (271); dass., Beschluss vom 15.02.1978 – 2 BvR 134/76, 268/76 –, BVerfGE 47, 253 (272); dass., Beschluss vom 24.05.1995 – 2 BvF 1/92 –, BVerfGE 93, 37 (66 ff.) sowie Schmidt-Aßmann, AöR 116 (1991), 329 (361), der die Normierung einer „abstrakten Ämterordnung" als notwendige, aber nicht hinreichende Bedingung anführt und daraufhin klarstellt, dass die „gesetzliche Inpflichtnahme bestimmter Personen- und Berufsgruppen nicht zur personellen Legitimation der solchermaßen mit staatlichen Aufgaben Betrauten" ausreicht.

einen Numerus Clausus an Einsetzungsakten gebunden wäre[115]; vielmehr ist die Legitimationsordnung diesbezüglich offen, solange die Glieder innerhalb der Legitimationskette durch individuelle Einsetzungsakte verbunden sind, welche – je nach Funktionskreis, auf den die Bestellung ausgerichtet ist[116] – der allgemeinen Wahl bzw. der Beamtenernennung funktionsäquivalent sind. Erforderlich ist deshalb, dass dem legitimationsspendenden Akt eine auf die Anforderungen der wahrzunehmenden öffentlichen Funktion bezogene Eignungsprüfung in persönlicher und sachlicher Hinsicht vorausgeht und dass das zur Legitimationsvermittlung berechtigte Organ die die Individualität ausmachenden Merkmale des vorgesehenen Entscheidungsträgers hinreichend prüfen und bei seiner Entscheidung berücksichtigen kann[117]. Als Auswahlkriterien bei der Ernennung wirken dabei die sachliche und fachliche Befähigung sowie das Berufsethos, während bei Wahlen das politische Programm und die persönliche Vertrauenswürdigkeit im Vordergrund stehen[118]. Dies ergibt sich für den öffentlichen Dienst aus den in Art. 33 Abs. 2 und 3 GG verankerten Grundsätzen und ihrer Umsetzung durch das öffentliche Dienstrecht. In Bezug auf die Wahl der Parlamentarier und die Mitglieder der kommunalen Vertretungskörperschaften handelt es sich dagegen eher um ein „verfassungspolitisches Desiderat, eine Verfassungserwartung“[119].

ccc. Zur Kritik an der herrschenden Legitimationsdogmatik

Die in der Rechtsprechung des Bundesverfassungsgerichts und der Literatur vorherrschende Legitimationsdogmatik ist insbesondere im Hinblick auf das Prinzip der ununterbrochenen Legitimationskette vor allem seitens Vertretern pluralistischer Demokratietheorien nicht kritiklos geblieben. Der zum Teil recht polemisch

115 Dies zeigt sich bereits daran, dass auch andere als Wahl- oder Ernennungsakte als Übertragungsakte persönlicher Legitimation allgemein anerkannt werden: so etwa die Berufung von Mitgliedern in Entscheidungsgremien oder auch die mittlerweile allseitig anerkannte Beleihung von Privatpersonen.

116 Vgl. dazu Jestaedt, Demokratieprinzip und Kondominialverwaltung, S. 200 und 270, der zutreffend darauf hinweist, dass die Formen der individuell-konkret auf das Volk rückführbaren Bestellung (Bestellungsformen) mehr oder weniger bereichstypisch gebunden sind, die allgemeine Wahl also für den Funktionskreis des politischen Führungsamtes und die dabei vorzunehmende staatsleitende Willensbildung, die Ernennung für den Funktionskreis des fachlich-bürokratischen Ausführungsamtes und der dabei vorzunehmenden gesetzesgeleiteten Willensvollziehung eigentümlich ist.

117 Schmidt-Aßmann, AöR 116 (1991), 329 (361).

118 Kluth, Funktionale Selbstverwaltung, S. 374.

119 Kluth, Funktionale Selbstverwaltung, S. 374.

ausfallende Vorwurf gegenüber der Rechtsprechung des Bundesverfassungsgerichts besteht im Wesentlichen darin, dass diese „volksdemokratische“[120] Lehre durch den von ihr betriebenen „Legitimationskettenfetischismus“[121] eine Zementierung des im Absolutismus wurzelnden[122] Hierarchieprinzips bewirke[123]. Indem die Weitergabe von Legitimation durch den parlamentarisch legitimierten Gesetzgeber nicht für ausreichend erachtet werde, werde diesem das Recht abgesprochen, Verwaltungsentscheidungen so zu organisieren, wie er es für vernünftig halte, ohne dass etwa aus dem Demokratieprinzip des Grundgesetzes eine zwingende Struktur der Verwaltungsorganisation folgen würde[124]. Die Festlegung einer einzig zulässigen Form der Erledigung öffentlicher Aufgaben führe zu einer drastischen Verengung der politischen Gestaltungsfreiheit auf die Alternative: entweder hierarchisch-weisungsgebundene Verwaltung oder Privatisierung[125]. Oftmals wird auch mit der Gefahr der „Legitimationsverflüchtigung“ allzu langer Legitimationsketten oder dem zeitlich betrachtet langen Zurückliegen des Legitimationsaktes und der damit einhergehenden begrenzten Wirkung des Legitimationskettenprinzips argumentiert[126].

Zunächst ist der eben dargestellten scharfen Kritik an der herrschenden Legitimationsdogmatik entschieden entgegenzusetzen, dass – wird auch zugegebenermaßen die hierarchische Verwaltung durch das Prinzip der ununterbrochenen Legitimationskette zur verwaltungsorganisatorischen Grundform deklariert[127] – von einem „Legitimationskettenfetischismus“, durch welchen die hierarchische Organisationsform zementiert werde, nicht gesprochen werden kann. Gegen die Deklaration einer hierarchischen Verwaltung als verwaltungsorganisatorische Grundform ist nichts

120 Bryde, StWissStPrax 5 (1994), 305 (319).

121 Bryde, StWissStPrax 5 (1994), 305 (324).

122 Blanke, KJ 31 (1998), 451 (465); ders., in: Redaktion Kritische Justiz, Demokratie und Grundgesetz, S. 32 (48).

123 Rinken, KritV 79 (1996), 282 (299); ders., in: Redaktion Kritische Justiz, Demokratie und Grundgesetz, S. 125 (149); vgl. auch Bryde, StWissStPrax 5 (1994), 305 (315 u. 319).

124 Blanke KJ 31 (1998), 451 (456 u. 470 f.); ders., in: Redaktion Kritische Justiz, Demokratie und Grundgesetz, S. 32 (39 und 58); vgl. auch Bryde, StWissStPrax 5 (1994), 305 (319 u. 321).

125 Blanke, KJ 31 (1998), 451 (471).

126 Vgl. insb. Mehde, VerwArch 91 (2000), 540 (553); dens., Neues Steuerungsmodell, S. 504 f; Fisahn, KritV 79 (1996), 267 (275); OVG NW, Urteil vom 09.06.1995 – 25 A 3868/92 –, NWVBl 1996, 254 (259); Dederer, NVwZ 2000, 403 (404); dens. Korporative Staatsgewalt, S. 230 ff.

127 Vgl. auch Böckenförde, in: Isensee/Kirchhof, HStR II, § 24 Rn. 23, der eine gewisse Affinität zwischen demokratischer Legitimation und hierarchischer Organisation der Verwaltung einräumt.

einzuwenden, denn, will man ihr auch keine demokratische Notwendigkeit attestieren[128], so kann nicht bezweifelt werden, dass es sich bei dem Organisationsprinzip der Hierarchie zumindest um ein „extrem gut geeignetes Organisationsprinzip“[129] von „erdrückender Plausibilität“[130] handelt, um die Steuerung und Kontrolle der Verwaltung zu gewährleisten[131]. Jedenfalls ist die überkommene hierarchisch-bürokratische Organisationsform der Verwaltung im Hinblick auf die demokratische Legitimation auch unter Geltung des herrschenden Legitimationskettenmodells keinesfalls die allein akzeptierte. Vielmehr sind etwa eine dezentrale wie eine dem Kollegialprinzip entsprechende Organisation der Verwaltung oder auch eine Beteiligung Privater aufgrund Beleihung ebenfalls möglich. Dass es bei solchen, vom Regeltypus der Ministerialverwaltung abweichenden Verwaltungsorganisationen ggf. eines erhöhten Begründungsaufwandes im Hinblick auf die Subsumtion unter die Voraussetzungen des Legitimationskettenmodells bedarf[132] oder bisweilen

---

128 Zur Diskussion um die Frage, ob es sich bei dem Hierarchieprinzip der Exekutive um eine demokratische Notwendigkeit handele, vgl. insb. Dreier, Hierarchische Verwaltung, S.125, der das hierarchische Aufbauprinzip als „Funktionserfordernis demokratischer Staatlichkeit“ bezeichnet. Vgl. auch Loschelder, in: Isensee/Kirchhof, HStR V, § 107 Rn. 3, der die hierarchische Verwaltung im demokratischen Staat als „ein notwendiges und zentrales Bauelement staatlicher Exekutive, organisierter Staatlichkeit überhaupt“ begreift. Vgl. zudem auch Schuppert, Der Staat 32 (1993), 581 ff., Weiße, Die Bürgerkommune, S. 77.

129 Schuppert, Der Staat 32 (1993), 581 (606).

130 Dreier, Hierarchische Verwaltung, S. 143.

131 Vgl. dazu auch Ehlers, in: Faber/Frank, Festschrift für Stein, S. 125 (134); Britz, VerwArch 91 (2000), 418 (423 f.), Sommermann, in: Mangoldt/Kein/Stark, GG, Art. 20 Rn. 194; Muckel, NZS 2002, 118 (120).

132 So etwa im Hinblick auf die sog. Kondominialverwaltung oder auch die Beteiligung von Beliehenen.

Im Zusammenhang mit Entscheidungen von Kollegialorganen, die aus legitimierten Amtsträgern, aber auch aus gesellschaftlichen Vertretern bestehen (sog. Kondominialverwaltung), bereitet der Grundsatz der personellen Legitimation Schwierigkeiten angesichts der Beteiligung nicht legitimierter Personen. Insofern wird zwar teilweise die Auffassung vertreten, Staatsgewalt ausübenden Gremien dürften ausschließlich personell legitimierte Amtswalter angehören (Oebecke, Weisungs- und unterrichtungsfreie Räume, S. 92; Leisner, ZBR 1971, 65; Püttner, DVBl 1984, 165 (167); ders. DÖV 1988, 357 (359); ähnlich auch Jestaedt, Kondominialverwaltung, S. 378). Die überwiegend vertretene Gegenauffassung stellt dagegen nicht auf die demokratische Legitimation aller handelnden Personen ab, sondern auf die Legitimation der durch die Handelnden herbeigeführten Entscheidung, indem sie es entweder schon genügen lässt, wenn die personell legitimierten Mitglieder ein Vetorecht besitzen (so etwa Emde, Funktionale Selbstverwaltung, S. 329), oder eine Besetzung fordert, die nicht nur ein Vetorecht, sondern die Möglichkeit der positiven Mehrheitsentscheidung durch die legitimierten Mitglieder beinhaltet (so etwa Böckenförde, in: Isensee/Kirchhof, HStR II, § 24 Rn. 19; Bieback, Die Mitwirkung der Beschäftigten in der öffentlichen Verwaltung, S 45 f.). Das Bundesverfassungsgericht, Beschluss vom 24.05.1995 – 2 BvF 1/92 –, BVerfGE 93, 37 (72), im Ansatz der letztgenannten Auffassung folgend, fordert in seiner Entscheidung zu den schleswig-holsteinischen Personalräten eine doppelte Mehrheit dahingehend, dass die abstrakte Mehrheit der Mitglieder personell legitimiert und die konkrete Entscheidung von einer Mehrheit der so Legitimierten getragen sein muss. Zur differenzierenden Auffassung des Bundesverfassungsgerichts und dieser im Ergebnis folgend vgl. ausführlich auch Grzeszick, in: Maunz/Dürig, GG, Art. 20 Rn. 210 ff.

Im Hinblick auf das Rechtsinstitut der Beleihung wird das bei Privaten mangels Einbindung in das Geflecht staatlicher Verwaltung an sich bestehende Legitimationsdefizit durch die von der Verwaltungsrechtsdogmatik herausgearbeiteten Anforderungen an die Beleihung ausgeglichen. So werden regelmäßig von dem Gesetzgeber eine Ermächtigungsgrundlage, die genaue Bestimmung der übertragenen Aufgaben und Entscheidungsbefugnisse sowie eine staatliche Aufsicht verlangt (vgl. ausführlich Borchert, Bauleitplanung durch Beliehene, S. 165 ff.). Die für eine Beleihung erforderliche gesetzliche Grundlage, welche regelmäßig zu einem Beleihungsakt ermächtigt, teilweise aber auch unmittelbar die Beleihung anordnet und zudem mit einer Festlegung von Vorgaben an den Adressaten des Beleihungsaktes bzw. ausfüllungsbedürftigen Auswahlkriterien versehen ist, bereitet dabei die Grundlage der Vermittlung personeller Legitimation. Als weitgehend unproblematisch wird die personelle Legitimation Beliehener soweit ersichtlich für die Fälle angesehen, in denen es sich um eine Beleihung aufgrund Gesetzes handelt, bei der der Beliehene personelle Legitimation durch einen individuellen Beleihungsakt vermittelt bekommt, zu welchem die für die Beleihung zuständige Behörde unter Einhaltung bestimmter ausfüllungsbedürftiger Auswahlkriterien durch Gesetz ermächtigt ist. Problematischer erscheint dagegen die in diesem Zusammenhang nur selten behandelte Beleihung unmittelbar durch Gesetz, bei der von einem gesonderten Beleihungsakt abgesehen wird. Nach der Auffassung Sommermanns, in v. Mangoldt/Klein/Starck, GG, Art. 20 Rn. 176, erfährt der Beliehene für den Fall, dass die Ausübung eines bestimmten Berufes notwendig mit gesetzlich bestimmten hoheitlichen Befugnissen verbunden ist, durch die staatliche Zulassung zum Beruf das notwendige Minimum personeller Legitimation. Weiße, Die Bürgerkommune, S. 87, ist dagegen der Meinung, dass – trotz der Tatsache, dass Private, die Hoheitsfunktionen ohne Beleihungsakt ausüben, stets einer staatlichen Zulassung zum Beruf bedürfen – in dieser staatlichen Zulassung ein Minimum personeller demokratischer Legitimation nicht erkannt werden könne, da sich die staatliche Befähigungsprüfung allein auf die jeweils notwendigen Fachkenntnisse beziehe und bei deren Vorliegen einen Anspruch auf Erteilung der Zulassung enthalte. Er sieht den Fall einer Beleihung durch Gesetz, bei dem neben der staatlichen Zulassung zum

auch der Zulassung einer Ausnahme von der strikten Anwendung dieses Prinzips[133], kann keinesfalls zu dem Verdikt der Verwerfung führen. Denn rückbesinnend auf das zu erreichende Ziel, bei dem es nicht um einen Legitimationskettenfetischismus geht, „sondern um den Bestand und Erhalt eines strukturellen Rahmens für amtlich-staatliches Handeln, der dessen effektive, nicht nur virtuelle Rückbeziehbarkeit auf den Willen nicht bestimmter Einzelner oder Gruppen, sondern auf den

---

Beruf von einem gesonderten Beleihungsakt abgesehen wird, deshalb als Ausnahme vom Erfordernis einer personellen Legitimation im Sinne der herrschenden Legitimationsdogmatik an.

133 So etwa im Falle der funktionalen Selbstverwaltung.

Im Hinblick auf die Diskussion um die Frage der demokratischen Legitimation der funktionalen Selbstverwaltung ist zunächst zu beachten, dass die grundrechtsdeterminierte Selbstverwaltung, wie beispielsweise die durch die Wissenschaftsfreiheit geschützten Hochschulen, aus der Diskussion auszunehmen sind, da sie angesichts ihrer Sonderstellung als einerseits der Erfüllung von Staatsaufgaben, gleichzeitig aber dem Schutz und der Entfaltung der Grundrechte ihrer Mitglieder dienende Selbstverwaltungskörperschaft, allgemein als grundgesetzkonform angesehen werden, indem – eben aufgrund des grundrechtlichen Bezugs – eine Absenkung der legitimatorischen Anforderungen des Demokratieprinzips erlaubt ist (Musil, Wettbewerb in der staatlichen Verwaltung, S. 139 f.; vgl. auch Jestaedt, Demokratieprinzip und Kondominialverwaltung, S. 533 u. 537 sowie Böckenförde, in: Isensee/Kirchhof, HStR II, § 24 Rn. 34).

Für die nicht grundrechtsdeterminierten Erscheinungsformen funktionaler Selbstverwaltung und das hierbei unter Zugrundelegung des herrschenden Legitimationsmodells bestehende Legitimationsdefizit in personeller Hinsicht werden verschiedene Wege beschritten, um dem Verdikt der Verfassungswidrigkeit zu entgehen (für eine ausführliche Darstellung der im Folgenden kurz aufgezeigten unterschiedlichen Auffassungen mit zahlreichen weiteren Nachweisen vgl. insb. Unruh, VerwArch 92 (2001), 533 (547 ff.) sowie Musil, Wettbewerb in der staatlichen Verwaltung, S. 139). So wird teilweise und mit wiederum unterschiedlichen Begründungen im Detail, wie beispielsweise derjenigen, Art. 87 Abs. 3 GG begründe einen Ausnahmecharakter der funktionalen Selbstverwaltung, die Auffassung vertreten, das Defizit personeller Legitimation sei ausnahmsweise hinzunehmen. Einen anderen und ebenfalls im Begründungsdetail Unterschiede aufweisenden Weg beschreiten die Vertreter der Theorie von der autonomen Legitimation, wonach neben die Anforderungen des Art. 20 Abs. 2 GG eine über die jeweilige Binnenstruktur des Selbstverwaltungsträgers vermittelte autonome Legitimation trete, die ihrerseits kompensatorische Wirkung entfalten könne. Wieder anders argumentieren die Vertreter der Theorie der kollektiv personellen Legitimation. Das Bundesverfassungsgericht hat in seinem

Willen der Gesamtheit der Einzelnen, also auf das Volk ermöglicht“[134] und bei dem der Ausschluss einer Determination nicht legitimierter Privater an den Entscheidungen der öffentlichen Verwaltung sichergestellt wird, kann festgestellt werden, dass es sich bei dem herrschenden Legitimationsmodell um ein durchaus brauchbares Konzept handelt, auf welches nicht verzichtet werden kann. Zudem ist dem Legitimationskettenmodell des Bundesverfassungsgerichts zugutezuhalten, dass es sich zwar „als formal, aber anschaulich“[135] erweist und damit den Weg für eine klare Grenzziehung ebnet, was erhebliche Sicherheit für die Rechtsanwendung bedeutet. Soweit sich die Kritik am Legitimationskettenmodell gegen die Länge mancher Legitimationsstränge und das zeitliche Zurückliegen des Legitimationsaktes richtet

Beschluss in Sachen Lippeverband und Emschergenossenschaft vom 5. Dezember 2002, in denen es um die Frage der Verfassungswidrigkeit des Lippeverbandsgesetzes sowie des Emschergenossenschaftsgesetzes wegen Verstoßes gegen das Gebot demokratischer Legitimation ging, in wenigen Worten zusammengefasst festgestellt, dass das Demokratieprinzip außerhalb der unmittelbaren Selbstverwaltung und der in ihrem sachlich-gegenständlichen Aufgabenbereich nicht beschränkten Selbstverwaltung, d.h. der Kommunalverwaltung, offen sei für solche Formen der Organisation und Ausübung von Staatsgewalt, die vom Regelmodell abwichen, insbesondere keine lückenlose personelle Legitimation aufwiesen. Das Demokratieprinzip gestatte es, durch Gesetz für abgegrenzte Bereiche besondere Organisationsformen der Selbstverwaltung zu schaffen. Es könne der Gesetzgeber aufgrund seiner Gestaltungsfreiheit den Selbstverwaltungsträger auch zu verbindlichem Handeln mit Entscheidungscharakter ermächtigen, was in allerdings begrenztem Umfang auch für ein Handeln gegenüber Dritten, also Nichtmitgliedern, gelte. Die Befugnis zu verbindlichem Handeln mit Entscheidungscharakter mache es aber erforderlich, Maßnahmen, welche die jeweilige Selbstverwaltungskörperschaft bei der Erfüllung der ihr übertragenen Aufgaben ergreift, am Maßstab von Art. 20 Abs. 2 GG zu messen. Im Bereich der funktionalen Selbstverwaltung bedeute dies zwar nicht, dass dies im Wege einer lückenlosen personellen Legitimationskette zu geschehen habe. Verbindliches Handeln mit Entscheidungscharakter sei den Organen von Trägern der funktionalen Selbstverwaltung aus verfassungsrechtlicher Sicht aber nur gestattet, weil und soweit das Volk auch insoweit sein Selbstbestimmungsrecht wahrt, als es maßgeblichen Einfluss auf dieses Handeln behalte. Das erfordere, dass die Aufgaben und Handlungsbefugnisse der Organe in einem vom Volk beschlossenen Gesetz ausreichend vorherbestimmt seien und ihre Wahrnehmung der Aufsicht personell demokratischer Amtsträger obliege. Die Entscheidung des Bundesverfassungsgerichts ist vielfach auf Kritik gestoßen, die sich insbesondere dahingehend äußert, dass sie eine klare Linie und eindeutige Antworten vermissen lasse (vgl. Jestaedt, Jus 2004, 649 (651 ff.); Musil, Wettbewerb in der staatlichen Verwaltung, S. 149).

134 Böckenförde, in: Isensee/Kirchhof, HStR II, § 24 Rn. 23.

135 Schmidt-Aßmann, AöR 116 (1991), 329 (360).

und der herrschenden Legitimationsdogmatik deshalb eine Verflüchtigung der konkret personalen Beziehung zu einer bloßen Fiktion vorwirft, die eine reale Aussage über die demokratische Qualität nicht mehr erlaube, ist ihr in diesem Zusammenhang auch entgegenzuhalten, dass das Erfordernis der ununterbrochenen personellen Legitimationskette nicht die menschlich-persönliche Ebene der Personen zueinander widerspiegeln soll. Dies zeigt sich deutlich an der Auswahl eines Beamten, bei der die subjektive Bewertung des zur Auswahl Berufenen ausweislich des Art. 33 Abs. 2 GG gerade keine Rolle spielen darf, sondern der jeweils objektiv bestqualifizierte Bewerber auszuwählen ist. Es ist also dem Prinzip der ununterbrochenen personellen Legitimationskette ein formelles Verständnis zugrunde zu legen, für welches weder die Länge der Kette noch das zeitliche Zurückliegen des Aktes der Legitimationsvermittlung von ausschlaggebender Bedeutung sind. Entscheidend sind hier die Eingliederung des Staatsgewalt Ausübenden in das staatliche Verwaltungsgeflecht unter staatlicher Prüfung und Berücksichtigung der individuellen Merkmale des Betroffenen sowie die dadurch entstehenden Möglichkeit der Einflussnahme der gegenüber dem Parlament verantwortlichen Verwaltungsspitze[136]. Dem Ziel der Sicherung des Prinzips der Volkssouveränität und der dafür erforderlichen Beschränkung der Beteiligung beliebiger Privater an der Erfüllung von Staatsaufgaben wird durch dieses formale, aber anschauliche Legitimationskettenprinzip in verlässlicher Weise gedient. Der Vorteil der Anschaulichkeit und damit Einfachheit des Modells führt freilich zu „Rechtfertigungsnöten“ im Einzelfall. Dennoch wäre es voreilig anzunehmen, das Modell sei zu einfach, als dass es gleichzeitig den Anforderungen von Demokratie und Volkssouveränität und praktischen Bedürfnissen Rechnung tragen könnte[137], denn „ein einfaches Modell geriete erst dann in eine Schieflage, wenn es aufgrund der auftretenden gedanklichen Brüche seinen Erkenntniswert weitgehend einbüßte oder wenn es nicht in der Lage wäre, bestimmte, in der Praxis auftretende Erscheinungsformen einzubinden und einer sachgerechten Lösung zuzuführen“[138]. Nicht erforderlich ist es also, dass ein Modell für jede Situation vollständig passt, solange es flexibel ist, was – wie die obigen Ausführungen gezeigt haben – im Falle des herrschenden Modells zutreffend ist[139].

---

136 Zur Entkräftung des empirischen Arguments einer bloßen Fiktion demokratischer Legitimation bei immer länger werdenden Legitimationsketten vgl. auch Ehlers, in: Faber/Frank, FS für Stein, S. 135 sowie Heintzen, VVDStRL 62 (2003), 220 (244, Anm. 119).

137 So aber Schnapp, in: v. Münch/Kunig, GG, Art. 20 Rn. 22.

138 Musil, Wettbewerb in der staatlichen Verwaltung, S. 108.

139 Keinesfalls ist also der politische Gestaltungsspielraum, wie von Blanke, KJ 31 (1998), 452 (471); ders., in: Redaktion Kritische Justiz, Demokratie und Grundgesetz,

Dies alles gilt umso mehr, als ein (tragfähiges) Alternativmodell seitens der Kritiker nicht angeboten wird[140]. Die alleinige Bindung an das Gesetz vermag das Handeln von Staatsgewalt Ausübenden in der Regel jedenfalls nicht ausreichend zu steuern[141]. Soweit also schlicht darauf verwiesen wird, es sei das Recht des Gesetzgebers, Verwaltungsentscheidungen so zu organisieren, wie er es für vernünftig halte, ist dem entgegenzuhalten, dass das Demokratieprinzip der Verfassung auch für den Gesetzgeber verbindlich ist und ihm verbietet, die Staatsgewalt im fremde Hände zu geben[142]. Der von Art. 20 GG geforderte effektive Einfluss des Volkes auf die Ausübung der Staatsgewalt verlangt grundsätzlich, dass die „Personalauswahl" der Verwaltung von dem Volk, dem Parlament oder unter bestimmten vom Parlament vorgegebenen Kriterien von einem unter Verantwortung gegenüber dem Parlament handelnden Amtswalter vorgenommen wird.

Geht die Kritik an der herrschenden Meinung dagegen nicht gegen das Erfordernis einer Legitimationsvermittlung in personeller Hinsicht an sich, sondern wird lediglich der Aspekt der individuellen Berufung in Frage gestellt[143], erscheint es durchaus nicht von vorneherein als mit dem Demokratieprinzip unvereinbar, die Vermittlung auch personeller Legitimation allein durch parlamentarisches Gesetz als ausreichend anzusehen, stellt doch das Parlamentsgesetz in der parlamentarischen Demokratie grundsätzlich das zentrale Steuerungs- und Legitimationsinstrument

---

S. 32 (58), dargelegt, ausschließlich auf die „Alternative: entweder hierarchisch-weisungsgebundene Verwaltung oder Privatisierung" verengt.

140 So zu Recht Sommermann, in: v. Mangoldt/Klein/Starck, GG, Art. 20 Rn. 194; vgl. auch Ehlers, in: Faber/Frank, FS für Stein, S. 136, mit dem Hinweis, dass der Verweis auf die Betroffenen statt auf das Volk jedenfalls nicht ausreiche.

141 Vgl. dazu auch Ehlers, in: Faber/Frank, FS für Stein, S. 134, der zutreffend darauf hinweist, dass – abgesehen davon, dass es keine flächendeckende gesetzliche Programmierung der Verwaltung gibt – selbst bei einem Verzicht auf gesetzlich eingeräumte Beurteilungs- und Ermessensspielräume die Rechtsanwender nicht nur als „bouche de la loi" fungieren.

142 Ehlers, in: Faber/Frank, FS für Stein, S. 134; siehe auch Sommermann, in: v. Mangoldt/ Klein/Starck, GG, Art. 20 Rn. 194, der ausführt, es sei bisher kein Alternativmodell benannt, das die Gefahr der Dominanz selbst ernannter Interpretatoren des Volkswillens ausschließe; kritisch zu einer Legitimation durch parlamentarischen Organisationsakt auch Schnapp, in: v. Münch/Kunig, GG, Art. 20 Rn. 21.

143 Vgl. insbesondere Dederer, Korporative Staatsgewalt, S. 149 ff und 229 ff.; ders., NVwZ 2000, 403 (405), der eine abstrakte personelle Legitimation im Sinne einer „nur" abstrakten Berufung der Funktionswalter in Gestalt von gesetzlichen Regelungen für ausreichend hält, sowie, speziell für den Fall der funktionalen Selbstverwaltung, Kluth, Funktionale Selbstverwaltung, S. 379 ff.; dens., Die Verwaltung 35 (2002), 349 (360 ff.), und Unruh, VerwArch 92 (2001), 533 (551 ff.).

dar. Eine ausreichende gesetzliche Steuerung in personeller Hinsicht und damit eine personelle Legitimationsvermittlung unmittelbar durch Gesetz unterliegt jedoch bei näherer Betrachtung unübersehbaren Schwierigkeiten.

Dies gilt zum einen angesichts des auch hier gegebenen Erfordernisses der auf konkrete persönliche Merkmale abstellenden Ausgestaltung der Berufung (im Gegensatz zur abstrakten Ämterordnung) sowie der hinreichenden Bestimmtheit der Berufung aufgrund der Vorgabe individualisierender Merkmale, die zudem von sachlichen Erwägungen über die besondere Eignung und Befähigung (Art. 33 Abs. 2 GG) zur Erfüllung der jeweiligen öffentlichen Aufgabe getragen sein muss. Denn es wäre der Gesetzgeber regelmäßig überfordert, eine gesetzliche Zuständigkeitsordnung zu gestalten, die konkrete Zuständigkeiten einzelnen bestimmten Amtswaltern zuordnet[144]. Zumdem wäre der Verwaltung die verfassungsrechtlich gewährleistete, weil für eine ordnungsgemäße Aufgabenerfüllung notwendige Eigenständigkeit und Flexibilität genommen. Es können durch den Gesetzgeber also grundsätzlich nur Kriterien für die Auswahl des Amtswalters festgelegt werden. Sie bilden unbestimmte Rechtsbegriffe, die einer Ausfüllung für den konkreten Einzelfall bedürfen, da je nach Funktionsbereich unterschiedliche Aspekte etwa für die Eignung und Befähigung einer Person maßgeblich sind.

---

144 Angesichts der Fülle der verschiedenen Aufgabenbereiche und der damit einhergehenden unterschiedlichen Anforderungen an die handelnden Personen, die – jedenfalls für den Bereich der unmittelbaren Staatsverwaltung und den der in ihrem sachlich-gegenständlichen Aufgabenbereich nicht beschränkten kommunalen Selbstverwaltung – an die Eignung, Befähigung und fachliche Leistung der konkreten Person zu stellen sind, ist es dem Gesetzgeber praktisch unmöglich, über die Bestimmung ausfüllungsbedürftiger Auswahlkriterien hinaus konkrete individuelle Anforderungen zu normieren, welche eine eindeutige personelle Bestimmung ermöglichen, die eine unmittelbare Berufung bzw. Vermittlung personeller Legitimation durch Gesetz selbst darstellt.

Anders könnte dies mit Kluth, Funktionale Selbstverwaltung, S. 379 ff.; dems., Die Verwaltung 35 (2002), 349 (360 ff.), und Unruh, VerwArch 92 (2001), 533 (551 ff.), allenfalls für den Fall der funktionalen, in ihrem sachlich-gegenständlichen Bereich beschränkten Selbstverwaltung betrachtet werden, in dem durch einen gesetzlichen Bestellungsakt all diejenigen als bestellt angesehen werden, die einer nach individualisierten Merkmalen bestimmten Gruppe angehören, und zudem die gesetzliche Bestellung als von sachlichen Erwägungen über die besondere Eignung und Befähigung getragen angesehen wird, indem Eignung und Befähigung aus der Zugehörigkeit zu einer Betroffenengruppe abgeleitet werden, die aufgrund der in der Regel beruflich qualifizierten Befassung mit den zu erledigenden Aufgaben eine weitgehende Gewähr für sachgerechte Entscheidungen böten.

Zum anderen steht einer Berufung unmittelbar durch Gesetz entgegen, dass – selbst wenn eine hinreichende Bestimmbarkeit der zur Entscheidung berufenen Personen allein aufgrund der Festlegung bestimmter gesetzlicher Kriterien möglich sein sollte – regelmäßig von einer Prüfung des Vorliegens eben dieser Kriterien in der konkreten Person durch eine selbst legitimierte Person nicht abgesehen werden kann, um den notwendigen Einfluss des Staates sicherzustellen, der die Gefahr selbsternannter Interpretatoren des Volkswillens ausschließt[145]. Ohne dass es für die hier konkret anstehende Untersuchung einer weiteren Auseinandersetzung mit der Konstruktion einer ausschließlich durch Parlamentsgesetz vermittelten personellen Legitimation und den dabei ggf. denkbaren, zulässigen Anwendungsfällen[146] bedürfte, kann nach alledem jedenfalls festgestellt werden, dass eine den verfassungsrechtlichen Anforderungen genügende Legitimationsvermittlung unmittelbar durch Gesetz den seltenen Ausnahmefall darstellen dürfte.

Insgesamt kann festgestellt werden, dass sich die Kritik an der herrschenden Meinung als nicht haltbar erweist, jedenfalls nicht insoweit, als dies zu einem Verwerfen des Legitimationsmodells führen soll.

cc. Zum Verhältnis der Legitimationskomponenten untereinander – Das hinreichende Legitimationsniveau

Sodann stellt sich die Frage nach dem Verhältnis von personeller und sachlich-inhaltlicher Legitimation. Dabei soll insbesondere untersucht werden, inwieweit

---

145 So bedarf es auch in dem hinsichtlich der Frage der personellen Legitimation umstrittenen Fall der Beleihung durch Gesetz, in dem es an einem gesonderten Beleihungsakt und damit an der individuellen Legitimationsvermittlung fehlt, immer zumindest der staatlichen Zulassung zum Beruf, welche sodann die an die Berufsausübung anknüpfende Beleihung kraft Gesetzes zur Folge hat. Die Prüfung der besonderen Anforderungen in der Person des Staatsgewalt Ausübenden muss also immer staatlicherseits gesichert sein. Allein das ungeprüfte Vorliegen der besonderen Voraussetzungen kann kein verlässliches Kriterium sein, um die Gefahr für das Prinzip der Volkssouveränität, welche von einer unkontrollierten Selbsternennung einzelner Personen ausginge, auszuschließen.

146 Überzeugend insoweit jedenfalls der von Ehlers, JZ 1987, 218 (221), als Beispiel einer unmittelbaren Berufung durch Gesetz aufgeführte Anwendungsfall der „gesetzlichen Berufung in weitere Ämter". Konkret bedeutet dies, dass der jeweilige Walter eines bestimmten Amtes (in welches er individuell berufen wurde) durch Gesetz zugleich damit beauftragt wird, ein weiteres Amt wahrzunehmen, ohne dass eine individuelle Berufung in das weitere Amt erfolgt. So ist etwa der Leiter der Dienstrechtsabteilung des Bundesinnenministeriums kraft Gesetzes Mitglied des Bundespersonalausschusses, § 120 Abs. 2 S. 1 BBG.

eine Kompensation oder gar vollständige Substitution der verschiedenen Legitimationsformen bzw. zwischen den unterschiedlichen Elementen innerhalb eines Legitimationsmodus zulässig ist. Insoweit ist zunächst festzustellen, dass es im Hinblick auf das verfassungsrechtlich geforderte Ziel, die Rückführbarkeit aller staatlichen Herrschaftsausübung auf das Volk, letztlich nicht um die Form der Legitimation, sondern allein um die Sicherung der „Effektivität" des Volkseinflusses auf die Ausübung von Staatsgewalt geht. Damit ist das „hinreichende Legitimationsniveau"[147] angesprochen. Dieses kennzeichnet die Legitimationsdichte, ab welcher das verfassungsrechtlich geforderte Ziel erreicht ist[148]. Beide Legitimationsformen, sprich die personelle und die sachlich-inhaltliche Legitimation, dienen in ihrer grundsätzlichen Bedeutung gleichgestellt[149] nur als Mittel zur Erreichung dieses hinreichenden Legitimationsniveaus. Sie stehen dabei nicht unverbunden nebeneinander, sondern wirken aufgrund ihrer Ausrichtung auf dasselbe Ziel, die Herstellung effektiver demokratischer Legitimation, als funktional miteinander verzahnte Legitimationsfaktoren zusammen[150]. Dieses wechselbezügliche

147 Vgl. etwa Schmidt-Aßmann, AöR 116 (1991), 327 (366). Siehe auch BVerfG, Beschluss vom 24.05.1995 – 2 BvF 1/92 –, BVerfGE 93, 37 (67); dass., Urteil vom 31.10.1990 – 2 BvF 3/89 –, BVerfGE 83, 60 (72); BVerwG, Beschluss vom 17.12.1997 – 6 C 2/97 –, BVerwGE 106, 64 (74), wo der Begriff des „bestimmten" Legitimationsniveaus verwendet wird.

148 Jestaedt, Demokratieprinzip und Kondominialverwaltung, S. 285.

149 Ein Über-/Unterordnungsverhältnis zwischen personeller und sachlich-inhaltlicher Komponente besteht nicht. Weder der personellen noch der sachlich-inhaltlichen Legitimation kann eine grundsätzlich vorrangige Bedeutung zugesprochen werden. Wie hier auch Böckenförde, in: Isensee/Kirchhof, HStR II, § 24 Rn. 23; Jestaedt, Demokratieprinzip und Kondominialverwaltung, S. 281 ff; Musil, Wettbewerb in der staatlichen Verwaltung, S. 114 f.; Gersdorf, Öffentliche Unternehmen, S. 173; Köller, Funktionale Selbstverwaltung, S. 169 ff. A.A. Kluth, Funktionale Selbstverwaltung, S. 358 f., Oebbecke, Weisungs- und unterrichtungsfreie Räume, S. 77, die eine übergeordnete Stellung der personellen Legitimationskomponente anerkennen mit der Begründung, dass die inhaltliche Entscheidung die Ausübung von Staatsgewalt durch personell legitimierte Amtswalter voraussetze und damit von dieser abhängig sei. A.A. auch Emde, Die demokratische Legitimation der funktionalen Selbstverwaltung, S. 46, der umgekehrt der sachlich-inhaltlichen gegenüber der personellen Legitimation eine Vorrangstellung einräumt mit der Begründung, dass Gegenstand der Rechtfertigung von Herrschaft letztlich nicht Personen oder Institutionen, sondern Entscheidungen seien.

150 Böckenförde, in: Isensee/Kirchhof, HStR II, § 24 Rn. 23; Vgl. auch Jestaedt, Demokratieprinzip und Kondominialverwaltung, S. 281 ff.; Musil, Wettbewerb in der staatlichen Verwaltung, S. 115. Siehe auch BVerfG, Beschluss vom 24.05.1995 – 2 BvF

Verhältnis zwischen den Legitimationsformen ermöglicht es auch, Verdünnungen in einem der beiden Legitimationsstränge durch entsprechende Verstärkung des anderen Legitimationsstranges zu kompensieren oder grundsätzlich sogar auch vollständig zu substituieren, solange und soweit im Ergebnis ein hinreichendes Legitimationsniveau und damit die Effektivität der demokratischen Legitimation staatlichen Handelns sichergestellt ist[151].

Entscheidend ist damit letztlich die Frage, wann ein hinreichendes Legitimationsniveau gegeben ist bzw. wie dieses zu bestimmen ist. Insofern ist zunächst zu beachten, dass es sich bei dem „hinreichenden" Legitimationsniveau nicht um eine feste Grenze handelt, die immer unter den gleichen Voraussetzungen erreicht wird, sondern dass es je nach Erscheinungsform der Staatsgewalt Abstufungen gibt; nicht für jede Ausübung von Staatsgewalt muss dasselbe Maß an Legitimation gelten. So führt das Bundesverfassungsgericht treffend aus, dass das Legitimationsniveau „bei den verschiedenen Erscheinungsformen von Staatsgewalt im allgemeinen und der vollziehenden Staatsgewalt im besonderen unterschiedlich ausgestaltet sein [kann] … Innerhalb der Exekutive ist dabei auch die Funktionenteilung zwischen der für die politische Gestaltung zuständigen, parlamentarisch verantwortlichen Regierung und der zum Gesetzesvollzug verpflichteten Verwaltung zu berücksichtigen"[152]. Für alle drei Gewalten, wobei die Exekutive wiederum in die Gubernative und die Verwaltung zu untergliedern ist, ergibt sich also ein eigenes Legitimationsniveau. Die Konkretisierung des Maßes demokratischer Legitimation muss nun dem Grundgesetz entnommen werden, was durch eine Analyse der im Grundgesetz geregelten Organisationsstrukturen für die jeweilige Funktion erfolgt[153]. Im Hinblick auf die angesichts des Themas der Arbeit allein interessierende Exekutive erweist sich die Betrachtung von Organisationsgrundsätzen jedoch als nicht unproblematisch, da das Grundgesetz im Hinblick auf die Binnenstruktur der Verwaltung ein allgemeingültiges, umfassendes

---

1/92 –, BVerfGE 93, 37 (66 f.): „Für die Beurteilung, ob dabei ein hinreichender Gehalt an demokratischer Legitimation erreicht wird, haben die in der Rechtsprechung des Bundesverfassungsgerichts und in der Literatur unterschiedenen Formen der institutionellen, funktionellen, sachlich-inhaltlichen und personellen Legitimation Bedeutung nicht je für sich, sondern nur in ihrem Zusammenwirken."

151 Dazu sogleich mehr.

152 BVerfG, Beschluss vom 24.05.1995 – 2 BvF 1/92 –, BVerfGE 93, 37 (67).

153 Vgl. nur Jestaedt, Demokratieprinzip und Kondominialverwaltung, S. 288 f. Die speziellen Organisationsvorschriften für die einzelnen Gewalten normieren also nicht nur Aufbau und Ablauf der staatlichen Tätigkeit, sondern auch das entsprechende Legitimationsmodell.

Organisationsmodell nicht zur Verfügung stellt. Dennoch wird aus den oben im Rahmen des herrschenden Legitimationsmodells bereits dargestellten Vorkehrungen und Ausformungen des Grundgesetzes, die das nach Art. 20 Abs. 2 S. 1 GG erforderliche „Ausgehen aller Staatsgewalt vom Volke“ gewährleisten, deutlich, dass das Bundesverfassungsgericht[154] und die herrschende Lehre[155] die Ministerialverwaltung als Regelmodell ansehen[156]. Dies zu Recht, denn im Gegensatz zu weiteren im Grundgesetz vorgesehenen Verwaltungsformen[157], die in der Verfassung nur eine punktuelle Regelung erfahren und deren Legitimationsstrukturen sich der Verfassung nicht entnehmen lassen, womit ihre Bestimmungen als Durchbrechung des Regelmodells erscheinen[158], ist die Organisationsstruktur und somit auch die Legitimationsweise der Ministerialverwaltung[159] in der Verfassung

---

154 Vgl. BVerfG, Beschluss vom 24.05.1995 – 2 BvF 1/92 –, BVerfGE 93, 37 (67), das hier davon ausgeht, dass die Verwaltung sowohl der vollen personellen als auch der sachlich-inhaltlichen Legitimation in beiden Ausprägungen bedarf.

155 Vgl. insbesondere Böckenförde, in: Isensee/Kirchhof, HStR II, § 24 Rn. 24; Jestaedt, Demokratieprinzip und Kondominialverwaltung, S. 307 ff.; dens. Der Staat, 32 (1993), 29 (53 f.); Musil, Wettbewerb in der staatlichen Verwaltung, S. 118 ff.; Köller, Funktionale Selbstverwaltung, S. 172 ff.

156 Dies insbesondere aufgrund der starken Betonung der parlamentarischen Verantwortlichkeit der Regierung sowie der Gesetzesbindung und Weisungsgebundenheit der Verwaltung im Rahmen der sachlich-inhaltlichen Legitimation, vgl. darstellend Mehde, Neues Steuerungsmodell, S. 200 f.

157 Vgl. bspw. die Vorschrift des Art. 114 Abs. 2 GG über den Bundesrechnungshof oder die des Art. 88 GG über die Bundesbank und dazu weiter gehend Oebbecke, Weisungs- und unterrichtungsfreie Räume in der Verwaltung, S. 44 ff.; Kluth, Funktionale Selbstverwaltung, S. 365; Köller, Funktionale Selbstverwaltung, S. 173; Jestaedt, Der Staat 32 (1993), 29 (54).

158 Köller, Funktionale Selbstverwaltung, S. 174.

159 Teilweise wird auch die Kommunalverwaltung als Regelmodell angesehen. Die Frage, ob man die Ministerialverwaltung als Regelmodell und die Kommunalverwaltung als Ausnahme oder Modifikation ansieht, so etwa Jestaedt, Demokratieprinzip und Kondominialverwaltung, S. 528 f., oder ob man sie als zweites, gleichberechtigt neben der Ministerialverwaltung stehendes Modell ansieht und somit bei einer Ableitung des Legitimationsniveaus aus der Verfassung beide Modelle zugrunde legt, so etwa Kluth, Funktionale Selbstverwaltung, S. 363; Mehde, Neues Steuerungsmodell, S. 256 f., bedarf hier mangels Ergebnisrelevanz für die Bestimmung des Legitimationsniveaus keiner Untersuchung. Denn auch wenn die Organisationsstrukturen bei der Ministerial- und Kommunalverwaltung voneinander abweichen, liegt bei beiden Verwaltungsformen eine doppelgleisige Legitimation vor, d. h., sowohl die sachlich-inhaltliche als auch die personelle Legitimation sind gegeben, und das Legitimationsniveau ist vergleichbar. Zu den Legitimationsformen und dem

angelegt. Insofern ist insbesondere auf das verfassungsrechtlich vorgeschriebene parlamentarische Regierungssystem zu verweisen, für das die Verantwortlichkeit der Regierung gegenüber dem Parlament kennzeichnend ist, welche wiederum eine hierarchische Verwaltung, an deren Spitze der jeweils verantwortliche Fachminister steht (Art. 65 GG), zwingend erfordert[160].

Es bleibt demnach zunächst festzustellen, dass die Ministerialverwaltung als Regeltypus der Wahrnehmung exekutiver Staatsaufgaben gilt, mit der Folge, dass die im Modell der klassischen Ministerialverwaltung wirksamen Legitimationselemente als prägend für das verfassungsrechtlich vorgeschriebene Regelniveau demokratischer Legitimation anzusehen sind. Jede verwaltungsrechtliche Organisationsform, die unter legitimatorischen Gesichtspunkten, d.h. im Gesamtbild des Zusammenwirkens der verschiedenen Legitimationsmodi, hinter dem von der Ministerialverwaltung vorgegebenen Legitimationsniveau zurückbleibt, ist ohne Verstoß gegen das Demokratieprinzip nur bei verfassungsrechtlicher Bestimmung oder sonstiger verfassungsrechtlich gerechtfertigter Ausnahme möglich.

Wie bereits oben im Rahmen der allgemeinen Darstellung der beiden Legitimationsmodi, welche sich ja an dem Verwaltungsmodell der Ministerialverwaltung orientiert, umfassend ausgeführt, wird die Ministerialverwaltung aus demokratischer Sicht durch folgende Merkmale kennzeichnet: Die Verwaltung ist durch eine vom Volk über das Parlament und die Regierung führende Legitimationskette personell an das Volk rückgebunden. In sachlich-inhaltlicher Hinsicht erfolgt eine Rückbindung an das Volk durch die vom Parlament erlassenen Gesetze sowie die parlamentarische Verantwortlichkeit der Minister für sämtliche Vorgänge in ihrem Geschäftsbereich und die sich daran anschließende Verantwortungskette in der Verwaltungshierarchie, welche wiederum aufgrund von abstrakten sowie konkreten Steuerungsmitteln der jeweils übergeordneten Stellen gerechtfertigt ist. Unter Zugrundelegung des Regelmodells ergibt sich für den Bereich der Verwaltung unter legitimatorischen Aspekten damit folgendes Bild: Das Regelmodell weist eine „doppelgleisige“[161] Legitimation auf, die im Hinblick auf die konkrete

---

hinreichenden Legitimationsniveau in der Kommunalverwaltung vgl. ausführlich unten Teil 1, Kapitel 3, A., I., 1., b., cc.

160 Dazu schon oben im Rahmen der Ausführungen zur sachlich-inhaltlichen Legitimation (Teil 1, Kapitel 3, A., I., 1., a., bb., aaa., (2)).

161 Dieser Begriff stammt von Köller, Funktionale Selbstverwaltung, S. 174, und wird hier bewusst zur Vermeidung des in diesem Zusammenhang oft gebrauchten Begriffes der „dualen Legitimation“ (vgl. z.B. Sommermann, in: v. Mangoldt/Klein/Starck, GG, Art. 20 Rn. 171) verwendet. Um Missverständnisse zu vermeiden, sollte der Begriff der „dualen Legitimation“ zur Beschreibung des Vorliegens sowohl der

Ausprägung der Legitimationsformen durch eine aufgrund der Länge der Legitimationskette eher schwache Ausprägung der personellen Legitimation, dafür aber angesichts des Vorliegens sämtlicher Elemente[162] starken Ausprägung der sachlich-inhaltlichen Legitimation gekennzeichnet ist.

Das hier aufgezeigte Niveau an Legitimation stellt nun den Maßstab für die gesamte Verwaltungstätigkeit dar. Dabei ist aber zu beachten, dass sich die konkreten Ausprägungen der einzelnen Legitimationsstränge im Hinblick auf ihre jeweilige Legitimationswirkung durchaus von den im Rahmen des Regelmodells dargestellten Ausformungen unterscheiden können. Es sei nochmals darauf hingewiesen, dass an die konkrete Ausgestaltung des Zusammenwirkens der Legitimationskomponenten keine bestimmten Anforderungen gestellt werden, solange das durch das Regelmodell vorgegebene Legitimationsniveau gewährleistet ist. Die verschiedenen Legitimationskomponenten können sich dabei nicht nur gegenseitig kompensieren[163]. Auch eine vollständige Substitution ist nicht

---

sachlich-inhaltlichen als auch der personellen Legitimation nicht gebraucht werden, da er bereits regelmäßige Verwendung zur Kennzeichnung der kommunalverwaltungsrechtlichen Legitimationsordnung findet. Für den Bereich der Kommunalverwaltung wird von „dualer Legitimation" gesprochen, da sich parlamentsvermittelte und originäre administrative Legitimation begegnen, es mit anderen Worten zu einer Rückbindung sowohl an das Staatsvolk als auch an das Gemeindevolk kommt, vgl. Schmidt-Aßmann, AöR 116 (1991), 329 (357 u. 359); Kluth, Funktionale Selbstverwaltung, S. 363; Mehde, Neues Steuerungsmodell, S. 248 f sowie die Ausführungen unten Teil 1, Kapitel 3, A., I., 1., b., cc.

162 Die verschiedenen Rückbindungsmechanismen im Rahmen der sachlich-inhaltlichen Legitimationskomponente können hinsichtlich der Stärke ihrer legitimatorischen Wirkung freilich wiederum je nach den Gegebenheiten des konkreten Einzelfalls variieren.

163 Es sind verschiedene Konstellationen denkbar, in denen eine verminderte Legitimation des einen Stranges durch eine stärkere Legitimation des anderen Stranges ausgeglichen werden kann, vgl. dazu etwa Sommermann, in: v. Mangoldt/Klein/Starck, GG, Art. 20 Rn. 170. So kann beispielsweise eine eingeschränkte normative Bindung oder eine schwächere personelle Legitimation durch eine stärkere Aufsicht oder das Fehlen einer Einzelweisungsmöglichkeit durch eine höhere Regelungsdichte hinsichtlich der durchzuführenden Tätigkeit usw. ausgeglichen werden. Die grundsätzliche Möglichkeit einer wechselseitigen Kompensation zwischen den Legitimationsformen entspricht der absolut herrschenden Meinung, vgl. Böckenförde, in: Isensee/Kirchhof, HStR II, § 24 Rn. 23; Emde, Die demokratische Legitimation der funktionalen Selbstverwaltung, S. 328; Jestaedt, Demokratieprinzip und Kondominialverwaltung, S. 282 f.; Gersdorf, Öffentliche Unternehmen, S. 173; Köller, Funktionale Selbstverwaltung, S. 170 ff.; wohl auch Schmidt-Aßmann, AöR 116 (1991), 329 (368).

grundsätzlich ausgeschlossen[164]. Allein aus der im Rahmen des Regelmodells gegebenen doppelgleisigen Legitimation kann jedenfalls nicht auf ein zwingendes Verbot der Totalsubstitution geschlossen werden. Denn es ist doch gerade nicht die Form der Legitimation, sondern allein das Ergebnis entscheidend. Den Vertretern des Verbots einer Totalsubstitution kann dennoch im Ergebnis insofern zugestimmt werden, als das Erreichen eines hinreichenden Legitimationsniveaus bei vollständigem Fehlen einer der beiden Legitimationskomponenten im Rahmen der Verwaltungstätigkeit praktisch ausgeschlossen erscheint und deshalb vernachlässigt werden kann[165].

b. Anforderungen an die demokratische Legitimation auf kommunaler Ebene – Kommunalrechtlicher Regeltypus des Legitimationsniveaus

Die Kommunalverwaltung weicht von dem eben dargestellten Regelmodell einer hierarchisch gegliederten, auf den Minister und letztlich auf das Parlament bezogenen Verwaltung ab. Da die Kommunen aber sowohl in dem ihrer Selbstverwaltung unterliegenden Bereich als auch im übertragenen Wirkungskreis Staatsgewalt im Sinne des Art. 20 Abs. 2 S. 1 GG ausüben und daher auch dem Erfordernis demokratischer Legitimation unterliegen[166], bedarf es im Folgenden

---

164 A.A., allerdings ohne Begründung, Böckenförde, in: Isensee/Kirchhof, HStR II, § 24 Rn. 23; Emde, Die demokratische Legitimation der funktionalen Selbstverwaltung, S. 329 f. und 331 f. Vgl. auch das Bundesverfassungsgericht, Urteil vom 31.10.1990 – 2 BvF 3/89 –, BVerfGE 83, 60 (70), welches ausführt, dass stets eine personelle Legitimation erforderlich sei, was eine komplette Substituierung des personellen Modus durch den sachlich-inhaltlichen ausschließe.

165 Als Anwendungsfall einer den demokratischen Anforderungen genügenden Totalsubstitution der personellen durch die sachlich-inhaltliche Legitimation werden solche Fälle aufgeführt, in denen der Entscheidungsgehalt des Handelnden allein darin besteht, den Einzelfall unter die normativen Vorgaben zu subsumieren und diese so für den konkreten Einzelfall anzuwenden, vgl. Köller, Funktionale Selbstverwaltung, S. 184. Dem ist zuzugeben, dass in solchen Fällen der Entscheidungsgehalt tatsächlich als so gering anzusehen ist und damit die sachlich-inhaltliche Legitimation als so stark ausgeprägt, dass von einer Substitution der personellen durch die sachlich-inhaltliche Legitimation ausgegangen werden könnte. Dennoch ist diesem Beispielfall entgegenzuhalten, dass eine hier vorausgesetzte vollständige gesetzliche Programmierung einer Verwaltungsentscheidung praktisch nicht vorstellbar ist. Zudem müsste man sich die Frage stellen, ob in einem solchen Fall überhaupt noch von einem Handeln mit Entscheidungscharakter und damit der Ausübung von Staatsgewalt gesprochen werden könnte, siehe oben Teil 1, Kapitel 3, A., I., 1., a., aa., bbb., (2).

166 BVerfG, Urteil vom 31.10.1990 – 2 BvF 2/89, 6/89 –, BVerfGE 83, 37 (54).

einer Untersuchung der Frage, wie sich die demokratische Legitimation und die Erreichung eines hinreichenden Legitimationsniveaus im Rahmen der Kommunalverwaltung beurteilen lässt.

aa. Abweichungen vom demokratischen Regelmodell der Ministerialverwaltung

Infolge des den Gemeinden verbürgten Rechts auf Selbstverwaltung gemäß Art. 28 Abs. 2 GG und der daraus resultierenden organisatorischen Verselbständigung gegenüber den Ländern zeigt sich im Rahmen der Kommunalverwaltung eine im Vergleich zur Ministerialverwaltung deutliche Verdünnung der Legitimationsstränge. So wird die personelle Legitimation der auf kommunaler Ebene handelnden Amtswalter nicht über eine vom Bundes- bzw. Landesvolk über das Parlament und den Minister bis hin zum einzelnen Amtswalter führenden Legitimationskette vermittelt; vielmehr hat die Gemeinde aufgrund der in Art. 28 Abs. 2 GG verankerten Personalhoheit das Recht, staatsunabhängig über die Auswahl, Einstellung und Entlassung ihres Personals zu entscheiden. In personeller Hinsicht fehlt somit jegliche Rückführbarkeit auf das Staatsvolk[167]. Aber auch die sachlich-inhaltliche Legitimationskomponente weist in direktem Vergleich zum legitimatorischen Regeltypus der Ministerialverwaltung deutliche Defizite auf. Es ist zwar aufgrund der Geltung des Art. 20 Abs. 3 GG[168] – genau wie im Rahmen der Ministerialverwaltung – das Element der Gesetzesbindung gegeben. Im Hinblick auf das konkrete Steuerungselement der Weisungsabhängigkeit und damit die ununterbrochene Weisungskette bis hin zum Minister ist aber festzustellen, dass dieses nur im Bereich des übertragenen Wirkungskreises aufgrund der kommunalrechtlichen Aufsichtsmaßnahme der Fachaufsicht als gegeben angesehen werden kann[169]. Für den Bereich des eigenen Wirkungskreises ist eine solche staatliche Fachaufsicht und damit staatliche Weisungsbefugnis freilich nicht gegeben[170].

---

167 v. Arnim, AöR 113 (1988), 1 (8).

168 Vgl. auch Art. 28 Abs. 2 S. 1 GG, in dem das Recht zur Selbstverwaltung nur mit der Einschränkung, dass dies im Rahmen der Gesetze zu erfolgen habe, garantiert wird und der damit als Konkretisierung der allgemeinen Gesetzesbindung des Art. 20 Abs. 3 GG angesehen wird, vgl. Pieroth, in: Jarass/Pieroth, GG, Art. 28 Rn. 20.

169 Auch im Hinblick auf die Angelegenheiten des übertragenen Wirkungskreises ist aber zu beachten, dass das Gesetz in einigen Bundesländern die Ausübung der Fachaufsichtsbefugnisse ausdrücklich an das Vorliegen bestimmter tatbestandlicher Voraussetzungen knüpft. So etwa in Bayern aufgrund der Regelung des Art. 109 Abs. 2 S. 2 BayGO.

170 Lediglich die Einhaltung gesetzlicher Vorschriften kann – sofern solche die gemeindlichen Aktivitäten regeln – seitens des Staates durch die Rechtsaufsicht überwacht werden.

Es sind die Gemeinden unabhängig, soweit nicht Gesetze des Bundes oder der Länder die Aufgabenerfüllung determinieren. Damit fehlt es an dem konkreten Steuerungselement der staatlichen Weisungsbefugnis.

Im Folgenden wird nun der Frage nachzugehen sein, wie das im Vergleich zur Ministerialverwaltung bestehende Legitimationsdefizit ausgeglichen werden kann, um damit letztlich das hinreichende Legitimationsniveau der Kommunalverwaltung bestimmen zu können.

bb. Das Gemeindevolk als Staatsvolk

Da, wie gezeigt, auf Kommunalebene die vom Staatsvolk ausgehende demokratische Legitimation nicht in hinreichendem Maße durch das Parlament vermittelt werden kann, stellt sich die Frage nach einer diese Lücke schließenden Legitimationsvermittlung, um dem Erfordernis des „Ausgehens der Staatsgewalt vom Volke“ zu genügen.

Eine solche defizitäre Rückbindung an das Staatsvolk kann auf kommunaler Ebene durch eine Rückbindung an das „gemeindliche Volk“ ausgeglichen werden, indem mit dem Bundesverfassungsgericht[171] und der herrschenden Meinung[172] von einer Identität der Volksbegriffe in Art. 20 Abs. 2 GG und Art. 28 Abs. 1 S. 2 GG ausgegangen wird und damit auch bei einer Rückbindung der von den Gemeinden ausgeübten Staatsgewalt an das „gemeindliche Volk“ von einem Ausgehen der Staatsgewalt vom Staatsvolk gesprochen werden kann. Gemeint ist dabei eine Identität im inhaltlichen Sinne. Zwischen den beiden Vorschriften gibt

---

171 BVerfG, Urteil vom 31.10.1990 – 2 BvF 2.89, 6.89 –, BVerfGE 83, 37 (53 ff.).

172 Vgl. insb. Jestaedt, Demokratieprinzip und Kondominialverwaltung, S. 210 ff. und 524 ff.; Böckenförde, in: Isensee/Kirchhof, HStR II, § 24 Rn. 31 f.; Papier, KritV 1987, 309 (309 ff.); Köller, Funktionale Selbstverwaltung, S. 98 ff.; Musil, Wettbewerb in der staatlichen Verwaltung, S. 134 ff.; Meyn, Gesetzesvorbehalt und Rechtsetzungsbefugnis, S. 30 ff., Bovenschulte, Gemeindeverbände, S. 518 f.; Tettinger/Schwarz, in: v. Mangoldt/Klein/Starck, GG, Art. 28 Rn. 74. A.A. etwa Klein, in: Schnur, FS für Forsthoff, S. 177 Anm. 64, nach dessen Auffassung auch das gemeindliche Volk als Summe der Mitglieder einer Selbstverwaltungseinrichtung nicht als eigenständige Legitimationsquelle öffentlicher Amtsgewalt anerkannt werden kann, weil andernfalls das Institut der Staatsaufsicht nicht zu rechtfertigen sei. Vgl. zu dieser Argumentation auch Merten, VVDStRL 55 (1996), 7 (36). Dieser Argumentation ist mit Jestaedt, Demokratieprinzip und Kondominialverwaltung, S. 529 Anm. 470, entgegenzuhalten, dass die Staatsaufsicht lediglich eine Legitimationsart darstellt, nicht aber über das „Ob“ demokratischer Legitimation entscheidet. Der Argumentation Kleins wiedersprechend auch Meyn, Gesetzesvorbehalt und Rechtsetzungsbefugnis, S. 30 Anm. 62.

es keine inhaltlichen, sondern nur „räumlich-territoriale Unterscheidungen“[173]. Anders ausgedrückt berührt Art. 28 Abs. 1 S. 2 GG den Volksbegriff des Art. 20 Abs. 2 GG „quantitativ, nicht jedoch qualitativ“[174]. Genau wie an die Stelle des gesamten Staatsvolkes (Bundesstaatsvolk) in den Ländern das territorial begrenzte Landesstaatsvolk, also die Gesamtheit der auf das Landesterritorium bezogenen deutschen Staatsangehörigen, tritt, erstreckt sich die Identität des Legitimationssubjektes auch auf die Kommunen[175].

Dass Art. 28 Abs. 1 S. 2 GG, der fordert, dass „das Volk“ in den Ländern, Kreisen und Gemeinden eine Vertretung haben muss, die aus allgemeinen, freien, gleichen und geheimen Wahlen hervorgegangen ist, der gleiche Volksbegriff wie Art. 20 Abs. 2 GG zugrunde liegt, Art. 28 Abs. 1 S. 2 GG also das identische Legitimationssubjekt „deutsches Staatsvolk“ meint und lediglich den Blick auf seine „hierarchisch gestuften Teilmengen“[176] richtet, lässt sich zunächst durch den Wortlaut der Vorschrift begründen: In Art. 28 Abs. 1 S. 2 GG heißt es „das Volk“ in den Ländern, Kreisen und Gemeinden. Diese einheitliche Bezeichnung der den territorialen Untergliederungen jeweils zugehörigen Personenverbänden spricht dafür, dass auch jeweils dasselbe Volk – freilich in territorialer Differenzierung – gemeint ist. Zudem wird auch aus einem Vergleich zu der Vorgängerbestimmung des Art. 17 Abs. 2 S. 1 WRV deutlich, dass eine Differenzierung zwischen staatlicher und kommunaler Ebene nicht gewollt ist[177]. Anders als Art. 17 Abs. 2 S. 1 WRV, in dem es hieß: „Die Grundsätze für die Wahlen zur Volksvertretung gelten auch für die Gemeindewahlen“, wobei aus Art. 17 Abs. 1 WRV ersichtlich als Volksvertretung nur das Parlament im Land bezeichnet wurde, differenziert

---

173 Papier, KritV 1987, 309 (309 f.).

174 Jestaedt, Demokratieprinzip und Kondominialverwaltung, S. 213.

175 Vgl. BVerfG, Urteil vom 31.10.1990 – 2 BvF 2/89, 6/89 –, BVerfGE 83, 37 (53).

176 Jestaedt, Demokratieprinzip und Kondominialverwaltung, S. 527; vgl. auch dens. Demokratieprinzip und Kondominialverwaltung, S. 213, wo er weitergehend ausführt, dass die territoriale Differenzierung und Multiplizierung des Volkes durch die Homogenitätsklausel des Art. 28 Abs. 1 GG den Volksbegriff nur quantitativ, nicht jedoch qualitativ berühre und sich die Vorschrift des Art. 28 Abs. 1 S. 2 GG darin als lediglich die Vorgaben des Art. 20 Abs. 2 GG bereichsspezifisch ausfüllende und umsetzende Bestimmung erweise.

177 So schon Meyn, Gesetzesvorbehalt und Rechtsetzungsbefugnis, S. 38; zustimmend auch Jestaedt, Demokratieprinzip und Kondominialverwaltung, S. 526 sowie Bovenschulte, Gemeindeverbände, S. 518. A.A. etwa v. Mutius, VerwArch 70 (1979), 165 (173 f.); die Gegenansicht vertritt die Auffassung, dass sich auch der Normgehalt des Art. 28 Abs. 1 S. 2 GG darauf beschränke anzuordnen, dass staatliche Parlamente und kommunale Volksvertretungen nach den gleichen Prinzipien gewählt würden.

Art. 28 Abs. 1 S. 2 GG nicht mehr zwischen den „Wahlen zur Volksvertretung“ und den „Gemeindewahlen“. Während also im Rahmen der Vorgängervorschrift noch ein terminologischer Unterschied zwischen der Volksvertretung und der Gemeindevertretung vorgezeichnet war, spricht das Grundgesetz für Länder und Gemeinden unterschiedslos von den Vertretungen des Volkes.

Für einen Gleichlauf der Bedeutung des Volksbegriffs in Art. 20 Abs. 2 GG und Art. 28 Abs. 1 S. 2 GG spricht schließlich ganz entscheidend die „strukturelle Gleichartigkeit“[178] von Bundesstaatsvolk und den in Art. 28 Abs. 1 S. 2 GG genannten Personenverbänden. Während eine solche im Hinblick auf das Landesstaatsvolk schon angesichts der Tatsache, dass die einzelnen Bundesländer selbst die Merkmale des staatsrechtlichen Staatsbegriffes erfüllen und daher selbst Staaten nach Maßgabe des Grundgesetzes sind, unproblematisch gegeben ist[179], sind auch im Hinblick auf die nicht unter den staatsrechtlichen Staatsbegriff im engeren Sinne zu subsumierenden Gemeinden „staatsanaloge Strukturen“[180] gegeben, die zeigen, dass der Volksbegriff des Art. 28 Abs. 1 S. 2 GG – abgesehen von den territorialen Differenzierungen und hierarchischen Abstufungen – mit dem des Art. 20 Abs. 2 GG gleichgesetzt werden kann. So sind die Aufgaben, die von den Gemeinden wahrgenommen werden, nicht auf bestimmte Sachbereiche begrenzt, sondern zeichnen sich durch eine relative Allzuständigkeit aus, womit sie dem Staat – Bund wie Land – strukturell gleichgeartet sind[181]. Weiter ist die Reichweite der Gebietskörperschaft territorial bestimmt; und ebenso ist auch die Zugehörigkeit zum Gemeindevolk allein nach dem Kriterium der Wohnsitznahme[182]

---

178 Jestaedt, Demokratieprinzip und Kondominialverwaltung, S. 211.

179 Zur (unstreitigen) strukturellen Gleichartigkeit von Bundesvolk und Landesvolk und der damit einhergehenden strukturellen Demokratieverträglichkeit des Landesvolk-Begriffs, vgl. Jestaedt, Demokratieprinzip und Kondominialverwaltung, S. 211 f. mit zahlreichen weiteren Nachweisen.

180 Jestaedt, Demokratieprinzip und Kondominialverwaltung, S. 526; vgl. auch Böckenförde, in: Isensee/Kirchhof, HStR II, § 24 Rn. 31; BVerfG, Urteil vom 31.10.1990 – 2 BvF 2/89, 6/89 –, BVerfGE 83, 37 (54 f.).

181 Zu beachten ist freilich, dass die Allzuständigkeit der Gemeinden anders zu verstehen ist als die der Länder, die sich durch Eigenstaatlichkeit auszeichnen, vgl. Jestaedt, Demokratieprinzip und Kondominialverwaltung, S. 213 Anm. 40; Köller, Funktionale Selbstverwaltung, S. 100 Anm. 299.

182 Die Zugehörigkeit bestimmt sich damit gerade nicht nach bestimmten persönlichen Merkmalen, Funktionen oder Interessen der Einzelnen und einer darauf beruhenden Gruppenbildung, vgl. Böckenförde, in: Isensee/Kirchhof, HStR II, § 24 Rn. 31; Bovenschulte, Gemeindeverbände, S. 519.

im Hoheitsbereich der jeweiligen Kommune bestimmt, womit der ihr zugehörige Personenverband von einer „unbestimmten Allgemeinheit“[183] geprägt ist.

Festzuhalten bleibt, dass Art. 28 Abs. 1 S. 2 GG im Sinne einer Identität des Staatsvolks bei territorialer Aufgliederung zu verstehen ist und somit auch bei einer Rückbindung der von den Gemeinden ausgeübten Staatsgewalt an das „gemeindliche Volk“ von einem „Ausgehen der Staatsgewalt vom Staatsvolk“ gesprochen werden kann.

cc. Die verschiedenen Legitimationsformen und das Erreichen eines hinreichenden Legitimationsniveaus auf kommunaler Ebene

Auf der Grundlage dieser Erkenntnis kann nunmehr die Verwirklichung demokratischer Legitimation auf kommunaler Ebene nachgezeichnet werden.

Dabei ist zunächst grundsätzlich festzustellen, dass sich die demokratische Legitimation in den Gemeinden als eine dualistische bezeichnen lässt[184]: Die personelle Legitimation geht ausschließlich auf das Gemeindevolk zurück; die sachlich-inhaltliche Legitimation liegt dagegen in einer Rückbindung sowohl an das Gemeindevolk als auch an das Staatsvolk begründet[185].

aaa. Personelle Legitimation

Die personelle Legitimation der auf Gemeindeebene handelnden Amtswalter wird dadurch gewährleistet, dass die kommunalen Bediensteten auf eine Kette von Ernennungsakten verweisen können, die bis zu dem vom Gemeindevolk jeweils direkt gewählten kommunalen Organ zurückreicht. Im Einzelnen wird also personelle Legitimation zunächst durch unmittelbare Wahl seitens der Gemeindebürger vermittelt[186]. Anders als bei der staatlichen Verwaltung erfolgt dabei

---

183 Böckenförde, in: Isensee/Kirchhof, HStR II, § 24 Rn. 31; vgl. auch BVerfG, Urteil vom 31.10.1990 – 2 BvF 2/89, 6/89 –, BVerfGE 83, 37 (55).

184 v. Arnim, AöR 113 (1988), 1 (11). Oftmals wird auch von einem „dualen Zurechnungszusammenhang“ bzw. „dualen Legitimationsgefüge“ (Schmidt-Aßmann, AöR 116 (1991), 327 (359)) oder auch einem „legitimatorischen Gegenstromprinzip“ (Kluth, Funktionale Selbstverwaltung, S. 363) gesprochen.

185 Unter „Staatsvolk“ in Abgrenzung zum Kommunalvolk ist dabei sowohl das Landesstaatsvolk als auch das Bundesstaatsvolk in seiner Gesamtheit zu verstehen. Es wird deshalb auch von einem „dreispurigen Legitimationsgefüge“ gesprochen, vgl. Bovenschulte, Gemeindeverbände, S. 538.

186 Zwingend erfordert Art. 28 Abs. 1 S. 2 GG eine unmittelbare Wahl der Gemeindevertretung. Im Unterschied zu den unmittelbar gewählten Volksvertretungen auf staatlicher Ebene kommt dieser kommunalen Vertretungskörperschaft heute zwar weitgehend unstreitig keine Parlamentseigenschaft zu. Aus der Verneinung der

nicht zwingend nur eine Direktwahl der Vertretungskörperschaft, es kann eine Kommunalverfassung auch die Direktwahl zweier Organe vorsehen, wie dies in sämtlichen Flächenstaaten mittlerweile der Fall ist. So werden nicht nur die Gemeindevertretungen sondern auch der Bürgermeister, als Hauptverwaltungsbeamter und Chef der Gemeindeverwaltung im engeren Sinne, direkt gewählt[187]. Weiter wird die personelle Legitimation demnach sodann entweder ausgehend von der direkt gewählten Vertretungskörperschaft oder dem direkt gewählten Hauptverwaltungsbeamten durch individuelle Berufungsakte innerhalb der gemeindlichen Verwaltung an die nachgeordneten Stellen vermittelt.

bbb. Sachlich-inhaltliche Legitimation

Im Hinblick auf die sachlich-inhaltliche Legitimation bedarf es einer Unterscheidung zwischen der Aufgabenerfüllung im übertragenen Wirkungskreis der Gemeinde und solchen im eigenen Wirkungskreis, den Selbstverwaltungsangelegenheiten.

(1) Übertragener Wirkungskreis

Einerseits führt die Gemeinde die ihr vom Land übertragenen Aufgaben aus, die sogenannten Auftragsangelegenheiten, und wird dabei als allgemeine Staatsverwaltung tätig (mittelbare Staatsverwaltung). Dabei ist zum einen eine Bindung und damit Steuerung durch oft detaillierte gesetzliche Bundes- und Landesregelungen gegeben[188]. Zum anderen unterliegen solche dem übertragenen Wirkungskreis

---

Parlamentseigenschaft der kommunalen Vertretungskörperschaft kann jedoch nicht auf die Unmöglichkeit der Vermittlung demokratischer Legitimation geschlossen werden, da die Argumente gegen eine Parlamentseigenschaft ausschließlich den staatlichen Gesamtkontext, nicht aber die gemeindliche Binnenstruktur betreffen, vgl. ausführlich Mehde, Neues Steuerungsmodell, S. 238 ff. m.w.N.

187 Art. 28 Abs. 1 S. 2 GG fordert zwar nur die Direktwahl der Vertretungskörperschaft, es ist aber kein abschließender Charakter der Regelung in dem Sinne erkennbar, dass ein weiteres direkt vom Gemeindevolk gewähltes Organ unfähig wäre, demokratische Legitimation an nachgeordnete Stellen zu vermitteln, geht es doch um die unmittelbare Rückführbarkeit auf das Volk und nicht die jeweiligen Konstitutionsmerkmale des gewählten Organs, vgl. dazu ausführlich Mehde, Neues Steuerungsmodell, S. 246.

188 Die Kommunen sind bei sämtlichen ihrer Tätigkeiten, unabhängig davon, ob es sich um solche im Rahmen des übertragenen oder eigenen Wirkungskreises handelt, an die Bundes- und Landesgesetze gebunden; darauf wurde bereits hingewiesen. Es reicht dabei die inhaltliche Programmierung durch Bundes- und Landesgesetze von der bloßen Ermächtigung zur Aufgabenwahrnehmung bis hin zu detaillierten inhaltlichen Vorgaben über die Art und Weise der Aufgabenerfüllung. Allgemein kann man sagen,

zuzuordnenden Aufgaben neben der Rechtsaufsicht grundsätzlich der Fachaufsicht, womit sie Gegenstand einer umfassenden Weisungsbefugnis der übergeordneten Stellen sind, die sich auch auf die Zweckmäßigkeit und die Ausübung eines ggf. eingeräumten Ermessens bezieht.

Die gesetzliche Steuerung seitens der Legislative und die Weisungshierarchie bis zum jeweiligen Fachminister hin, der wiederum dem Parlament verantwortlich ist, machen deutlich, dass sich der legitimatorische Zusammenhang im Rahmen der Auftragsangelegenheiten aufgrund der vollen Rückbindung an das Staatsvolk nicht wesentlich von dem in der Ministerialverwaltung unterscheidet[189].

(2) Eigener Wirkungskreis

Im Gegensatz zu den eben dargestellten Auftragsangelegenheiten nimmt die Gemeinde in Selbstverwaltungsangelegenheiten die ihr von Art. 28 Abs. 2 GG zugesicherten eigenen Aufgaben war. Kennzeichnend für die kommunale Selbstverwaltung ist dabei gerade die Wahrnehmung in eigener Verantwortung, d. h. frei von staatlichen Weisungen, womit die für den übertragenen Wirkungskreis und die Weisungsaufgaben charakteristische Integration in das staatliche Legitimationssystem in wesentlichen Punkten aufgebrochen ist[190].

Zwar ist im Hinblick auf das sachlich-inhaltliche Legitimationselement der Steuerung durch Gesetze festzustellen, dass dieses auch hier grundsätzlich gegeben ist, wie auch der ausdrückliche Gesetzesvorbehalt, unter dem die Selbstverwaltungsgarantie des Art. 28 Abs. 2 GG steht, deutlich macht. Auch eine staatliche Rechtsaufsicht ist gegeben[191]. Schon im Hinblick auf diese Legitimationselemente ist aber festzustellen, dass sie ihre grundsätzlich gegebene Steuerungsfunktion nur insoweit entfalten können, als eine gesetzliche Programmierung tatsächlich erfolgt bzw. – richtet man den Blick auf die Rechtsaufsicht – jedenfalls ein den Gemeinden eingeräumter Entscheidungsfreiraum in Form von Ermessens- oder Beurteilungsspielräumen nicht gegeben ist. Gerade für den Bereich der Selbstverwaltung

dass die gesetzliche Einflussnahme sich am geringsten bei den freiwilligen Selbstverwaltungsaufgaben und am stärksten bei den weisungsgebundenen Auftragsangelegenheiten erweist; vgl. auch Bovenschulte, Gemeindeverbände, S. 536.

189 Nur ergänzend ist hinsichtlich im Rahmen der Auftragsangelegenheiten mit Blick auf die staatliche Steuerung dennoch verbleibender Entscheidungsspielräume der Gemeinde auf die in legitimatorischer Hinsicht gegebene Deckung durch die speziellen gemeindlichen Legitimationsmechanismen zu verweisen; dazu sogleich.

190 Mehde, Neues Steuerungsmodell, S. 248.

191 Zur legitimierenden Wirkung der Rechtsaufsicht vgl. ausführlich oben Teil 1, Kapitel 3, A., I., 1., a., bb., aaa., (2).

ist das Fehlen nachhaltiger gesetzlicher Regelungen aber kennzeichnend[192]. Insbesondere im Bereich der freiwilligen Selbstverwaltungsaufgaben ist eine gesetzliche Einflussnahme fast vollständig zu vernachlässigen[193]. Ein Ausgleich dieser fehlenden Rückbindung an das Parlament wird hier nun dadurch erreicht, dass der seinerseits durch Direktwahl vom Gemeindevolk demokratisch legitimierte Gemeinderat die Verwaltung durch Satzungen bindet.

Im Hinblick auf die zweite Komponente der sachlich-inhaltlichen Legitimation, die parlamentarische Verantwortlichkeit und das – am Regelmodell der Ministerialverwaltung gemessen – hier feststellbare Defizit einer durchgängigen Weisungshierarchie zum verantwortlichen Minister erfolgt eine dieses legitimatorische Defizit ausgleichende Legitimationsvermittlung vom Gemeindevolk her insbesondere durch eine der Ministerialverwaltung analoge innerkommunale Weisungsstruktur[194]. Die Spitze der kommunalen Verwaltung muss einen umfassenden inhaltlichen Einfluss auf die jeweiligen Amtswalter in der Kommunalverwaltung besitzen. Im Hinblick auf die rechtliche Position des an der Spitze der kommunalen Verwaltung stehenden Gemeindevorstehers ist anzumerken, dass sie – sieht man von der mangelnden Ressortgliederung ab – mit der eines Fachministers durchaus vergleichbar ist. Dass er dabei nicht gegenüber einem direkt gewählten Parlament verantwortlich ist, sondern seit der flächendeckenden Einführung der Direktwahl des Gemeindevorstehers sogar unmittelbar gegenüber dem gemeindlichen Volk[195], hat jedenfalls keinen negativen Einfluss auf die

---

192 Vgl. auch Mehde, Neues Steuerungsmodell, S. 249, der davon spricht, dass „eine sachlich-inhaltliche Steuerung durch Gesetz gerade dann nicht erfolgt, wenn das grundgesetzliche Versprechen der kommunalen Selbstverwaltung in der Praxis eingelöst wird".

193 Anders verhält es sich aber im Hinblick auf die sog. Pflichtaufgaben der Gemeinde. Von Pflichtaufgaben wird gesprochen, wenn sich aus einem Gesetz, in der Regel einem besonderen Fachgesetz, ergibt, dass die Gemeinde zur Aufgabenerfüllung gezwungen ist. Vielfach werden Pflichtaufgaben durch den Gesetzgeber sogar detailliert geregelt, obwohl diese Aufgaben im eigenen Wirkungskreis der Gemeinde stehen. Unzulässig wird dies erst dann, wenn die Vorgaben eine Verletzung von Art. 28 Abs. 2 S. 1 GG bzw. den entsprechenden landesverfassungsrechtlichen Vorschriften darstellen. Vgl. dazu Becker, in: ders./Heckmann/Kempen/Manssen, Öffentliches Recht in Bayern, S. 73 (164 Rn. 343 ff.). Bei der Bauleitplanung nach dem Baugesetzbuch handelt es sich um eine Pflichtaufgabe.

194 Vgl. Jestaedt, Demokratieprinzip und Kondominialverwaltung, S. 529; Mehde, Neues Steuerungsmodell, S. 250; Borchert, Bauleitplanung durch Beliehene, S. 141; Musil, Wettbewerb in der staatlichen Verwaltung, S. 136 f.

195 Zuvor hat er seine Legitimation ausschließlich durch die Verantwortlichkeit gegenüber der direkt gewählten Gemeindevertretung erhalten.

sachlich-inhaltliche legitimatorische Wirkung der Weisungsgebundenheit nachgeordneter Stellen, da die Rückbindung an das Volk hier sogar um einen „Zwischenschritt verkürzt“ wird[196].

ccc. Das hinreichende Legitimationsniveau auf Kommunalebene

Zusammenfassend bleibt zunächst festzuhalten, dass die – am Regeltypus der Ministerialverwaltung gemessenen – Ausfälle staatlich vermittelter Legitimation sämtlich durch kommunale Legitimationsleistungen ausgeglichen sind. Die fehlende staatliche Bestellung ist durch die seitens des Gemeindevolks erfolgende Direktwahl der Vertretungskörperschaft bzw. des Hauptverwaltungsbeamten und die auf diese zurückführbaren Bestellungsakte kompensiert. Die im Rahmen der sachlich-inhaltlichen Legitimation fehlende staatliche Weisungshierarchie und die oftmals geringe Steuerung durch staatliche Gesetze in Selbstverwaltungsangelegenheiten werden durch eine der Ministerialverwaltung analoge inneradministrative kommunale Weisungsstruktur sowie durch kommunale Satzungen kompensiert.

Im Hinblick auf das letztlich entscheidende Erfordernis des hinreichenden Legitimationsniveaus ist es dabei im Ergebnis unerheblich, ob man ausschließlich die Ministerialverwaltung als Regelmodell und die Kommunalverwaltung als Defizite staatlicher Legitimation durch kommunale Legitimation voll kompensierende Ausnahme betrachten will und deshalb das hinreichende Legitimationsniveau der Kommunalverwaltung mit Bezug auf die Ministerialverwaltung bestimmt[197] oder ob man die Kommunalverwaltung als gleichberechtigt neben der Ministerialverwaltung stehenden „legitimatorischen Regeltypus eigener Art“ begreift mit der Folge, dass sich aus den in der Verfassung für die Kommunalverwaltung angelegten Organisationsstrukturen selbst ein eigenes und ausschließlich für die Kommunalverwaltung geltendes hinreichendes Legitimationsniveau ergibt[198]. Denn auch wenn die Verwirklichung der personellen und materiellen Legitimation bei Ministerial- und Kommunalverwaltung voneinander abweichen, sind die Legitimationsmodi (sachlich-inhaltliche und personelle Legitimation) dieselben, und es herrscht innerhalb der Kommunalverwaltung kein anderes Legitimationsniveau als innerhalb der Staatsverwaltung[199].

---

196 Mehde, Neues Steuerungsmodell, S. 250.

197 So deutlich Jestaedt, Demokratieprinzip und Kondominialverwaltung, S. 528 f.

198 So Mehde, Neues Steuerungsmodell, S. 256 f.

199 Vgl. auch Musil, Wettbewerb in der staatlichen Verwaltung, S. 137; Köller, Funktionale Selbstverwaltung, S. 174.

Je nach Auffassung kann damit abschließend festgehalten werden, dass das aus dem Regelmodell der Ministerialverwaltung hergeleitete Legitimationsniveau auch im Rahmen der Kommunalverwaltung vollständig erreicht ist bzw. sich das hinreichende Legitimationsniveau auf kommunaler Ebene nicht von dem innerhalb der Staatsverwaltung unterscheidet.

c. Übertragung der abstrakten Ergebnisse auf den der vorliegenden Untersuchung zugrunde liegenden Fall

Unter Zugrundelegung der bisher gefundenen Ergebnisse stellt sich nun die für die konkrete Untersuchung bedeutende Frage, ob ein Gleichsetzen des Handelns der Initiatoren mit dem der Gemeindebeamten bei der Ermittlung und Bewertung des Abwägungsmaterials einen Verstoß gegen das Demokratieprinzip bedeuten würde. Im Einzelnen ist dabei zunächst zu prüfen, ob die in Vorbereitung der abschließenden Abwägung und des Satzungs- bzw. Feststellungsbeschlusses erforderliche Ermittlung und Bewertung des Abwägungsmaterials überhaupt als Ausübung von Staatsgewalt verstanden werden muss; nur dann sind sie zwingend Anknüpfungsobjekt des Legitimationserfordernisses. Sollte dies zu bejahen sein, ist weiter danach zu fragen, ob bei einem solchen Handeln der Initiatoren ein hinreichendes Legitimationsniveau gewährleistet wäre.

aa. Die Ermittlung und Bewertung des Abwägungsmaterials als Ausübung von Staatsgewalt

aaa. Staatsgewalt im materiellen Sinne

Wie oben[200] ausführlich dargestellt, umfasst der Begriff der Staatsgewalt mit Blick auf das in diesem enthaltene Moment der Staatlichkeit nach hier vertretener Auffassung sämtliche Staatsaufgaben und damit alle Aufgaben, die der Staat aus einem Gesamtbestand der öffentlichen Aufgaben verfassungsgemäß herausgegriffen hat und unmittelbar durch eigene Behörden oder mittelbar durch von ihm abhängige Rechtsträger wahrnehmen lässt[201], kurz: alle Aufgaben, denen sich der Staat in verfassungskonformer Weise angenommen hat.

---

200 Teil 1, Kapitel 3, A., I., 1., a., aa., bbb., (1).

201 BVerfG, Urteil vom 28.02.1961 – 2 BvG 1/60, 2/60 –, BVerfGE 12, 205 (243); dass., Beschluss vom 14.01.1976 – 1 BvL 4/72, 5/72 –, BVerfGE 41, 205 (218); dass., Urteil vom 24.07.1979 – 2 BvF 1/78 –, BVerfGE 52, 63 (85); dass., Beschluss vom 25.03.1980 – 2 BvR 208/76 –, BVerfGE 53, 366 (401). Zum Bestand der Staatsaufgaben zählen daher auch die Aufgaben, die durch die Kommunen wahrgenommen werden, vgl. auch Klein, DÖV 1965, 755 (758 Anm. 23).

Durch die Regelungen des Baugesetzbuches wird das gesamte Verfahren zur Aufstellung, Änderung oder Aufhebung eines Bauleitplans und damit auch die der eigentlichen Abwägung vorausgehenden Stufen der Ermittlung und Bewertung des Abwägungsmaterials (§ 2 Abs. 3 BauGB) in den Zuständigkeits- und Verantwortungsbereich der Gemeinde gelegt. Dies ergibt sich ganz deutlich aus der Vorschrift des § 2 Abs. 1 S. 1 BauGB, welche bestimmt, dass die Bauleitpläne von der Gemeinde in eigener Verantwortung aufzustellen sind. Es wird durch eine bundesrechtliche Zuständigkeitsregelung die Bauleitplanung als eine Aufgabe der Gemeinden bestimmt[202] und damit die Bauleitplanung als Staatsaufgabe gekennzeichnet. Bestätigt wird diese Zuständigkeitsbestimmung dann in zahlreichen weiteren das Bauleitplanverfahren betreffenden Vorschriften des Baugesetzbuchs, in denen die Gemeinde als handelnde Körperschaft genannt ist[203].

Im Hinblick auf die rechtliche Problematik einer Bestimmung der Zuständigkeit der Gemeinden durch bundesgesetzliche Regelungen ist anzumerken, dass sich diese auch seit der am 01.09.2006 in Kraft getretenen Neuregelung des Art. 84 Abs. 1 GG durch die Föderalismusreform als verfassungsrechtlich unbedenklich erweist[204]. Insbesondere Art. 84 Abs. 1 S. 7 GG n. F., der bestimmt,

---

202 Söfker, in: Ernst/Zinkahn/Bielenberg, BauGB, § 2 Rn. 4.

203 Vgl. bspw. § 2 Abs. 4 BauGB; § 2a BauGB, § 3 BauGB; § 4 BauGB; § 4a BauGB; § 10 BauGB.

204 Vor der Neufassung des Art. 84 Abs. 1 GG, der eine Art. 84 Abs. 1 S. 7 GG entsprechende Regelung nicht enthielt, war eine Aufgabenzuweisung an die Gemeinden durch Bundesgesetz möglich, soweit die entsprechende Regelung mit Zustimmung des Bundesrates erlassen wurde. Dies war bei dem Bundesbaugesetz der Fall (BGBl. 1960 I, S. 341). Das Bundesverfassungsgericht, Beschluss vom 09.12.1987 – 2 BvL 16/84 –, BVerfGE 77, 288 (298 f.), hat dazu festgestellt, dass es sich bei der Aufgabenzuweisung an die Gemeinden um eine Regelung über die Einrichtung der Behörden im Sinne des Art. 84 Abs. 1 GG handele. Denn Behörden im Sinne dieses Begriffs seien nicht nur Verwaltungseinheiten der unmittelbaren Staatsverwaltung auf der Länderebene, sondern auch Gemeinden und Gemeindeverbände. Zudem regelten die genannten Vorschriften auch die „Einrichtung" der Behörden, indem sie den Gemeinden bestimmte Aufgaben zuwiesen und damit ihren Aufgabenkreis veränderten. Es wurde also die Kompetenz des Bundes für eine grundsätzliche Aufgabenzuweisung an die Gemeinde über eine weite Auslegung des Begriffes „Behörde" begründet. Insoweit dürfte auch für die heute geltende Regelung des Art. 84 Abs. 1 GG nichts anderes gelten.

Ergänzend ist auf die weiteren Ausführungen des Bundesverfassungsgerichts, Beschluss vom 09.12.1987 – 2 BvL 16/84 –, BVerfGE 77, 288 (299) hinzuweisen, in denen es festgestellt hat, dass Art. 84 Abs. 1 GG (a.F.) dem Bundesgesetzgeber allerdings nicht schlechthin die Zuweisung von Aufgaben an die Gemeinde als

dass durch Bundesgesetz Gemeinden und Gemeindeverbänden Aufgaben nicht übertragen werden dürfen, steht dem nicht entgegen[205]. Dies ergibt sich – unabhängig von der Vorschrift des Art. 125a Abs. 1 S. 1 GG, die bestimmt, dass die Verfassungsnorm des Art. 84 Abs. 1 S. 7 GG bis dahin geltendes Bundesrecht unberührt lässt[206] – schon daraus, dass die Bestimmung der Zuständigkeit der Gemeinden durch das Baugesetzbuch entgegen dem ersten Anschein überhaupt nicht als von Art. 84 Abs. 1 S. 7 GG betroffen anzusehen ist[207]. Dies wiederum lässt sich dem während der Beratungen zur Grundgesetzänderung erkennbaren Willen des verfassungsändernden Gesetzgebers sowie dem Sinn und Zweck des Art. 84 Abs. 1 S. 7 GG entnehmen. Die Frage, ob § 2 Abs. 1 S. 1 BauGB überhaupt von Art. 84 Abs. 1 S. 7 GG betroffen ist, ist während der Beratungen zur Grundgesetzänderung erörtert worden. Dabei ist sowohl im Bericht des Rechtsausschusses des Bundestages[208] ausgeführt, dass „die Koalitionsfraktionen erklärten, sie gingen davon aus, dass … Art. 84 Abs. 1 Satz 7 GG neu und Art. 85 Abs. 1 Satz 2 GG neu nicht solche Aufgaben umfassen, die die Gemeinden und Gemeindeverbände aufgrund der verfassungsrechtlichen Garantie der kommunalen Selbstverwaltung nach Art. 28 Abs. 2 Satz 1 GG wahrnehmen (z. B. Bauleitplanung), …“, als auch

---

Selbstverwaltungsaufgabe erlaube. Da das Grundgesetz die Materie Kommunalrecht nicht dem Bund zuweise, sondern sie ausschließlich den Ländern belasse (Art. 30, 70 ff. GG), sei jedenfalls eine derartige Einschaltung der Gemeinden in den Vollzug der Bundesgesetze nur zulässig, wenn es sich um eine punktuelle Annexregelung zu einer zur Zuständigkeit des Bundesgesetzgebers gehörenden materiellen Regelung handele und wenn diese Annexregelung für den wirksamen Vollzug der materiellen Bestimmungen des Gesetzes notwendig sei. Dass die eine Aufgabenzuweisung an die Gemeinde vornehmenden Vorschriften des Baugesetzbuches diesen Anforderungen genügt, wurde ausdrücklich festgestellt. In den Ausführungen ist zudem ein Hinweis auf das Rechtsgutachten des Bundesverfassungsgerichts vom 16. Juni 1954 – 1 PBvV 2/52 –, BVerfGE 3, 407 (423 ff.) enthalten, in welchem das Bundesverfassungsgericht festgestellt hat, dass die Bauleitplanung zum Bodenrecht im Sinne des § 74 Nr. 18 GG zählt.

205 Die am 01.09.2006 in Kraft getretene Bestimmung des Art. 84 Abs. 1 S. 7 GG lässt zwar bis dahin erlassenes Bundesrecht gemäß § 125a Abs. 1 S. 1 GG unberührt. § 125a Abs. 1 S. 2 GG bestimmt aber eine grundsätzliche Ersetzungsbefugnis der Länder.

206 Zu beachten ist nämlich, dass § 125a Abs. 1 S. 2 GG grundsätzlich die Möglichkeit einer Ersetzung durch Landesrecht gibt.

207 So nach einer eingehenden Untersuchung der Problematik und umfassenden Darstellung des Meinungsstandes, im Ergebnis etwa auch Ingold, DÖV 2010, 134 (138); a.A Engelken, VBlBW 2008, 457 (466).

208 BT-Drucks. 16/2069, S. 13.

in der Entschließung des Bundestagsausschusses für Verkehr, Bau und Stadtwesen[209] festgestellt, „dass das Verbot der Aufgabenübertragung an Gemeinden und Gemeindeverbände nicht solche Aufgaben umfasst, die die Gemeinden aufgrund der verfassungsrechtlichen Garantie der kommunalen Selbstverwaltung (Art. 28 Abs. 2 Satz 1 GG) wahrnehmen und wahrnehmen müssen, insbesondere nicht die durch das Baugesetzbuch den Gemeinden zugewiesene Zuständigkeit für die Bauleitplanung im Gemeindegebiet".

Weiter sprechen auch Sinn und Zweck der Vorschrift des Art. 84 Abs. 1 S. 7 GG für ein solches Verständnis. Es geht darum, die Übertragung von solchen Aufgaben an Gemeinden oder Gemeindeverbände durch Bundesgesetz zu verhindern, welche diese zur Erbringung von Geldleistungen oder geldwerten Sachleistungen gegenüber Dritten verpflichten, wobei es sich um mit erheblichen Kosten verbundene Leistungsgesetze handelt, wie sie zum Beispiel in den Bereichen der Jugendhilfe, der Sozialhilfe oder der Grundsicherung zu finden sind[210]. Im Bereich des Bodenrechts, insbesondere des Baugesetzbuches, geht es aber nicht darum, Gemeinden oder Gemeindeverbänden durch Bundesgesetz Aufgaben zur Erbringung von Geldleistungen an Dritte zu übertragen.

Zuletzt ist in diesem Zusammenhang noch auf eine Feststellung des Bundesverfassungsgerichts[211] hinzuweisen, wonach die Zuweisung der Bauleitplanung an die Gemeinde als eigene Angelegenheit und deren nähere Ausgestaltung und Modifizierung ein ausgewogenes Folgekonzept zu den materiellen Bauleitplanungsregeln sei, die der Bundesgesetzgeber mit guten Gründen zur Ausführung und Verwirklichung der materiellen Regelungen für notwendig erachten durfte[212].

Da also der Gesetzgeber das Bauleitplanverfahren und damit auch die Ermittlung und Bewertung des Abwägungsmaterials gemäß § 2 Abs. 3 BauGB sowie den diese Vorschrift konkretisierenden Verfahrensvorschriften in verfassungskonformer Weise in den Zuständigkeits- und Verantwortungsbereich der Gemeinden gelegt hat, handelt es sich hierbei um eine Staatsaufgabe. Die Wahrnehmung dieser Aufgabe erweist sich damit wiederum als Ausübung von Staatsgewalt im materiellen Sinne.

---

209 BT-Drucks. 16/2069, S. 4.

210 Vgl. die Ausführungen des Ausschusses für Verkehr, Bau und Stadtentwicklung, BT-Drucks. 16/2069, S. 4.

211 BVerfG, Beschluss vom 09.12.1987 – 2 BvL 16/84 –, BVerfGE 77, 288 (301).

212 Vgl. dazu auch die Ausführungen des Ausschusses für Verkehr, Bau und Stadtentwicklung, BT-Drucks. 16/2069, S. 4 sowie Battis/Krautzberger/Löhr, NVwZ 2007, 121 (122).

bbb. Staatsgewalt im formellen Sinne

Im Rahmen der allgemeinen Ausführungen wurde ausführlich dargestellt, dass das in dem Begriff der Staatsgewalt enthaltene Gewaltmoment nach einem Handeln mit Entscheidungscharakter verlangt.

Als nicht ganz unproblematisch erweist sich eine solche Charakterisierung der Ermittlung und Bewertung des Abwägungsmaterials mit Blick auf den Ausnahmefall der rein vorbereitenden Tätigkeit[213], stellen doch die beiden Verfahrensschritte eine Vorbereitung der eigentlichen Abwägung dar, denn diese setzt die vollständige Aufbereitung der Entscheidungsgrundlage voraus. Dennoch bedarf es trotz des Vorbereitungscharakters einer Maßnahme immer einer genauen Untersuchung, ob nicht die in Vorbereitung auf eine abschließende Entscheidung ergangenen Maßnahmen bereits selbst eine Entscheidung enthalten. Denn eine Charakterisierung als Vorbereitungsmaßnahme und eine solche als Entscheidung schließen sich nicht zwangsläufig aus. Zur Kennzeichnung solcher Vorbereitungsmaßnahmen, denen kein Entscheidungscharakter zukommt und die deshalb aus dem Anwendungsbereich der Staatsgewalt auszunehmen sind, dient deshalb der erläuternde Wortzusatz „rein" oder „bloß". Nur „reine" Vorbereitungsmaßnahmen, d.h. solche ohne Entscheidungscharakter, sind aus dem Anwendungsbereich auszunehmen. Reine Vorbereitungsmaßnahmen sind Tätigkeiten, bei denen selbst keine verbindlichen Entscheidungen getroffen werden, vielmehr erst in der abschließenden Maßnahme eine vollumfängliche, jeden Punkt erfassende Entscheidung ergeht. Umgekehrt stellt also auch eine Maßnahme, welche zwar in Vorbereitung einer am Schluss eines Verfahrens stehenden, abschließenden Entscheidung ergeht, Ausübung von Staatsgewalt dar, wenn sie bereits selbst eine Entscheidung beinhaltet, indem die dort gefundenen Ergebnisse, die der verfahrensabschließenden Maßnahme als Entscheidungsgrundlage dienen, einer vollständigen Prüfung nicht mehr unterzogen werden (können), d.h. nicht mehr in Frage gestellt werden. Eine Übertragung der bisher erfolgten abstrakten Ausführungen auf den hier interessierenden konkreten

213 Im Hinblick auf den Ausnahmefall der rein mechanischen Ausführungstätigkeiten, welche aus dem Anwendungsbereich des Begriffs der Staatsgewalt auszunehmen sind, weil es ihnen aufgrund vollständiger Programmierung an jedem noch so geringen eigenständigen Willensbildungselement fehlt (ausführlich oben Teil 1, Kapitel 3, A., I., 1., a., aa., bbb., (2)), kann auf die Ausführungen zur sachlich-inhaltlichen Legitimation aufgrund Steuerung durch Gesetze verwiesen werden, siehe unten Teil 1, Kapitel 3, A., I., c., bb., aaa., (1). Die dortigen Ausführungen zeigen, dass bereits die Effektivität der legislativen Steuerung angesichts der schwachen gesetzlichen Programmierung im vorliegenden Fall gering ist. Von einer rein mechanischen Ausführungstätigkeit kann deshalb keinesfalls gesprochen werden.

Fall zeigt, dass es sich sowohl im Hinblick auf die Maßnahme der Ermittlung von Abwägungsmaterial als auch hinsichtlich der objektiven Bewertung der einzelnen Belange trotz der Qualifikation als Vorbereitungsmaßnahmen um solche mit Entscheidungscharakter handelt. Bei der ersten Stufe der Abwägungsentscheidung, der Ermittlung des Abwägungsmaterials, haben die mit dieser Tätigkeit betrauten Verwaltungsbeamten der Gemeinde eine Entscheidung darüber zu treffen, welche gegenwärtigen und zukünftigen Belange als für die Abwägung von Bedeutung anzusehen sind, d. h. abwägungserheblich sind, und welche bei der Abwägung außer Betracht gelassen werden können, weil sie von der beabsichtigten Planung nicht betroffen oder – obgleich von der beabsichtigten Planung betroffen – objektiv geringfügig[214] oder nicht schutzwürdig[215] sind. Auch den Ausführungen des Bundesverwaltungsgerichts[216] lässt sich der Entscheidungscharakter der Ermittlungsmaßnahme deutlich entnehmen. Es spricht von einer abstrakt-begrifflichen (tatbestandlichen) Abgrenzung der Gesichtspunkte, die abwägungserheblich sind, und der „Entscheidung“ darüber, welche konkret vorliegenden Umstände unter diese Begriffe subsumiert werden können[217]. Der für die abschließende, eigentliche Abwägung zuständige Gemeinderat kann und soll die seitens der für die Ermittlung des Abwägungsmaterials zuständigen Verwaltungsbeamten vorgenommene Selektion aus der Masse aller denkbaren Belange nicht mehr im Detail nachprüfen und so keine eigene Entscheidung hinsichtlich der Abwägungserheblichkeit treffen. Ihm steht nur das Material zur Verfügung, das ihm seitens der Verwaltung vorgelegt wurde, und er ist darauf angewiesen, dass die Ermittlung des Abwägungsmaterials und damit auch die Entscheidung über die Abwägungserheblichkeit, d.h. die Selektion der Belange, ordnungsgemäß erfolgt, da eine

---

214 Vgl. Bundesverwaltungsgericht, Beschluss vom 09.11.1979 – 4 N 1.78, 2–4.79 –, BVerwGE 59, 87 (102 ff).

215 Eine fehlende Schutzwürdigkeit ist etwa gegeben, wenn der Interessenträger nicht auf den Bestand bzw. Fortbestand einer bestimmten Sachlage, z. B. einer Verkehrslage, vertrauen durfte, weil sich Betroffene „vernünftigerweise darauf einstellen müssen“, dass eine Position geschmälert wird. Auch fehlt es an der Schutzbedürftigkeit bei solchen Interessen, die „mit einem Makel behaftet sind“. Vgl. grundlegend BVerwG, Beschluss vom 09.11.1979 – 4 N 1.78, 2–4.79 –, BVerwGE 59, 87 (102 f.); dass., Urteil vom 13.09.1985 – 4 C 64.80 –, BayVBl. 1986, 153 (153 f.).

216 BVerwG, Urteil vom 05.07.1974 – 4 C 50.72 –, BVerwGE 45, 309 (322).

217 Zur Frage nach der Vertretbarkeit einer Qualifikation der Zusammenstellung des Abwägungsmaterials als reinen Subsumtionsaktes sowie der vollen rechtsaufsichtlichen und gerichtlichen Überprüfbarkeit siehe unten Teil 1, Kapitel 3, A., I., c., bb., aaa., (1) und Teil 1, Kapitel 3, A., I., c., bb., aaa., (2).

hier auftretende Fehlentscheidung zwangsläufig die Fehlerhaftigkeit der abschließenden Abwägung nach sich zieht. Nichts anderes gilt im Hinblick auf die daran anknüpfende Stufe der Bewertung des abwägungserheblichen Materials. Hierbei wird den einzelnen, zuvor für abwägungserheblich befundenen Belangen seitens der zuständigen Gemeindebeamten jeweils ein objektives Gewicht beigemessen. Auch auf dieser Verfahrensstufe wird eine in sich abgeschlossene Entscheidung, nämlich die über das objektive Gewicht der einzelnen Belange, getroffen, welche der Gemeinderat bei der auf dritter Stufe vorzunehmenden eigentlichen Abwägung zugrunde legt und welche somit einen maßgeblichen Einfluss auf die Schlussentscheidung hat[218]. Diese Aufteilung der Abwägungsentscheidung in Stufen, die jede eine eigene und in sich abgeschlossene Teilentscheidung enthält, ist sinnvoll und vom Baugesetzbuch vorgegeben. Dass die ersten beiden Entscheidungsstufen seitens der Gemeindeverwaltung erfolgen und die dritte Stufe seitens des Gemeinderats, liegt dabei in der natürlichen Funktionenteilung innerhalb der Gemeinde begründet. Während das direktlegitimierte Kollegialorgan Gemeinderat für die mehr vom Wollen geprägten politischen Entscheidungen zuständig ist, wird die mehr der rein administrativen Tätigkeit zuzuordnende Rechtsanwendung durch die Beschäftigten der Gemeindeverwaltung vorgenommen.

Festzuhalten bleibt, dass es sich bei den Maßnahmen der Ermittlung und Bewertung des Abwägungsmaterials (§ 2 Abs. 3 BauGB) um Ausübung von Staatsgewalt auch im formellen Sinne handelt. Deren Durchführung ist als Handeln mit Entscheidungscharakter zu charakterisieren. Der Ausnahmefall einer rein vorbereitenden Maßnahme liegt nicht vor.

bb. Die anerkannten Legitimationskomponenten zur Herstellung eines hinreichenden Legitimationsniveaus mit Blick auf ein Handeln der Initiatoren bei der Ermittlung und Bewertung des Abwägungsmaterials

Ist damit geklärt, dass die Verwaltungsmaßnahmen der Ermittlung und Bewertung des Abwägungsmaterials vom Erfordernis demokratischer Legitimation erfasst sind, bedarf es nun der Untersuchung, wie sich eine seitens der Initiatoren eines Bürgerbegehrens vorgenommene Ermittlung und Bewertung des Abwägungsmaterials zu den oben dargestellten Legitimationskomponenten der sachlich-inhaltlichen sowie personellen Legitimation verhält, um in einem weiteren Schritt letztlich klären zu können, ob ein hinreichendes Legitimationsniveau gewährleistet werden könnte.

---

218 Vgl. auch Kment, BauR 2005, 1257 (1259).

aaa. Sachlich-inhaltliche Legitimation

(1) Steuerung durch Gesetze

Wollte man das Handeln der Initiatoren eines Bürgerbegehrens bei der Vorbereitung der den Bürgern zur Entscheidung vorgelegten Frage mit einem solchen der Gemeindeverwaltung gleichsetzen, wären natürlich auch sie bei ihrem Handeln an die bestehenden Gesetze gebunden. Dies wäre logische Konsequenz aus der rechtlichen Qualifikation als „Quasi-Gemeindeorgan". Im Hinblick auf den hier vorliegenden Einzelfall der Ermittlung und Bewertung des Abwägungsmaterials durch die Initiatoren stellt sich die Erfüllung des ersten Elements sachlich-inhaltlicher Legitimation dennoch als problematisch dar. Es wurde bereits darauf hingewiesen, dass trotz der grundsätzlich bestehenden legitimatorischen Wirkung der Gesetzesbindung der Verwaltung die Effektivität der legislativen Steuerung im Einzelfall je nach Programmierungsgrad der anzuwendenden Normen variiert[219]. Eine genaue Betrachtung der gesetzlichen Bestimmungen betreffend die Maßnahmen der Ermittlung und Bewertung des Abwägungsmaterials machen deutlich, dass sich die gesetzliche Steuerung als äußerst geringfügig erweist.

Die Regelung des § 2 Abs. 3 BauGB trifft zunächst lediglich eine Bestimmung dahingehend, dass die Belange, die für die Abwägung von Bedeutung sind (Abwägungsmaterial), zu ermitteln und zu bewerten sind. Was unter dem Begriff des Belangs genau zu verstehen ist, bedarf der Auslegung. Der Vorschrift des § 1 Abs. 7 BauGB ist dabei zwar zu entnehmen, dass sowohl öffentliche als auch private Belange grundsätzlich gleichermaßen von Bedeutung sind. Welche Belange darunter im Einzelnen zu verstehen sind, ist jedoch keinesfalls abschließend bestimmt. Während der Gesetzgeber in weiteren Vorschriften des Baugesetzbuches und dabei insbesondere denen des § 1 Abs. 5, Abs. 6 BauGB den Kreis der in Betracht kommenden öffentlichen Belange beispielhaft umreißt und damit zumindest eine Art „Checkliste" im Hinblick auf die in Betracht kommenden öffentlichen Belange an die Hand gibt, fehlt eine gesetzliche Konkretisierung im Hinblick auf den Begriff des privaten Belangs fast vollständig. Zur Bestimmung des Begriffs der privaten Belange bedarf es der Auslegung insbesondere anhand von Vorgaben

---

219 In solchen Fällen, in denen der Entscheidungsgehalt allein darin besteht, den Einzelfall unter detailliert bestimmte normative Vorgaben zu subsumieren und diese so für den konkreten Fall anzuwenden, ohne dass es einer letztlich seitens der Rechtsprechung vorzunehmenden Auslegung der gesetzlichen Bestimmungen bedürfte, ist bereits eine derart effektive gesetzliche Steuerung gegeben, welche das Erfordernis der übrigen Legitimationselemente, insbesondere das der personellen Legitimation, zurücktreten lässt.

sonstiger (höherrangiger) Normen[220]. Aber auch im Hinblick auf die durch den Gesetzgeber des Baugesetzbuchs teilweise normierten öffentlichen Belange ist festzustellen, dass die hier getroffenen Bestimmungen wiederum unbestimmte Rechtsbegriffe enthalten, welche der Auslegung bedürfen.

Für die von § 2 Abs. 3 BauGB nunmehr ausdrücklich geforderte Ermittlung des Abwägungsmaterials stellt sich weiter die Frage, welche öffentlichen und privaten Belange als „von Bedeutung für die Abwägung" anzusehen sind. Auch zu diesem als „Abwägungsbeachtlichkeit" bezeichneten Kriterium trifft das Gesetz keine näheren Bestimmungen. Im Hinblick auf die konkrete Abwägungsbeachtlichkeit bestimmter Belange erscheint dies freilich als selbstverständlich angesichts der Tatsache, dass die Unterschiede der jeweils ins Auge gefassten Planung sowie die der jeweiligen örtlichen Gegebenheiten, d. h. die Besonderheiten des jeweiligen Einzelfalls, eine solche Programmierung unmöglich machen würden. Aber auch abstrakte Bestimmungen dahingehend, was unter der Abwägungsbeachtlichkeit zu verstehen ist, enthält das Baugesetzbuch nicht. Die hierfür allgemein anerkannt maßgeblichen Kriterien[221], welche zudem selbst wieder von unbestimmten, auslegungsbedürftigen Begriffen geprägt sind, sind vollständig von der Rechtsprechung[222] entwickelt worden.

Auch hinsichtlich des der Zusammenstellung des Abwägungsmaterials folgenden Schrittes der objektiven Bewertung der als abwägungserheblich erkannten Belange kann eine genauere gesetzliche Konkretisierung nicht ausgemacht werden. Die Festlegung des objektiven Gewichts der einzelnen, konkret abwägungserheblichen Belange ergibt sich aus einem Zusammenspiel zum einen des abstrakten Gewichts eines Belanges (Wichtigkeitsgrad), zum anderen der durch das Planungsvorhaben bewirkten Intensität der Betroffenheit (Beeinträchtigungsgrad)[223]. Eine gesetzliche Programmierung des Beeinträchtigungsgrades einzelner Belange ist freilich schon aufgrund der Abhängigkeit von dem jeweiligen konkreten Planvorhaben und den zahlreichen und in jedem Einzelfall stark differierenden tatsächlichen Gegebenheiten praktisch unmöglich. Aber auch im Hinblick

220 Vgl. Krautzberger, in: Battis/Krautzberger/Löhr, BauGB, § 1 Rn. 101 und 109 sowie Hoppe, in: Hoppe/Bönker/Grotfels, Öffentliches Baurecht, § 7 Rn. 5 m.w.N.

221 Erfasst sind nur die von der konkreten Planung betroffenen Interessen, die schutzwürdig und nicht objektiv geringwertig sind. Die Belange müssen mehr als geringfügig betroffen sein. Die Betroffenheit muss in ihrem Eintritt zumindest wahrscheinlich und für die planende Stelle als abwägungsbeachtlich erkennbar sein.

222 Grundlegend BVerwG, Urteil vom 09.11.1979 – 4 N 1.78, 2–4.79 –, BVerwGE 59, 87 (102 ff.).

223 Hoppe, in: Hoppe/Bönker/Grotfels, Öffentliches Baurecht, § 7 Rn. 60.

auf das ebenfalls zu berücksichtigende abstrakte Gewicht der einzelnen Belange weist das Gesetz eine äußerst geringe Steuerungskraft auf[224]. Lediglich vereinzelt sind gesetzliche sogenannte relative Vorrangregeln zu finden, durch welche eine besondere objektive Gewichtigkeit eines bestimmten Belangs von vorneherein vorgegeben wird[225]. Wenn also einer gesetzlichen Regelung zu entnehmen ist, dass einem bestimmten Belang „besonders Rechnung getragen werden soll", handelt es sich um ein gesetzliches Gewichtungsprivileg[226]. Im Übrigen kann neben der besonderen Gewichtung aufgrund verfassungsrechtlicher Vorgaben[227] eine Orientierung nur anhand von im Laufe der Zeit seitens der Rechtsprechung und rechtswissenschaftlichen Literatur vorgenommener Formulierungen einzelner Gewichtungsmaßstäbe erfolgen[228].

Die bisherigen Ausführungen haben gezeigt, dass detaillierte gesetzliche Vorgaben im Hinblick auf die Festlegung der abwägungserheblichen Belange sowie die objektive Bewertung derselben nicht gegeben sind. An diesem Ergebnis ändern auch die besonderen Verfahrensvorschriften des Baugesetzbuches, insbesondere diejenigen über die Öffentlichkeits- und Behördenbeteiligung gemäß §§ 3 ff., nichts. Die Vorschriften über die Öffentlichkeits- und Behördenbeteiligung, welche als Konkretisierung der Verfahrensgrundnorm des § 2

224 Selbst in der Rechtsprechung finden sich nur selten Aussagen darüber, anhand welcher Merkmale sich das objektive Gewicht feststellen lässt, vgl. Ibler, Schranken planerischer Gestaltungsfreiheit, S. 252. So hat das Bundesverwaltungsgericht, Urteil vom 12.08.1983 – 4 B 16.83 –, juris Rn. 4, sogar darauf hingewiesen, dass sich allgemeingültige Maßstäbe aus den bundesrechtlichen Anforderungen an eine gerechte Abwägung nicht entwickeln ließen, vgl. auch BVerwG, Urteil vom 20.07.1979 – 7 CB 21.79 –, juris Rn. 7.

225 So enthält das Baugesetzbuch Optimierungs- bzw. Minimierungsgebote als relative Vorrangregeln etwa in § 1a Abs. 2, vgl. Manssen, in: Becker/Heckmann/Kempen/Manssen, Öffentliches Recht in Bayern, S. 391 (438 Rn. 226).

226 Hoppe/Schlarmann/Buchner, Rechtsschutz bei der Planung von Straßen, § 16 Rn. 702.

227 Verfassungsrechtliche Garantien können den von ihnen geschützten Rechtsgütern ein besonderes Gewicht verleihen, BVerwG, Urteil vom 20.12.1988 – 4 B 211.88 –, NVwZ-RR 1989, 458 (459). So ist seitens der Rechtsprechung etwa wiederholt betont worden, dass das Eigentum bei der planerischen Abwägung in hervorgehobener Weise zu berücksichtigen sei, vgl. BVerwG, Urteil vom 05.04.1993 – 4 NB 3.91 –, DVBl 1993, 662 (663) m.w.N. Durch Art. 14 GG geschützte Belange haben objektiv ein hohes Gewicht.

228 Siehe dazu ausführlich Hoppe, in: Hoppe/Bönker/Grotfels, Öffentliches Baurecht, § 7 Rn. 66 m.w.N. sowie Schlarmann, Alternativenprüfung, S. 70 ff.

Abs. 3 BauGB angesehen werden können, indem sie – wie § 4a Abs. 1 BauGB ausdrücklich feststellt – der vollständigen Ermittlung und zutreffenden Bewertung des Abwägungsmaterials dienen sollen, enthalten zwar eine detaillierte Programmierung hinsichtlich der Vorgehensweise. Es sind jedoch zum einen die §§ 3 und 4 BauGB nicht als abschließend dahingehend zu betrachten, dass die Gemeinde allein mit der Durchführung des Verfahrens der Öffentlichkeits- und Behördenbeteiligung ihren Pflichten aus § 2 Abs. 3 BauGB vollständig genügen würde. Vielmehr verlangt die Ermittlungs- und Bewertungspflicht aus § 2 Abs. 3 BauGB durchaus auch Ermittlungen und Bewertungen jedenfalls im Hinblick auf solche Belange, die der Gemeinde aus anderen Quellen bekannt sind oder bekannt sein müssten[229]. Zum anderen ist allein mit der Durchführung des Beteiligungsverfahrens und der Entgegennahme der dabei ergangenen Anregungen und Stellungnahmen noch nichts gewonnen. Bei der Einschätzung der Abwägungserheblichkeit sowie bei der Vornahme der objektiven Bewertung einzelner Belange kann zwar eine Orientierung an den Stellungnahmen der Bürger und insbesondere der Träger öffentlicher Belange hilfreich sein, dennoch ist letztlich eine eigene und von den vorgetragenen Stellungnahmen unabhängige Einschätzung der Gemeinde erforderlich[230].

Abschließend festzuhalten bleibt, dass sich die Effektivität gesetzlicher Steuerung für die Abwägungsschritte der Ermittlung und Bewertung des Abwägungsmaterials als äußerst gering erweist und damit diesem Element sachlich-inhaltlicher Legitimation hier keine besondere Wirkungskraft zukommt.

---

229 Vgl. dazu auch die Ausführungen des Bundesverwaltungsgerichts, Beschluss vom 09.11.1979 4 N 1.78, 2–4. 79 –, BVerwGE 59, 87 (103), in der es umgekehrt feststellt, dass das, was die planende Stelle nicht „sieht" und nach den gegebenen Umständen auch nicht zu „sehen" braucht, bei der Abwägung von ihr nicht berücksichtigt werden kann und auch nicht berücksichtigt zu werden braucht. Zum Aufwand- und Sorgfaltsmaßstab der Gemeinde vgl. ausführlich Hoppe, in: Hoppe/Bönker/Grotfels, Öffentliches Baurecht, § 7 Rn. 46 f.

230 Vgl. auch BVerwG, Urteil vom 14.08.1989 – 4 NB 24.88 –, NVwZ-RR 1990, 122 (122 f.), das zutreffend darauf hinweist, dass das Ergebnis der Öffentlichkeits- und Behördenbeteiligung nichts daran ändert, dass die für die Zusammenstellung des Abwägungsmaterials erforderliche Sachverhaltsermittlung von der Gemeinde in eigener Verantwortung durchzuführen ist und sie von dieser Pflicht nicht dadurch entbunden wird, dass die von ihr gehörten Träger öffentlicher Belange zustimmende Stellungnahmen abgegeben haben.

(2) Sachlich-inhaltliche Legitimation aufgrund Rechtsaufsicht

Neben der Steuerung durch Parlamentsgesetze könnte zu der im Rahmen des dualistischen Legitimationsgefüges erforderlichen Rückbindung (auch) an das Bundes- bzw. Landesstaatsvolk weiter durch das Institut der staatlichen Rechtsaufsicht beigetragen werden. Auch die bloße Rechtsaufsicht, die – im Gegensatz zu einer umfassenden inhaltlichen Weisungsbefugnis – ausschließlich auf die Einhaltung der Rechtmäßigkeit gerichtet ist, ist nach hier vertretener Auffassung grundsätzlich als Legitimation vermittelndes exekutives Steuerungsmittel anzusehen[231]. Gerade in Fällen wie dem vorliegenden, in denen das Gesetz detaillierte, bereits konkretisierte subsumtionsfähige Aussagen vermissen lässt und damit eine stark eingeschränkte Steuerungskraft aufweist, kann auch der bloßen Rechtsaufsicht eine gegenüber der von den gesetzlichen Regelungen selbst ausgehende demokratische Legitimationswirkung stark erweiternde Funktion zukommen, soweit die Kontrollbefugnis der Rechtsaufsichtbehörde reicht[232]. Denn in diesen Fällen ist die Konkretisierungs- bzw. Auslegungsbedürftigkeit der gesetzlichen Regelungen hoch, und es kann sich die Rechtsauffassung der Aufsichtsbehörde gegenüber derjenigen der beaufsichtigten Stelle durchsetzen.

Die Rechtsaufsichtsbehörde überwacht die Gesetzmäßigkeit der Verwaltungstätigkeit der Gemeinde. Wollte man auch das Handeln der Initiatoren eines Bürgerbegehrens rechtlich als Handeln der Gemeinde betrachten, so dürfte es jedenfalls außer Frage stehen, in Konsequenz dessen auch die Tätigkeit der Initiatoren dieser rechtlichen Aufsicht zu unterstellen. Genauso wie auch die anstelle des Gemeinderats per Bürgerentscheid gefassten Beschlüsse, denen die Wirkung eines Gemeinderatsbeschlusses zukommt, unstreitig rechtsaufsichtlich beanstandet werden können, muss dies auch mit Blick auf die diese Beschlüsse in ihrer Rechtmäßigkeit maßgeblich beeinflussende vorbereitende Verwaltungstätigkeit gelten, unabhängig davon, wer diese Tätigkeit vollzieht. Steht dies also fest, bedarf es weiter einer Untersuchung der Frage, wie sich die Legitimationswirkung der Rechtsaufsicht für den konkreten Fall der Ermittlung und Bewertung des Abwägungsmaterials beurteilen lässt. Entscheidende Bedeutung kommt dabei dem Umfang der Kontrollmöglichkeit der Rechtsaufsichtsbehörde zu. Könnte nämlich in dem hier interessierenden Fall der Ermittlung und Bewertung des Abwägungsmaterials eine umfassende Kotrollmöglichkeit der Rechtsaufsichtsbehörden angenommen werden, die der beaufsichtigten Stelle keinerlei autonomen, d.h.

231 Siehe ausführlich oben, Teil 1, Kapitel 3, A., I., a., bb., aaa., (2).

232 Soweit also keine der Rechtskontrolle entzogenen Ermessens-, Beurteilungsspielräume oder Einschätzungsprärogativen der Gemeinde bestehen.

nicht zur Überprüfung stehenden Handlungsspielraum belässt, wäre eine hohe Legitimationswirkung ausgehend von dem Rechtsinstitut der Rechtsaufsicht zu bejahen. Umgekehrt verringert sich die Legitimationswirkung, wenn ein nicht zur Kontrolle stehender Ermessens-, Beurteilungs- oder Einschätzungsspielraum der Gemeinde zu bejahen wäre.

(a) Rechtsaufsichtsbehördliche Kontrolldichte bei der Ermittlung des Abwägungsmaterials

Für die erste Stufe der Abwägungsentscheidung wird die Frage nach dem Bestehen eines nur beschränkt kontrollierbaren[233] gemeindlichen Entscheidungsspielraums nicht einheitlich beantwortet.

Das Bundesverwaltungsgericht[234] und ihm folgend ein Teil der Literatur[235] verneinen bei der Zusammenstellung des Abwägungsmaterials grundsätzlich einen kontrollfreien Bereich. Die Zusammenstellung des Abwägungsmaterials umfasse „erstens die abstrakt begriffliche (tatbestandliche) Abgrenzung der Gesichtspunkte, die abwägungserheblich sind, und zweitens die Entscheidung darüber, welche konkret vorliegenden Umstände unter diese Begriffe subsumiert werden können. Bei beiden Vorgängen handelt es sich um ... Rechtsanwendung und um nichts anderes als das. Was eine Gemeinde aufgrund ihrer Ausdeutung und Anwendung eines Begriffes für abwägungsbeachtlich hält bzw. bei ihrer Abwägung gehalten hat, begründet insoweit eine Bindung weder für die höhere Verwaltungsbehörde noch für das mit der Überprüfung ... befaßte Gericht“[236].

233 Die allgemeinen Ausführungen zu nur eingeschränkt überprüfbaren behördlichen Entscheidungsspielräumen erfolgen regelmäßig unter dem Blickwinkel der nur eingeschränkten „richterlichen“ Kontrollmöglichkeit. Nichts anderes gilt jedoch grundsätzlich hinsichtlich der rechtsaufsichtlichen Kontrollmöglichkeit.

234 Grundlegend BVerwG, Urteil vom 05.07.1974 – 4 C 50.72 –, BVerwGE 45, 309 (322 f.).

235 Vgl. etwa Brohm, Öffentliches Baurecht, § 13 Rn. 24 f., Reidt, in: Gelzer/Bracher/Reidt, Bauplanungsrecht, Rn. 554; Gierke, in: Brügelmann, BauGB, § 2 Rn. 170; Rabe/Heintz, Bau- und Planungsrecht, S. 51 Rn. 43 f.; Kämper, Planungsleistungen als „Gegenleistung“, S. 279; sämtlich unter Berufung auf die Rechtsprechung des Bundesverwaltungsgerichts. Ausführlich Kamp, Kommunale Steuerung der Bebaubarkeit, S. 183 ff.; vgl. auch Ibler, Jus 1990, 7 (8 ff.).

236 BVerwG, Urteil vom 05.07.1974 – 4 C 50.72 –, BVerwGE 45, 309 (322 f.). Vgl. auch BVerwG, Urteil vom 12.12.1969 – 4 C 105.66 –, BVerwGE 34, 301 (308): „... die Frage, ob es sich bei den ... [in den Planungsleitlinien] ... verwendeten Begriffen um sogenannte unbestimmte Rechtbegriffe handelt, die sowohl in ihrer Auslegung als auch in ihrer Anwendung einer uneingeschränkten Kontrolle nicht nur der höheren

Die Gegenauffassung[237] wirft dem Bundesverwaltungsgericht vor, es stoße unter rechtstheoretischen und rechtsdogmatischen Gesichtspunkten auf Bedenken, die Zusammenstellung des Abwägungsmaterials als Subsumtionsakt und damit reine Rechtsanwendung betrachten zu wollen. Entgegen der Auffassung des Bundesverwaltungsgerichts, das die generellen Planungsziele und konkreten Leitlinien als unbestimmte Rechtsbegriffe werte, welche bei der Kontrolle des Abwägungsvorgangs sowohl in ihrer Auslegung als auch ihrer Anwendung uneingeschränkter gerichtlicher Kontrolle unterliegen, handele es sich bei dem Planungszielen und -leitlinien lediglich um Direktiven für die Planung. Es stelle die Ermittlung des Abwägungsmaterials einen Prozess der Informationsgewinnung dar, der durch eine von den Leitsätzen nur mitgesteuerte Selektion von Abwägungsmaterial und Reduktion von Fakten, Daten und Interessen erfolge, womit die Sachgegebenheiten des Ermittlungsvorgangs wegen ihrer Komplexität überhaupt nicht als Subsumtion begriffen werden könnten[238]. Zudem wird im Hinblick auf die seitens der Rechtsprechung entwickelten Abgrenzungskriterien der Schutzwürdigkeit, Gewichtigkeit (mehr als geringwertig) und Erkennbarkeit, durch welche die Abwägungsbeachtlichkeit der grundsätzlich von der Planung berührten Belange gekennzeichnet ist, vertreten, dass es sich bei deren Feststellung (insbesondere bei der prognostischen, aber auch bei der diagnostischen Ermittlung der

---

Verwaltungsbehörde, sondern auch der Verwaltungsgerichte unterliegen …[,] …ist zu bejahen … Die Ansicht der planenden Gemeinde etwa darüber, was zu den Bedürfnissen der Wirtschaft … gehört, und ebenso ihre Ansicht, daß eine bestimmte Planung diesen Bedürfnissen diene, genießt keinerlei Vorzug oder Schutz. Von irgendwelchen ‚Beurteilungsspielräumen' zugunsten der Gemeinde kann in diesem Zusammenhang keine Rede sein."

237 Vgl. insb. Hoppe, in. Hoppe/Bönker/Grotefels, Öffentliches Baurecht, § 7 Rn. 40 und 99; dens. DVBl. 1977, 136 (141 f.), dens. DVBl. 1974, 641 (646); dens., in: Bachof/Heigl/Redeker, FG BVerwG, S. 295 (303 ff.); dens., in: Erichsen/Hoppe/v. Mutius, FS für Menger, S. 747 (776 f.); dens./Schlarmann/Buchner, Rechtsschutz bei der Planung von Straßen, § 16 Rn. 663 ff.; Papier, NJW 1977, 1714 (1715 ff.); Schlarmann, Alternativenprüfung, S. 66 ff.; Kügel, Der Planfeststellungsbeschluss und seine Anfechtbarkeit, S. 144 f.; Vgl. auch Tsevas, Die verwaltungsgerichtliche Kontrollintensität, S. 131 ff. Stüer, in: Hoppenberg/de Witt, HdbÖffBauR, B Rn. 985; Breuer, NVwZ 1982, 273 (274 f.).

238 Hoppe, in. Hoppe/Bönker/Grotefels, Öffentliches Baurecht, § 7 Rn. 40 und 99; ders., DVBl. 1977, 136 (141 f.), ders. DVBl. 1974, 641 (646); ders., in: Bachof/Heigl/Redeker, FG BVerwG, S. 295 (303 ff.); ders., in: Erichsen/Hoppe/v. Mutius, FS für Menger, S. 747 (776 f.) Schlarmann, Alternativenprüfung, S. 66 ff.; Kügel, Der Planfeststellungsbeschluss und seine Anfechtbarkeit, S. 144 f.

abwägungserheblichen Belange) um eine Wertungsfrage mit autonomen Elementen handele. Die insoweit der autonomen Feststellungsbefugnis der Gemeinde obliegende Feststellung der Schutzwürdigkeit, Gewichtigkeit sowie Erkennbarkeit betroffener Belange entziehe sich heteronomer Vollkontrolle; die autonomen Bestandteile seien kontrollresistent[239].

Richtig erscheint es zu differenzieren. Auch nach hier vertretener Auffassung kann bei der Zusammenstellung des Abwägungsmaterials durchaus von einem der Auslegung nachfolgenden Subsumtionsakt gesprochen werden. Es handelt sich dabei jedoch nicht allein um eine Subsumtion unter die in den Planungsleitlinien genannten Belange. Vielmehr muss nach der Auslegung eine Subsumtion unter die in § 2 Abs. 3 BauGB genannte Bestimmung vorgenommen werden, die eine Ermittlung der Belange verlangt, welche für die Abwägung von Bedeutung sind[240]. Wie bereits oben gesagt, bedarf die Entscheidung darüber, welche Interessen unter den Begriff des Belangs subsumiert werden können, zunächst der Auslegung des Begriffs Belang. Anhaltspunkte geben dabei auch die in den Planungszielen und -leitlinien aufgeführten Belange, die wiederum unbestimmte, aber durchaus subsumtionsfähige Rechtsbegriffe enthalten. Außerdem muss entschieden werden, welche Belange von der konkreten Planung betroffen[241], nicht geringwertig, schutzwürdig und erkennbar sind. Diese Kriterien, durch welche seitens der Rechtsprechung erfolgter Auslegung

239 Hoppe, in. Hoppe/Bönker/Grotefels, Öffentliches Baurecht, § 7 Rn. 100 und 115; ders./Schlarmann/Buchner, Rechtsschutz bei der Planung von Straßen, § 16 Rn. 667.

240 So auch Kamp, Kommunale Steuerung der Bebaubarkeit, S. 184.

241 Unter Zugrundelegung der für die die Abwägungserheblichkeit allgemein anerkannten Kriterien richtet sich die Zusammenstellung des Abwägungsmaterials freilich immer auch an der Grundkonzeption der konkreten Planung aus. Es entspricht also grundsätzlich der Richtigkeit, dass die Ermittlung des Abwägungsmaterials auch nach Maßstäben erfolge, die der Planungsträger selbst setze. Diese muss auch das Gericht seiner Prüfung zugrunde legen, bzw. es hat auch das Gericht die von der Gemeinde gewollte, an den Anfang des Planungsverfahrens gesetzte Grundkonzeption der Planung zu berücksichtigen. Nicht nachvollziehbar ist es jedoch, allein daraus schlussfolgern zu wollen, dass es sich bei der Zusammenstellung des Abwägungsmaterials nicht um Auslegung und Subsumtion handele, sondern um einen Prozess der Informationsgewinnung, der entscheidend von autonomen Maßstäben unter Beachtung von gesetzlichen Direktiven geprägt sei, welcher eine nur eingeschränkte gerichtliche Kontrolle eröffne; so aber Schlarmann, Alternativenprüfung, S. 67 f. Denn durch Auslegung wird zunächst ermittelt, was unter Belangen, „die für die Abwägung von Bedeutung sind", im Sinne des § 2 Abs. 3 BauGB zu verstehen ist. Sodann erfolgt eine Subsumtion unter die dabei entwickelten Kriterien, zu denen unter anderem die Betroffenheit eines Belangs von der konkreten Planung gehört. Für diese Subsumtion

die „Bedeutung für die Abwägung“ (wie sie in § 2 Abs. 3 BauGB nunmehr ausdrücklich genannt ist) zu bestimmen ist, sind wiederum zwar auslegungsbedürftige, aber subsumtionsfähige Begriffe. Der Schluss auf eine nur eingeschränkte Überprüfbarkeit kann somit jedenfalls nicht aus der fehlenden Möglichkeit einer Charakterisierung der Zusammenstellung des Abwägungsmaterials als Akt der Subsumtion unter normative Bestimmungen gezogen werden.

Von größerer Bedeutung für die hier zur Untersuchung stehende Frage nach der Kontrolldichte der gemeindlichen Zusammenstellung des Abwägungsmaterials erweist sich die Überlegung nach einem Beurteilungsspielraum der Gemeinde im Hinblick auf die Auslegung und Anwendung der von der Rechtsprechung entwickelten Kriterien für die Abwägungserheblichkeit. Die unter Heranziehung dieser herkömmlichen Abgrenzungskriterien ergehende Entscheidung, ob es sich bei den einzelnen Belangen um solche handelt, die „für die Abwägung von Bedeutung sind“, enthält zweifelsfrei nicht nur erkennende, sondern auch wertende und prognostische Elemente[242]. Das gilt insbesondere hinsichtlich des Kriteriums der „mehr als Geringwertigkeit“, welches die Grenze der Abwägungsbeachtlichkeit durch das Erfordernis eines mehr als abstrakt geringwertigen Belangs, der zudem mehr als geringwertig betroffen ist, kennzeichnet.

Ohne zu übersehen, dass der Zusammenstellung der abwägungserheblichen Belange eine besondere Bedeutung zukommt, angesichts der Tatsache, dass nur solchen Belange, die diese Hürde überwinden, die Möglichkeit der Einflussnahme auf das letztlich entscheidende Abwägungsergebnis und damit den Planinhalt eröffnet ist, und gerade mit Blick auf Art. 19 Abs. 4 S. 1 GG[243] sowie Art. 14 Abs. 2 GG[244] neben der ohnehin weiten Gestaltungsfreiheit, die der Gemeinde gerade im Rahmen der eigentlichen Abwägungsentscheidung eingeräumt wird, grundsätzlich eine

---

bedarf es eines Blickes auf die von der Gemeinde gewollte Grundkonzeption, weil sich nur daraus die konkrete Planung ersehen lässt.

242 Hoppe, in. Hoppe/Bönker/Grotefels, Öffentliches Baurecht, § 7 Rn. 100.

243 Vgl. dazu Kamp, Kommunale Steuerung der Bebaubarkeit, S. 186.

244 Vgl. dazu BVerwG, Urteil vom 05.07.1974 – 4 C 50.72 –, BVerwGE 45, 309 (324): „Wenn die Bauleitplanung grundsätzlich als Ausdruck einer durch Art. 14 Abs. 2 GG gedeckten Eigentumsbindung begriffen werden soll, obgleich sie einerseits durch eine unzweifelhaft weite Gestaltungsfreiheit gekennzeichnet wird und dennoch andererseits in der Realität weithin von eigentumsverteilender Wirkung ist, dann kann das nur angehen, wenn sie in einem Höchstmaß dessen, was sich erreichen und vertreten läßt, rechtlich gebunden und in dieser rechtlichen Bindung auch kontrollierbar ist. Wer diese Bindung oder die Kontrolle ihrer Einhaltung in Frage stellt, stellt damit zugleich in Frage, ob dann noch die Bauleitplanung als Eigentumsbindung gewertet werden kann.“

rechtliche Bindung und Kontrollierbarkeit „in einem Höchstmaß dessen, was sich erreichen und vertreten lässt“[245], angestrebt werden muss, kann eine vollständige rechtliche Überprüfbarkeit nicht angenommen werden. Dies darf nicht dahingehend missverstanden werden, dass der Gemeinde hinsichtlich dieser Wertungsfragen ein auch vom subjektiven Wollen geprägter Entscheidungsspielraum eingeräumt werden soll[246]. Vielmehr ist lediglich eine Einschränkung der Kontrolle anhand von Evidenzmaßstäben zu verlangen, angesichts der Tatsache, dass es gerade in Grenzfällen, in denen es zudem weitgehend an heteronomen Vorgaben für die Beurteilung fehlt, durchaus mehrere objektiv vertretbare Entscheidungen gibt[247].

Jedenfalls aber muss das Bestehen einer nur eingeschränkten rechtlichen Kontrolle bei der Zusammenstellung des Abwägungsmaterials mit Blick auf die hier unerlässlichen Prognosen angenommen werden. Bei der Zusammenstellung des Abwägungsmaterials gilt es vielfach, auch in der Zukunft liegende Tatbestände, Entwicklungen und Ereignisse zu erfassen und in Rechnung zu stellen[248]. So erfasst die Zusammenstellung des Abwägungsmaterials etwa auch die Ermittlung zukünftiger abwägungserheblicher Belange, womit nur auf der Grundlage von Prognosen beurteilt werden kann, ob die einen Belang begründenden Umstände überhaupt entstehen können und ob ein mehr als geringfügiges Maß an Betroffenheit zu erwarten ist. Überhaupt enthalten die zur Bestimmung der Abwägungserheblichkeit entwickelten Kriterien, wie bereits angemerkt, nicht nur wertende, sondern zudem prognostische Elemente, da es insbesondere auch darum geht, die Folgen der ins Auge gefassten Planung abzuschätzen. Bei der Beurteilung solcher ungewissen, weil zukünftigen Ereignisse oder Geschehensabläufe wird der planenden Stelle von der Rechtsprechung[249] und einem Großteil der Literatur[250]

245 BVerwG, Urteil vom 05.07.1974 – 4 C 50.72 –, BVerwGE 45, 309 (324).

246 Wie dies bei dem im Rahmen der eigentlichen Abwägung gegebenen Gestaltungsspielraum der Fall ist.

247 Vgl. insoweit auch die ausführliche Begründung zur eingeschränkten Kontrolldichte im Hinblick auf die Vornahme der objektiven Bewertung der abwägungserheblichen Belange auf zweiter Stufe der Abwägungsentscheidung, unten Teil 1, Kapitel 3, A., I., 1., c., bb., aaa., (2), (b).

248 Brohm, Öffentliches Baurecht, § 13 Rn. 26.

249 Vgl. etwa BVerwG, Urteil vom 16.03.2006 – 4 A 1075.04 –, BVerwGE 125, 116 (191); OVG-Berlin-Brandenburg, Urteil vom 04.12.2009 – 2 A 23.08 –, juris Rn. 53 mit dem ausdrücklichen Hinweis, dass die Grundsätze zur rechtlichen Überprüfung fachplanerischer Prognosen auch für die Überprüfung von Prognosen im Rahmen der Aufstellung von Bauleitplänen gelten.

250 Vgl. etwa Hoppe, in: Hoppe/Bönker/Grotefels, Öffentliches Baurecht, § 7 Rn. 109; ders./ Schlarmann/Buchner, Rechtsschutz bei der Planung von Straßen, § 16 Rn. 676;

ein sogenannter Prognosespielraum zugestanden. Es handelt sich dabei um eine Einschätzungsprärogative, welche, gesetzt den Fall, dass der Sachverhalt zutreffend ermittelt und die Prognosebasis damit fehlerfrei ist, die rechtliche Kontrolle des Prognoseschlusses dahingehend einschränkt, dass er lediglich darauf überprüft wird, ob er methodisch einwandfrei erarbeitet und der Sache nach nicht offensichtlich fehlsam oder eindeutig widerlegbar ist[251].

(b) Rechtsaufsichtsbehördliche Kontrolldichte bei der Bewertung des Abwägungsmaterials

Im Hinblick auf die auf zweiter Stufe der Abwägung vorzunehmende Bewertung bzw. objektive Gewichtung der zuvor ermittelten Belange, durch welche die Gemeinde angehalten ist, die Bedeutung bzw. das objektive Gewicht der Belange richtig zu erfassen[252], besteht zumindest im Ergebnis weitgehend Einigkeit dahingehend, dass eine rechtlich vollständige Überprüfung nicht in Betracht kommt.

---

dens. in: Bachof/Heigl/Redeker, FG BVerwG, S. 295 (308 ff.); Jochum, Amtshaftung bei Abwägungs- und Prognosefehlern, S. 121 ff.; Tsevas, Die verwaltungsgerichtliche Kontrollintensität, S. 141 ff.; Nierhaus, DVBl. 1977, 19 (22 ff.); Stüer, in: Hoppenberg/de Witt, HdböffBauR, B Rn. 987.

251 BVerwG, Urteil vom 17.01.1986 – 4 C 6.84, 7.84 –, BVerwGE 72, 365 (367 f.); Stüer, in: Hoppenberg/de Witt, HdböffBauR, B Rn. 987. Siehe auch BVerwG, Urteil vom 16.03.2006 – 4 A 1075.04 –, BVerwGE 125, 116 (191) sowie OVG-Berlin-Brandenburg, Urteil vom 04.12.2009 – 2 A 23.08 –, juris Rn. 53: „Die gerichtliche Überprüfung … ist … eingeschränkt; sie erstreckt sich darauf, ob die Prognose auf der Grundlage fachwissenschaftlicher Maßstäbe methodengerecht erstellt wurde. Die Prognose ist fehlerhaft, wenn sie auf willkürlichen Ausnahmen oder offensichtlichen Unsicherheiten beruht, in sich widersprüchlich oder aus sonstigen Gründen nicht nachvollziehbar ist."

252 Darüber, dass das – als Gebot dem Verbot des Verkennens der Bedeutung der Belange entsprechende – „Erkennen der Bedeutung der Belange" dem „Erkennen ihres objektiven Gewichts" im Sinne der gebräuchlichen Formulierungen des Bundesverwaltungsgerichts (seit den grundlegenden Urteilen des BVerwG vom 12.01.1969 – 4 C 105.66 –, BVerwGE 34, 301 (309), und 05.07.1974 – 4 C 50.72 –, BVerwGE 45, 309 (314 f.) ist das Abwägungsgebot nach st. Rspr. u. a. dann „verletzt, wenn … die Bedeutung der betroffenen … Belange verkannt oder wenn der Ausgleich zwischen den … Belangen in einer Weise vorgenommen wird, der zur objektiven Gewichtigkeit einzelner Belange außer Verhältnis steht.") gleichsteht, dürfte Einigkeit bestehen; so schon Tsevas, Die verwaltungsgerichtliche Kontrollintensität, S. 146 Anm. 432 mit Verweis auf Hoppe, BauR 1970, 15 (17); Ibler, Schranken planerischer Gestaltungsfreiheit, S. 248 f.; BayVGH, Urteil vom 03.10.1989 – 8 B 86.3162 u. a. –, BayVBl. 1990, 148 (150 f.). Dieses Gebot der Bestimmung der objektiven Gewichtigkeit der Belange hat mit der Formulierung der „Bewertung der Belange, die für die Abwägung

Nach einem Teil der Literatur ergibt sich das bereits in Konsequenz der nach dieser Auffassung fehlenden Notwendigkeit einer (von planerischer Gestaltungsfreiheit gekennzeichneten) eigentlichen Abwägung bzw. Abwägung im engeren Sinne auf dritter Stufe. Die Abwägungsentscheidung sei durch die Gewichtungsentscheidung bereits vorgegeben, so dass es keiner eigentlichen Abwägung mehr bedürfe[253]. Wenn auch begrifflich zwischen dem Gewichten und der Abwägung im engeren Sinne unterschieden werden könne, so sei die der Gewichtung folgende Abwägung im engeren Sinne jedoch ohne Substanz. Denn seien die Gewichte bestimmt, so seien die Würfel gefallen; um das Ergebnis zu ermitteln, bedürfe es keines (noch irgendwie gestaltenden) Abwägens, sondern einzig eines Rechenwerkes[254]. Da die Vorgänge des Gewichtens und des Abwägens nach dieser Auffassung in eins fallen, „indem das Abwägen vom Gewichten – oder auch umgekehrt – gleichsam aufgesogen“ wird, muss – das ist konsequent – „das eine, wenn das andere in Ausübung von Gestaltungsfreiheit zu geschehen hat, an dieser Freistellung notwendig teilnehmen“[255].

Nach einer weiteren Auffassung kann dieses Ergebnis zwar nicht mit der fehlenden rechtlichen Bedeutung einer Unterscheidung zwischen Gewichtung und Abwägung begründet werden, dennoch wird argumentiert, es werde durch die Annahme einer gerichtlich voll nachprüfbaren „objektiven Gewichtigkeit“ der abwägungserheblichen Belange die jedenfalls auf dritter Stufe unstreitig geforderte planerische Gestaltungsfreiheit weitgehend ausgeschlossen[256]. Das Abstellen auf eine eingehende rechtliche Kontrolle der Gewichtung hätte die untragbare Konsequenz zur Folge, dass der immer wieder beschworene „Spielraum an Gestaltungsfreiheit“, ohne den die Planung ein Widerspruch in sich sein soll, für die zuständige Behörden nur dann bestehen bleibe, wenn das letztlich kontrollierende Gericht die widerstreitenden Belange als gleichgewichtig ansähe; im Übrigen könnten die Gerichte ihre planerischen Vorstellungen denjenigen der Verwaltung uneingeschränkt entgegenhalten[257].

---

von Bedeutung“ sind, in § 2 Abs. 3 BauGB seit der Neuregelung durch das EAG Bau nunmehr eine ausdrückliche Normierung erfahren.

253 Vgl. insb. Weyreuther, BauR 1977, 293 (299 f.); Steiger, in: Menger, FS für Wolff, S. 385 (426).

254 Weyreuther, BauR 1977, 293 (299 f.).

255 Weyreuther, BauR 1977, 293 (300).

256 So etwa Özdemir, Die Behandlung von Mängeln der Abwägung, S. 35 f., Papier, DVBl. 1975, 461 (465); Steinberg, Das Nachbarrecht, III Rn. 155; Tsevas, Die verwaltungsgerichtliche Kontrollintensität, S. 146 ff.

257 Steinberg, Das Nachbarrecht, III Rn. 155 u. Anm. 363; diesem zustimmend Tsevas, Die verwaltungsgerichtliche Kontrollintensität, S. 148.

Beiden eben dargestellten Auffassungen kann im Hinblick auf die dort angeführten Begründungen nach hier vertretener Ansicht nicht gefolgt werden. Die Annahme, die Vorgänge des Gewichtens und Abwägens fielen in eins bzw. es fehle der eigentlichen Abwägung an einer eigenständigen Bedeutung, weshalb die mit der planerischen Gestaltungsfreiheit einhergehende eingeschränkte Kontrollmöglichkeit für die Gewichtung gelte, ist unzutreffend[258]. Ist die objektive Gewichtung der einzelnen Belange vorgenommen, ergibt sich die Entscheidung keinesfalls aus einem bloßen Rechenwerk. Vielmehr kommt schon in den vielen Fällen der objektiv gleichgewichtigen konkurrierenden Belange der eigentlichen Abwägung eine entscheidende Bedeutung zu. Erst auf dieser letzten Stufe, der elementaren planerischen, mehr vom Wollen geprägten Entscheidung wird nämlich entschieden, welchen solcher gleichgewichtigen und sich gegenseitig ausschließenden Belange der Vorzug zu geben ist und welche zurückzustellen sind. Für eine klare Trennung zwischen der Bestimmung des objektiven Gewichts abwägungserheblicher Belange und der aufgrund der planerischen Gestaltungsfreiheit der Gemeinde nur beschränkt überprüfbaren eigentlichen Abwägung spricht auch die Rechtsprechung des Bundesverwaltungsgerichts, auf welcher die gesamte Abwägungsdogmatik maßgeblich gegründet ist. In der vom Bundesverwaltungsgericht[259] entwickelten und seither als allgemeingültiger Kontrollmaßstab herangezogenen Abwägungsfehlerlehre heißt es: „Das Gebot gerechter Abwägung ist verletzt, wenn eine (sachgerechte) Abwägung überhaupt nicht stattfindet. Es ist verletzt, wenn in die Abwägung an Belangen nicht eingestellt wird, was nach Lage der Dinge in sie eingestellt werden muss. Es ist ferner verletzt, wenn die Bedeutung der betroffenen … Belange verkannt oder wenn der Ausgleich zwischen den von der Planung berührten … Belangen in einer Weise vorgenommen wird, der zur objektiven Gewichtigkeit einzelner Belange außer Verhältnis steht.“ Aus dem im dritten Satz formulierten Kontrollmaßstab wird klar ersichtlich, dass eine Unterscheidung stattfindet zwischen dem Erfordernis einer objektiven Gewichtung bzw. nunmehr objektiven Bewertung der Belange, welches als Handlungsgebot dem dort aus Kontrollperspektive bezeichneten Verbot einer Verkennung der Bedeutung der Belange entspricht[260], und der – auf die Handlungsperspektive übertragen

258 So auch Hoppe, in: Bachof/Heigl/Redeker, FG BVerwG, S. 295 (302 Anm. 35); Özdemir, Die Behandlung von Mängeln der Abwägung, S. 41 f.; Blumenberg, DVBl. 1989, 86 (88).

259 BVerwG, Urteil vom 12.12.1969 – 4 C 105.66 –, BVerwGE 34, 301 (309).

260 Es wurde bereits darauf hingewiesen, dass die übereinstimmende Bedeutung von „Erkennen der Bedeutung der Belange“ und „Erkennen ihres objektiven Gewichts“ nicht in Frage gestellt wird.

– als Vornahmen eines Ausgleichs bezeichneten und in ein Abwägungsergebnis mündenden eigentlichen Abwägung, welche aus der Kontrollperspektive lediglich danach verlangt, dass das hierbei gefundene Ergebnis nicht außer Verhältnis zur objektiven Gewichtigkeit einzelner Belange steht. Daran ändert auch die in nachfolgenden Entscheidungen des Bundesverwaltungsgerichts teilweise vorgenommene Trennung durch Aufzählung (erstens, zweitens, drittens) der verschiedenen Abwägungsfehler, bei der es an einem „viertens“ zur Abgrenzung zwischen Fehlgewichtung und Abwägungsdisproportionalität fehlt[261], nichts[262]: dies zum einen deshalb, weil der Aufzählung schon von außen betrachtet keine weitere Bedeutung als das Ersetzen der zuvor erfolgten Interpunktion[263] zukommt. Zum anderen verweist das Bundesverwaltungsgericht ausdrücklich auf seine ständige Rechtsprechung seit dem Urteil vom 12.12.1969[264]; es gibt also keinen Anhaltspunkt dafür, dass das Gericht an dieser etwas ändern wollte.

Aber auch der Argumentation der im Weiteren dargestellten Auffassung, welche zwar nicht die eigenständige Bedeutung der eigentlichen Abwägung vollständig leugnen will, dennoch die planerische Gestaltungsfreiheit auch auf die Gewichtung der einzelnen Belange erstrecken will, weil ansonsten ein nur unwesentlicher und so mit dem Wesen der Planung nicht zu vereinbarender Raum für die planerische Gestaltungsfreiheit verbliebe, kann nicht überzeugen. Durch die Annahme, eine vollständig rechtlich überprüfbare Bestimmung der Gewichtigkeit nach ausschließlich objektiven Maßstäben auf der zweiten Stufe der Abwägungsentscheidung bedeute eine Reduzierung der planerischen Gestaltungsfreiheit auf das Vorstellen und Zurücksetzen objektiv gleichgewichtiger Belange, wird verkannt, dass die planerische Gestaltungsfreiheit auch bei vorheriger rein objektiv zu bestimmender Gewichtung nicht allein durch Vorziehen und Zurückstellen

261 Erstmals BVerwG, Urteil vom 14.02.1975 – 4 C 21.74 –, BVerwGE 48, 56 (63 f.): „… verlangt das Abwägungsgebot, daß – erstens – eine Abwägung überhaupt stattfindet, daß – zweitens – in die Abwägung an Belangen eingestellt wird, was nach Lage der Dinge in sie eingestellt werden muß, und daß – drittens – weder die Bedeutung der betroffenen öffentlichen und privaten Belange verkannt noch der Ausgleich zwischen ihnen in einer Weise vorgenommen wird, die zur objektiven Gewichtigkeit einzelner Belange außer Verhältnis steht.“

262 So auch Blumenberg, DVBl. 1989, 86 (88); a.A. wohl Koch/Hendler, Baurecht, § 17 Rn. 15.

263 Anstelle der in der Formel der Entscheidung vom 12.12.1969 – 4 C 105.66 –, BVerwGE 34, 301 (309), zu findenden Aufteilung in drei Sätze erfolgt bei der hier in einem Satz zusammengefassten Formel die sprachliche Trennung anhand einer Aufzählung.

264 BVerwG, Urteil vom 12.12.1969 – 4 C 105.66 –, BVerwGE 34, 301 (309).

gleichgewichtiger konkurrierender Belange verwirklicht werden kann; vielmehr ist es der Gemeinde auch möglich, im Rahmen der eigentlichen Abwägungsentscheidung einen zuvor im Rahmen der abstrakten objektiven Gewichtung als objektiv weniger gewichtig erkannten Belang einem objektiv gewichtigeren vorzuziehen[265], solange das so gefundene Abwägungsergebnis zu der objektiven Gewichtigkeit einzelner Belange nicht außer Verhältnis steht. Außerdem geht es in Rahmen der eigentlichen Abwägung nicht nur darum, sich unter Vor- und Zurückstellung der für bzw. gegen ein Planvorhaben sprechenden Belange für oder gegen die Realisierung der Planung zu entscheiden, sondern auch darum, unter nur „teilweiser Vor- und/oder Zurückstellung" berührter Belange einen Kompromiss bzw. Ausgleich zu finden, der dann eventuell mit Änderungen des Planentwurfs einhergeht[266]. Auch darin verwirklicht sich die allein auf der Stufe der eigentlichen Abwägung zu verortende Gestaltungsfreiheit[267].

Im Ergebnis ist jedoch mit den eben dargestellten Auffassungen dahingehend übereinzustimmen, dass eine vollständige Überprüfung der objektiven Gewichtung der abwägungserheblichen Belange nicht angezeigt ist. Es sollte insoweit aber nicht von planerischer Gestaltungsfreiheit gesprochen werden, vielmehr ist eher eine Bezeichnung als nur eingeschränkter rechtlicher Kontrolle zugänglicher „Bewertungsfreiraum" angebracht[268]. Denn es geht hier nicht um eine Frage des

---

265 So auch Ibler, JuS 1990, 7 (12 f.); siehe auch Schulze-Fielitz, Sozialplanung im Städtebaurecht, S. 321.

266 So kann einer konfligierenden Kollisionslage etwa mittels eines Kompromisses in Form einer Reduzierung der Dimension eines Vorhabens begegnet oder einer Kollision zwischen Wohnbedürfnissen der in Zukunft im Plangebiet lebenden Personen mit den Belangen der Inhaber ansässiger Betriebe in dem betroffenen Industriegebiet durch die Festsetzung eines Lärmschutzwalls abgeholfen werden; zu diesen Beispielen vgl. Özdemir, Die Behandlung von Mängeln der Abwägung, S. 26 f.

267 Widersprüchlich insoweit die Ausführungen von Özdemir, Die Behandlung von Mängeln der Abwägung, S. 41 f. u. S. 35 f., der einerseits ein breites Anwendungsfeld der von planerischer Gestaltungsfreiheit geprägten Abwägung im engeren Sinne auch neben der auf zweiter Stufe angesiedelten Gewichtung der Belange darstellt, um so eine eigenständige Bedeutung der Abwägung im engeren Sinne neben der Gewichtung zu begründen, andererseits aber kurz zuvor die Annahme einer planerischen Gestaltungsfreiheit bereits auf der Stufe der Gewichtung der Belange damit begründet, ansonsten, d. h. bei einer rein objektiven Bestimmung der Gewichtigkeit, würde die planerische Gestaltungsfreiheit bei der gesamten Bauleitplanung nur noch auf die Vor- und Zurückstellung objektiv gleichgewichtiger Belange reduziert.

268 Vgl. auch Hoppe, in: Hoppe/Bönker/Grotefels, Öffentliches Baurecht, § 7 Rn. 117; Kämper, Planungsleistungen als „Gegenleistung", S. 312; Ibler, JuS 1990, 7 (12).

schöpferisch-gestaltenden Wollens (wie sie der von planerischer Gestaltungsfreiheit gekennzeichneten eigentlichen Abwägung eigen ist), sondern allein um eine Frage des Erkennens und des – hier für den gewissen Bewertungsfreiraum entscheidenden – Wertens.

Nach allem zuvor Gesagten muss zunächst festgestellt werden, dass die Gemeinde auf der zweiten Stufe der Abwägungsentscheidung tatsächlich das „objektive“ Gewicht der einzelnen Belange zu ermitteln hat, was bedeutet, dass sie – anders als etwa bei der im Rahmen der eigentlichen Abwägung in den Grenzen des Abwägungsgebots erfolgenden subjektiven, auch am (politischen) Wollen orientierten „Gewichtung“[269], besser Ausgleichsentscheidung, – „sachlich, unvoreingenommen und unparteiisch“[270] vorzugehen hat. Weiter müssen auch das Gericht sowie die Rechtsaufsichtsbehörde grundsätzlich selbständig und unabhängig von Bewertungen der Gemeinde eine Ermittlung der objektiven Gewichtigkeit der einzelnen Belange vornehmen können, um den im Abwägungsvorgang möglichen Bewertungsfehler einer „Verkennung der Bedeutung“ der betroffenen Belange (früher: Abwägungsfehlgewichtung), d.h. die Verkennung deren objektiver Gewichtigkeit[271], ausschließen zu können. Denn nur durch Aufstellung eines Vergleichsmaßstabes kann entschieden werden, ob die Gemeinde die Bedeutung eines Belangs und damit dessen objektives Gewicht „verkannt“ hat oder ob das Abwägungsergebnis zur objektiven Gewichtigkeit einzelner Belange außer Verhältnis steht.

---

269 Es kann zu Verwirrungen führen, dass der Begriff der „Gewichtung“ oftmals sowohl für die objektive Gewichtung auf der zweiten Stufe der Abwägungsentscheidung als auch für die eigentliche Abwägung und die hier ausgeübte Gestaltungsfreiheit verwendet wird, indem auf der letzten Stufe dann eine dem Vorziehen und Zurücksetzen von Belangen gleichgestellte subjektive Gewichtung der Belange in ihrem Verhältnis zueinander gemeint ist (vgl. etwa BVerwG, Urteil vom 14.02.1975 – 4 C 21.74 –, BVerwGE 48, 56 (64): „Innerhalb des so gezogenen Rahmens wird das Abwägungsgebot jedoch nicht verletzt, wenn sich die zur Planung ermächtigte Stelle in der Kollision zwischen verschiedenen Belangen für die Bevorzugung des einen und damit notwendig für die Zurückstellung eines anderen entscheidet. Die darin liegende *Gewichtung* der von der Planung berührten öffentlichen und privaten Belange ist vielmehr im Gegenteil ein wesentliches Element der planerischen Gestaltungsfreiheit und als solches der verwaltungsgerichtlichen Kontrolle entzogen“; Hervorhebung nicht im Original).

270 Ibler, Schranken planerischer Gestaltungsfreiheit, S. 250.

271 Im Übrigen ebenso wie einen Fehler im Abwägungsergebnis, bei dem das gefundene Abwägungsergebnis außer Verhältnis zur objektiven Gewichtigkeit einzelner Belange steht.

Dennoch bedeutet dies nicht, dass jede Abweichung des von der Gemeinde auf zweiter Stufe des Abwägungsvorgangs festgestellten Gewichts eines Belangs von dem durch die Rechtsaufsichtsbehörden oder Gerichte ermittelten objektiven Gewicht einen rechtlichen Verstoß im Sinne eines Fehlers im Abwägungsvorgang nach sich ziehen würde. Außerhalb der wenigen gesetzlichen Gewichtungsvorgaben bzw. derjenigen Vorgaben, an denen die Gewichtung einzelner Belange ausgerichtet werden kann, und der allgemeingültigen Maßstäbe, die für die Gewichtung entwickelt worden sind, stellt sich das „objektive Gewicht" der einzelnen Belange insbesondere aufgrund der besonderen Bedeutung der Gegebenheiten des Einzelfalls als kaum messbare Größe dar. Ist die Bewertung der Belange, verstanden als Feststellung des objektiven Gewichts der einzelnen Belange, also neben den wenigen erkennenden Elementen vor allem durch wertende und zudem prognostische[272] Elemente gekennzeichnet, gibt es trotz der Pflicht zur strikten Beschränkung auf die Ermittlung der rein objektiven Gewichtigkeit keinesfalls nur eine einzige objektive Gewichtung, sondern ein Spektrum objektiv begründbarer Gewichtungsentscheidungen[273]. Wenn es nicht nur um die Anwendung von normativen bzw. allgemeingültigen Gewichtungsmaßstäben geht, sondern eine Bewertung auch anhand situationsabhängiger Umstände erfolgt und damit ein objektiver, das richtige Ergebnis mit Gewissheit erfassender Maßstab nicht gegeben ist, hat die Gemeinde aufgrund der verschiedenen objektiv vertretbaren Bewertungsentscheidungen demnach einen relevanten Beurteilungsspielraum[274]. Nur

---

272 Vgl. dazu bereits oben Teil 1, Kapitel 3, A., I., 1., c., bb., aaa., (2), (a).

273 Kämper, Planungsleistungen als „Gegenleistung", S. 312; vgl. auch Niehues, WiVerw 1985, 250 (252).

274 Auch seitens der Rechtsprechung wird wohl davon ausgegangen, dass ein nicht voll überprüfbarer Bewertungsfreiraum bereits auf der Ebene der objektiven Bewertung gegeben ist. Vgl. dazu etwa BVerwG, Urteil vom 07.07.1978 – 4 C 79.76 –, BVerwGE 56, 110 (126), wonach es nur von Bedeutung sein sollte, ob die „objektive Gewichtigkeit in nicht zu vertretender Weise fehlgewichtet" worden ist. Aus der Rechtsprechung vgl. zudem OVG Schleswig, Urteil vom 11.09.2003 – 1 KN 10.01 –, NordÖR 2005, 130 (131) sowie Urteil vom 03.06.2004 – 1 KN 14.02 –, NordÖR 2005, 428 (431), welches zwar ausdrücklich darauf hinweist, dass die planende Gemeinde ein – eingeschränkt überprüfbares – Planungsermessen erst in Anspruch nehmen könne, nachdem sie die in Betracht zu ziehenden Belange objektiv richtig gewichtet habe. Im Hinblick auf den Abwägungsfehler der Verkennung des objektiven Gewichts sei die Abwägungsentscheidung voll gerichtlich überprüfbar. Dennoch stellt das Gericht weiter klar, „dass es auch bereits auf dieser Stufe der Abwägung, bei der Bewertung des objektiven Gewichts … Grenzfälle geben mag, in denen die Gerichte von ihren Kontroll- und Eingriffsmöglichkeiten nur zurückhaltend Gebrauch machen sollten".

wenn die Gewichtung der Gemeinde außer Verhältnis zur rechtsaufsichtsbehördlich bzw. letztlich gerichtlich ermittelten objektiven Gewichtigkeit steht, lässt sich ein rechtlich angreifbarer Bewertungsfehler ausmachen[275].

Der insoweit gegensätzlichen Auffassung von Gierke, in: Brügelmann, BauGB, § 2 Rn. 194, wonach die Bewertung nach § 2 Abs. 3 BauGB in vollem Umfang nachprüfbar sein soll, ist zweierlei entgegenzuhalten: Das von ihm zur Begründung angeführte Zitat des Bundesverwaltungsgerichts („Diese Bewertung ist Rechtsanwendung und unterliegt insoweit auch der revisionsgerichtlichen Kontrolle. Maßgebend ist insoweit nämlich nicht, wie die Behörde den Belang selbst bewertet hat, sondern welches Gewicht ihm objektiv zukommt.") findet sich in der dort angegebenen Fundstelle („BVerwG 12.12.1969 – 4 C 105/66 – E 34, 301 = DÖV 1970, 277 = DVBl. 1970, 414") nicht. Ein Blick auf das Urteil des Bundesverwaltungsgerichts vom 05.12.1986 – 4 C 13.85 –, BVerwGE 75, 214 (254), in der das von ihm angeführte Zitat tatsächlich zu finden ist, macht zudem deutlich, dass sich die Aussage des Gerichts auf Fälle bezogen hat, in denen „der Gesetzgeber einzelne öffentliche Belange selbst als objektiv bedeutsam qualifiziert hat". So weist das Gericht nur darauf hin, dass die Frage, „ob es im Einzelfall derartige gesetzgeberische Bewertungen gibt und ob die Planfeststellungsbehörde diese Bewertung in ihrer Zielsetzung beachtet hat, ... der uneingeschränkten gerichtlichen Kontrolle [unterliegt]".

275 Mit kleineren Unterschieden im Detail so auch Hoppe, in Hoppe/Bönker/Grotfels, Öffentliches Baurecht, § 7 Rn. 117; Ibler, JuS 1990, 7 (12); Kämper, Planungsleistungen als „Gegenleistung", S. 312. Vgl. auch Kühling, Fachplanungsrecht, Rn. 231 und Kühling/Herrmann, Fachplanungsrecht, Rn. 383, wo davon ausgegangen wird, dass das Gericht mit seinem Rekurs auf die „objektive" Gewichtigkeit einzelner Belange ein Evidenzkriterium eingeführt habe, das die Ebene unausweichlicher Erkenntnis bezeichne, auf der das an sich Unmessbare zu einer praktisch handhabbaren Größe wird, sowie die Ausführungen von Niehues, WiVerw 1985, 250 (252), wonach ein Abwägungsfehler erst dann angenommen werden kann, wenn die Fehlgewichtung für den „objektiven Betrachter" offensichtlich ist. Vgl. auch Schmidt-Aßmann, VVDStRL 34 (1976), 221 (258 Anm. 125).

Ergänzend hinzuzufügen ist, dass die Rechtsaufsichtbehörde bzw. das Gericht bei Zugrundelegung dieser Kontrollmaßstäbe, sprich für die Beurteilung einer unverhältnismäßigen Abweichung der Bewertung der Gemeinde vom objektiven Gewicht einzelner Belange, freilich nicht für jeden Belang nach eigener Bewertung eine präzise Festlegung des objektiven Gewichts vornehmen wird, um dieses sodann mit den Bewertungen der Gemeinde zu vergleichen. Vielmehr ist es Kennzeichen einer *unverhältnismäßigen* Abweichung, dass die Abweichung „ins Auge sticht", ohne dass es zuvor einer präzisen Festlegung der objektiven Gewichtigkeit bedürfte.

(c) Ergebnis

Festzuhalten bleibt, dass eine vollständige Überprüfung der Ermittlung und Bewertung des Abwägungsmaterials durch die staatliche Rechtsaufsichtsbehörde nicht in Betracht kommt. Die von dem Institut der Rechtsaufsicht (theoretisch) ausgehende Legitimationswirkung wäre somit nur gering.

(3) Sachlich-inhaltliche Legitimation aufgrund einer Weisungskette bis hin zur unmittelbar demokratisch legitimierten Verwaltungsspitze

Insbesondere dort, wo es wie hier sowohl an detaillierten gesetzlichen Regelungen fehlt als auch eine vollständige Überprüfung seitens der staatlichen Rechtsaufsicht ausgeschlossen ist, kommt der umfassenden inhaltlichen Weisungsbefugnis ausschlaggebende Bedeutung für die sachlich-inhaltliche Legitimation zu. Diese wird in den Fällen der Aufgabenerfüllung im eigenen Wirkungskreis, in denen eine umfassende inhaltliche Weisungsbefugnis durch eine staatliche Fachaufsicht ausgeschlossen ist, durch eine der Ministerialverwaltung analoge innerkommunale Weisungsstruktur, an deren Spitze die direkt gewählte Vertretungskörperschaft oder regelmäßig der ebenfalls direkt gewählte Gemeindevorstand steht, gewährleistet.

Bei einer vollständigen Umgehung der ständigen Gemeindeorgane und der Ermittlung und Bewertung des Abwägungsmaterials seitens der Initiatoren fehlt es an einer solchen auf direkt legitimierte Organe rückführbaren Weisungsstruktur vollständig. Die direktlegitimierten ständigen Gemeindeorgane, Gemeinderat und Bürgermeister, sollen gerade nicht involviert werden. Auch den in ihrer Gesamtheit per Bürgerentscheid entscheidenden Bürgern, dem Legitimationssubjekt selbst, käme bei der hier geprüften Konstellation einer Ermittlung und Bewertung des Abwägungsmaterials seitens der Initiatoren keine inhaltliche Einflussnahmemöglichkeit zu. Es ist ihnen aufgrund ihrer insofern fehlenden Handlungsfähigkeit als Gesamtheit praktisch verwehrt, eine Überprüfung solcher Maßnahmen der Initiatoren vorzunehmen und inhaltlich Einfluss zu nehmen. Sie hätten die seitens der Initiatoren getroffenen Entscheidungen im Rahmen der Ermittlungs- und Bewertungsmaßnahmen der von ihnen vorzunehmenden eigentlichen Abwägung ungeprüft zugrunde zu legen.

(4) Ergebnis

Nach alledem bleibt festzuhalten, dass in dem hier zur Prüfung stehenden Fall einer durch die Initiatoren vorgenommenen Ermittlung und Bewertung des Abwägungsmaterials, als Vorbereitung einer dann von den per Bürgerentscheid entscheidenden Bürger vorzunehmenden eigentlichen Abwägung, die Betrachtung der für die sachlich-inhaltliche Legitimation entscheidenden Kriterien nur eine äußerst geringe Legitimationswirkung ergeben hat.

bbb. Personelle Legitimation

An personeller Legitimation fehlt es den Initiatoren eines Bürgerbegehrens vollständig.

Wie dargestellt, bezieht sich die personelle Komponente demokratischer Legitimation auf die Personen, die Staatsgewalt ausüben, und verlangt, dass diese ihre individuelle Entscheidungsberufung unmittelbar oder mittelbar in Form einer Legitimationskette auf das Volk als Legitimationssubjekt – hier das Gemeindevolk – zurückzuführen imstande sind, wobei dem legitimationsspendenden Akt eine auf die Anforderungen der wahrzunehmenden öffentlichen Funktion bezogene Eignungsprüfung in persönlicher und sachlicher Hinsicht vorauszugehen hat. Das zur Legitimationsvermittlung berechtigte Organ muss die die Individualität ausmachenden Merkmale des vorgesehenen Entscheidungsträgers hinreichend prüfen und bei seiner Entscheidung berücksichtigen können.

Im Hinblick auf die Initiatoren eines Bürgerbegehrens, welche für eine dem Bürgerbegehren zugrunde liegende Fragestellung und deren Begründung verantwortlich zeichnen, fehlt es an einem solchen legitimationsverschaffenden Akt individueller Bestellung. Es ist weder die Vermittlung personeller Legitimation ausgehend von der direkt gewählten Vertretungskörperschaft oder dem direkt gewählten Hauptverwaltungsbeamten der Gemeinde durch individuellen Ernennungsakt vorgesehen, wie dies für die innerhalb der Gemeindeverwaltung tätigen Amtswalter durchgängig der Fall ist, noch soll nach den gesetzlichen Bestimmungen der Kommunalverfassungen etwa eine unmittelbare individuelle Bestellung einzelner Initiatoren durch das Gemeindevolk erfolgen[276]. Vielmehr soll gerade

276 In der Unterzeichnung auch der in einem Bürgerbegehren regelmäßig zu erfolgenden Vertreterbenennung kann jedenfalls kein Akt der (zudem nur nachträglichen) Legitimationsverschaffung durch das Gemeindevolk im hier gemeinten Sinne verstanden werden. Die in den meisten Bundesländern normierte Pflicht zur „Vertreterbenennung" (besser Benennung von Vertrauenspersonen, vgl. etwa § 53 Abs. 1 S. 1 KomWO Ba-Wü) von regelmäßig bis zu drei Personen dient im Wesentlichen nur dem Ziel, dem mangels Rechtssubjektivität nicht rechtsfähigen Bürgerbegehren Handlungsfähigkeit zu verleihen, indem der Gemeinde die zur Verfahrensabwicklung erforderlichen Ansprechpartner benannt werden (vgl. dazu etwa Schliesky, DVBl. 1998, 169 (172). Diese „Vertretung" beschränkt sich also auf die Entgegennahme von Erklärungen zur verfahrensmäßigen Durchführung von Bürgerbegehren und Bürgerentscheid, berechtigt jedoch nicht dazu, selbständige inhaltliche Entscheidungen

jeder Person, aus eigener Initiative und unabhängig von einer Eignungsprüfung und Auswahlentscheidung demokratisch legitimierter Stellen, die Möglichkeit offenstehen, ein Bürgerbegehren zu initiieren[277].

cc. Bewertung des Legitimationsniveaus

Die nur geringe sachlich-inhaltliche Legitimation und vollständig fehlende personelle Legitimation haben zur Folge, dass bei einer Ermittlung und Bewertung des Abwägungsmaterials seitens der Initiatoren eines Bürgerbegehrens das erforderliche hinreichende Legitimationsniveau nicht gegeben wäre. Auch wenn man mit der hier vertretenen Auffassung nicht von der grundsätzlichen Unzulässigkeit des vollständigen Fehlens einer der beiden Legitimationskomponenten ausgeht, so kann von einer zulässigen Totalsubstitution, d.h. dem Erreichen eines hinreichenden Legitimationsniveaus trotz des vollständigen Fehlens einer der Legitimationskomponenten, jedenfalls nur dann gesprochen werden, wenn die fehlende Legitimationskomponente durch höchstmögliche Ausprägung der anderen Komponente ausgeglichen werden kann. Im vorliegenden Fall des vollständigen Fehlens personeller Legitimation würde dies eine vollständige Erfüllung sämtlicher Elemente sachlich-inhaltlicher Legitimation erfordern. Die ist wie oben geprüft nicht der Fall.

d. Ergebnis

Eine rechtliche Qualifikation der Ermittlung und Bewertung von Abwägungsmaterial durch die Initiatoren als hoheitliches „Handeln der Gemeinde“ würde einen

mit Wirkung für die Unterzeichnenden zu treffen (Fischer, NWVBl. 1995, 366 (368). Zudem muss überhaupt nur mindestens eine Vertrauensperson benannt werden, und es müssen diese zudem noch nicht einmal mit den die Vorlagefrage erarbeitenden Initiatoren übereinstimmen.

277 Eine zwar theoretisch denkbare Schaffung eines staatlichen Auswahlverfahrens nach Festlegung bestimmter Eignungskriterien zur Zulassung nur solcher Personen als Initiatoren, die sich in persönlicher und sachlicher Hinsicht auch für eine ordnungsgemäße Rechtsanwendung eignen (wie dies hier bei einer eigenständigen Ermittlung und Bewertung des Abwägungsmaterials erforderlich wäre), würde die die unmittelbare Demokratie kennzeichnende Unabhängigkeit von den staatlichen Repräsentativorganen unmöglich machen. Auch eine unmittelbare Wahl der Initiatoren durch das Gemeindevolk würde die Grenzen zwischen unmittelbarer und repräsentativer Demokratie verwischen. Es ist nicht Sinn unmittelbarer Demokratie, neben dem bereits bestehenden staatlichen Verwaltungsapparat einen weiteren (repräsentativen) durch „Bürgerbeamte“ aufzubauen.

Verstoß gegen das Demokratieprinzip bedeuten. Ein solches Verständnis aufgrund der bisherigen kommunalverfassungsrechtlichen Regelungen wäre also ebenso unzulässig wie eine ausdrückliche Regelung in den Gemeindeordnungen der Länder; weder de lege lata noch de lege ferenda können solchen Maßnahmen der Initiatoren Rechtswirkungen entsprechend den Handlungen der Gemeindeverwaltung zugesprochen werden. Das Handeln der Initiatoren ist somit ausschließlich dem gesellschaftlichen Bereich zuzuordnen.

2. *Ausnahmsweise Zulässigkeit der Ermittlung und Bewertung des Abwägungsmaterials im gesellschaftlichen Bereich? – Die Regelung des § 4b BauGB*

Steht somit fest, dass eine Ermittlung und Bewertung von Abwägungsmaterial seitens der Initiatoren eines Bürgerbegehrens lediglich ein Handeln Privater darstellen würde, bedarf es noch einer Untersuchung der Frage, ob nicht möglicherweise in der besonderen Vorschrift des § 4b BauGB, mit der die Möglichkeit einer Übertragung der Vorbereitung und Durchführung von Verfahrensschritten nach §§ 2a bis 4a BauGB an einen Dritten normiert wird, eine Ausnahme von der Aufgabenzuständigkeit und -verantwortung der Gemeinde erblickt werden kann, mit der Konsequenz einer Zulässigkeit der Ermittlung und Bewertung des Abwägungsmaterials seitens der Initiatoren trotz der grundsätzlichen Zuordnung deren Handelns ausschließlich zum gesellschaftlichen Bereich.

Insoweit ist jedoch dreierlei festzustellen:

Zum Ersten können an einen Privaten nur die in § 4b BauGB ausdrücklich genannten Verfahrensschritte übertragen werden; der Vorgang der Ermittlung und Bewertung des Abwägungsmaterials, wie er in der Verfahrensgrundnorm des § 2 Abs. 3 BauGB zum Ausdruck kommt, ist nicht in seiner Gesamtheit erfasst. Auch wenn den dort genannten Verfahrensschritten der §§ 2a bis 4a BauGB, insbesondere der Öffentlichkeits- und Behördenbeteiligung gemäß §§ 3, 4 BauGB, eine ganz wesentlichen Bedeutung für die Ermittlung und Bewertung des Abwägungsmaterials zukommt, weil die hier zu Beteiligenden Kenntnisse besitzen, ohne deren Weitergabe an die Gemeinde es dieser nicht möglich wäre, das Abwägungsmaterial ordnungsgemäß zu ermitteln und zu bewerten[278], sind durchaus noch weitere, nicht von §§ 3, 4 BauGB erfasste Maßnahmen zur Ermittlung und Bewertung

278 Das macht auch § 4a BauGB deutlich, durch welchen klargestellt wird, dass die Vorschriften der Öffentlichkeits- und Behördenbeteiligung insbesondere der vollständigen Ermittlung und zutreffenden Bewertung der von der Planung berührten Belange dienen.

des Abwägungsmaterials denkbar. Die Durchführung der Öffentlichkeits- und Behördenbeteiligung entbindet die Gemeinde nicht von der Verpflichtung, ggf. weitere eigene Ermittlungen und Bewertungen anzustellen. So hat sie beispielsweise auch all dasjenige in das näher zu betrachtende Abwägungsmaterial einzubeziehen, was sie selbst, etwa aufgrund von Ortsbesichtigungen, an abwägungserheblichen Aspekten sieht oder was ihr auf andere Weise bekannt gegeben wurde[279]. Ebenso hat sie etwa erforderlichenfalls neben den abgegebenen Einschätzungen der Träger öffentlicher Belange weitere sachverständige Informationen zur Bewertung der einzelnen Belange einzuholen. Indem also § 4b BauGB einzelne Verfahrensschritte explizit benennt, nicht aber auf § 2 Abs. 3 BauGB und damit auf sämtliche zur Ermittlung und Bewertung ggf. vorzunehmenden Maßnahmen verweist, wird schon deutlich, dass die Vornahme des gesamten Ermittlungs- und Bewertungsvorgangs seitens Privater nicht möglich sein soll.

Unabhängig davon ist zum Zweiten zu beachten, dass es sich bei der in § 4b BauGB vorgesehenen Möglichkeit einer Vorbereitung und Durchführung von Verfahrensschritten durch Private nach hier vertretener Auffassung lediglich um eine klarstellende Regelung der bereits nach zuvor geltender Rechtslage bestehenden Möglichkeit des Einsatzes von Verwaltungshelfern handelt[280]. Verwaltungshelfer werden nur als Erfüllungsgehilfen in eine öffentlich-rechtliche Aufgabe eingeschaltet, sie arbeiten nicht selbständig, sondern als „Werkzeug" der Behörde im Auftrag und nach Weisung derselben[281]. Bei einer solchen funktionalen Privatisierung, die auch ohne ausdrückliche Ermächtigung grundsätzlich möglich ist, bleibt es – anders als bei einer Aufgabenübertragung materieller Art[282] – bei der Aufgabenzuständigkeit und -verantwortung der Gemeinde[283], eine Veränderung in

279 Vgl. auch § 4a Abs. 6 BauGB, der belegt, dass es mit der Durchführung des Verfahrens nach den §§ 3, 4 BauGB allein nicht getan ist.

280 So auch So auch Krautzberger, UPR 2007, 407 (413f.); Battis, in: ders./Krautzberger/Löhr, BauGB, § 4b Rn. 1; Lüers, DVBl. 1998, 433 (444); Schrödter, in: Schrödter, BauGB, § 4b Rn. 3; Stollmann, WiVerw 2002, 126 (131); dens., NuR 1998, 578 (580); v. u. z. Franckenstein, UPR 2000, 289 (290); Wagner, BauR 1997, 709 (715); ausführlich zur Regelung des § 4 b BauGB, Schilling, Die Übertragung von Verfahrensschritten der Bauleitplanung auf private Dritte, S. 33 ff.; Schmidt-Eichstaedt, in: Ziekow, Bauplanungsrecht vor neuen Herausforderungen, S. 131 (132 ff.); siehe auch Borchert, Bauleitplanung durch Beliehene, S. 36 f. m.w.N. zum Meinungsstand in der rechtswissenschaftlichen Literatur.

281 v. u. z. Frankenstein, UPR 2000, 288 (289).

282 Sog. materielle Privatisierung.

283 Wagner, BauR 1997, 709 (715); Hoppe/Bleicher, NVwZ 1996, 421 (422); Hoffmann-Riem, in: ders./Schneider, Verfahrensprivatisierung im Umweltrecht, S. 9 (13).

der Kompetenzordnung erfolgt nicht[284]. Der Einsatz Privater lediglich als Verwaltungshelfer erfordert die strikte Beachtung, dass der private Dritte als „verlängerter Arm“ der Gemeinde auftritt, vollständig kontrolliert wird und nicht ungesteuert agiert[285]. Die hier in Frage stehende Ermittlung und Bewertung des Abwägungsmaterials seitens der Initiatoren eines Bürgerbegehrens „in eigener Regie“, d.h. aus eigenem Entschluss und unabhängig von Weisungen der Gemeinde, wäre demnach gerade nicht möglich[286].

Zum Dritten ändert sich an diesem Ergebnis sogar dann nichts, wenn man mit der Gegenauffassung[287] in der Regelung des § 4b BauGB auch eine Ermächtigung zur Übertragung hoheitlicher Befugnisse auf Private durch einen Akt der Beleihung erblicken wollte. Zwar handelt der Beliehene im Unterschied zum Verwaltungshelfer an sich gerade selbständig; um den Anforderungen des Demokratieprinzips zu genügen, wird aber auch hierbei – in verfassungskonformer Auslegung – verlangt, dass der Private durch eine an Kriterien der Fachkompetenz und persönlichen Zuverlässigkeit orientierten Auswahlentscheidung staatlicherseits bestimmt wird[288] und sogar der Verfahrensbeitrag des Privaten einer inhaltlichen Kontrolle in Form von effektiven Kontroll- und Interventionsmöglichkeiten der Gemeinde während des laufenden Bauleitplanverfahrens unterliegt[289]. Ein Handeln der privaten Initiatoren unabhängig von einer an Eignungskriterien

---

284 Krautzberger, in: Ernst/Zinkahn/Bielenberg, BauGB, § 4b Rn. 3.

285 Krautzberger, in: Ernst/Zinkahn/Bielenberg, BauGB, § 4b Rn. 29.

286 Zum zwingenden Verbleib der Verfahrensherrschaft bei der Gemeinde vgl. auch Schmidt-Eichstaedt, in: Ziekow, Bauplanungsrecht vor neuen Herausforderungen, S. 131 (131 f.); Stollmann, WiVerw 2000, 126 (132); Pietzcker, in: Hoffmann-Riem/Schneider, Verfahrensprivatisierung im Umweltrecht, S. 284 (305).

287 Seidel, Privater Sachverstand, S. 253; vgl. auch Reidt, NVwZ 1998, 592.

288 Seidel, Privater Sachverstand, S. 254 f.; vgl. auch Borchert, Bauleitplanung durch Beliehene, S. 96, 165 ff. und 247 f. Nach hier vertretener Auffassung sind es gerade auch die in § 4b BauGB fehlenden Regelungen zur nach bestimmten Eignungskriterien erfolgenden staatlichen Auswahlentscheidung bzw. Anerkennung des Privaten für die Erfüllung der Aufgabe, die gegen die Annahme eines Beleihungstatbestandes sprechen.

289 Seidel, Privater Sachverstand, S. 254. Verlangt man tatsächlich eine derart intensive Kontroll- und Interventionsmöglichkeit, die sogar erfordern soll, dass an mündlichen Erörterungsterminen zumindest ein Behördenvertreter anwesend ist, ist nicht mehr nachvollziehbar, wie dann noch ein für die Beleihung kennzeichnendes Agieren in eigener verwaltungsrechtlicher Kompetenz angenommen werden kann. Vgl. auch Borchert, Bauleitplanung durch Beliehene, S. 95, der zutreffend auf den Zusammenhang zwischen Einfluss- und Kontrollmöglichkeit des Handelns Privater durch die Gemeinde und der Abgrenzung zwischen Verwaltungshelfer und Beliehenem hinweist.

orientierten persönlichen Auswahlentscheidung seitens der Gemeinde kommt also auch nach dieser Auffassung nicht in Betracht.

Festzuhalten bleibt, dass auch durch die eine Einbeziehung Privater in gewissem Umfang zulassende Vorschrift des § 4b BauGB eine eigenständige Ermittlung und Bewertung des Abwägungsmaterials durch die privaten Initiatoren eines Bürgerbegehrens nicht ermöglicht wird.

3. *Ergebnis*

Eine Ermittlung und Bewertung des Abwägungsmaterials in Vorbereitung der eigentlichen Abwägung und Fassung des Satzungsbeschlusses seitens der Initiatoren eines Bürgerbegehrens wäre ausschließlich dem gesellschaftlichen Bereich zuzuordnen. Ein durch Bürgerentscheid gefasster Satzungs- bzw. Feststellungsbeschluss, welchem eine im rein gesellschaftlichen Bereich erarbeitete Beschlussvorlage zugrunde läge, würde, selbst wenn es den Initiatoren eines Bürgerbegehrens in tatsächlicher Hinsicht möglich sein sollte, alle abwägungserheblichen Belange zu ermitteln und zu bewerten, aufgrund der rechtlichen Unbeachtlichkeit dieser Handlungen schon einen Verstoß gegen § 2 Abs. 3 BauGB und damit den Abwägungsfehler des Ermittlungs- und Bewertungsausfalles bedeuten.

II. Abschließender Satzungs- bzw. Feststellungsbeschluss durch Bürgerentscheid nach ordnungsgemäßer Verfahrensdurchführung seitens der Gemeinde? – Das Problem der abschließenden Abwägung der Bürger anstelle des Gemeinderats

Nachdem eben festgestellt wurde, dass den (verfahrensmäßigen) Anforderungen des Abwägungsgebots nur genügt werden kann, wenn die der eigentlichen Abwägung vorgelagerte Ermittlung und Bewertung des Abwägungsmaterials hoheitlich seitens der Gemeinde, jedenfalls aber unter deren Verfahrensherrschaft erfolgt, stellt sich nun die weitere Frage, ob – unterstellt, diese Voraussetzungen wären erfüllt – ein durch Bürgerentscheid gefasster Satzungsbeschluss den (weiteren) Anforderungen des Abwägungsgebots gemäß § 1 Abs. 7 BauGB genügen könnte. Vorgestellt sei hier der Fall, dass den Bürgern nach Durchführung eines bis dorthin ordnungsgemäßen Verfahrens seitens der verfassten Gemeindeorgane[290] eine hier

290 Ggf. unter Mitwirkung eines in zulässiger Weise eingeschalteten Privaten, in der Regel eines privaten Planungsbüros.

erarbeitete Beschlussvorlage zur abschließenden Beschlussfassung durch Bürgerentscheid vorgelegt werden soll[291].

Wie bereits oben[292] dargestellt, wird als Hauptargument der herrschenden Meinung gegen die Zulässigkeit eines das Bauleitplanverfahren abschließenden Beschlusses durch Bürgerentscheid allgemein der Abwägungscharakter eines solchen Satzungs- bzw. Feststellungsbeschlusses vorgebracht, der einer Beantwortung mit „Ja“ oder „Nein“ nicht zugänglich sei, weshalb sich ein durch Bürgerentscheid beschlossener Bauleitplan als abwägungsfehlerhaft darstellen würde. Dagegen wird eingewandt, dass auch der Gemeinderat den abschließenden Beschluss auf der Grundlage einer Ja/Nein-Fragestellung fasse, weshalb es nicht einzusehen sei, warum eine Abstimmung hierüber durch den Gemeinderat grundsätzlich dem Abwägungsgebot entspreche, während dies bei einer Abstimmung durch Bürgerentscheid nicht der Fall sein solle.

In dieser konträren Argumentation deutet sich eine Problemstellung an, für die es sowohl im Hinblick auf das für die Lösung der vorliegenden Fragstellung zu findende Ergebnis als auch im Hinblick auf die dafür gegebene Begründung einer Differenzierung bedarf.

Eine Auseinandersetzung mit der in der Literatur vorgebrachten Argumentation sowie die Erarbeitung eines eigenen differenzierenden Lösungsansatzes im Hinblick auf die Frage, ob und inwieweit durch einen im Wege des Bürgerentscheids gefassten Satzungs- bzw. Feststellungsbeschluss den Anforderungen des Abwägungsgebots gemäß § 1 Abs. 7 BauGB genügt werden kann, erfordern zunächst einen Blick auf die im „normalen“ Bauleitplanverfahren im Rahmen des Satzungs- bzw. Feststellungsbeschlusses gängige Vorgehensweise und die dabei im Hinblick auf eine ordnungsgemäße Abwägung zu stellenden Anforderungen.

Die eigentliche – jedenfalls die umfassende und abschließende – planerische Abwägung (§ 1 Abs. 7 BauGB) findet statt, nachdem sämtliches Abwägungsmaterial ordnungsgemäß zusammengestellt ist, also am Ende des förmlichen Bauleitplanverfahrens. Dabei ist bezüglich der Zuständigkeit der abschließenden Abwägung geklärt, dass diese allein durch das für den Satzungs- bzw. Feststellungsbeschluss zuständige Organ[293] und damit regelmäßig durch den Gemeinderat

291 Umgekehrt würde damit die Schlussabstimmung dem Gemeinderat entzogen werden.

292 Teil 1, Kapitel 2.

293 Die Zuständigkeit für die Beschlussfassung hinsichtlich des abschließenden förmlichen Beschlusses (Satzungsbeschluss im Falle des Bebauungsplans und hier sog. Feststellungsbeschluss im Falle des Flächennutzungsplans) bestimmt sich nach Landesrecht. Regelmäßig wird dabei durch die Gemeindeordnungen der Länder der

zu erfolgen hat[294], da anderenfalls die Normsetzung präjudiziert wird. Die alleinige Zuständigkeit des Gemeinderats schließt es zwar anerkanntermaßen nicht aus, dass die Vorbereitung der eigentlichen Abwägung (regelmäßig durch Erstellung eines Abwägungsvorschlags[295]) insbesondere durch die Gemeindeverwaltung, durch Ausschüsse oder auch beauftragte Planungsbüros vorgenommen wird[296]. Trotz dieser möglichen Vorbereitung der abschließenden Abwägung außerhalb des Gemeinderats muss der Gemeinderat sich aber zwingend selbst abwägend mit allen[297] betroffenen Belangen auseinandersetzen[298]. Tut er dies nicht, indem

Gemeinderat für zuständig erklärt. Es gibt jedoch auch Ausnahmen. So wird bspw. durch die bayerische Gemeindeordnung auch ein beschließender Ausschuss für zuständig erklärt (vgl. Art. 32 Abs. 2 Nr. 2 BayGO).

294 Vgl. aus der Rechtsprechung OVG Berlin-Brandenburg, Urteil vom 10.12.2008 – 2 A 10.07 –, BauR 2009, 1697 (1699); OVG Münster, Urteil vom 14.08.2008 – 7 D 120/07.NE –, BauR 2008, 2014 (2019); OVG Sachsen, Urteil vom 25.10.2006 – 1 D 3/03 –, ZNER 2007, 255 (257); BVerwG, Urteil vom 19.09.2002 – 4 CN 1.02 –, DVBl. 2003, 204 (205); OVG Münster, Urteil vom 11.01.2001 – 7a D 148/98.NE –, juris Rn. 85 ff.; BVerwG, Urteil vom 25.11.1999 – 4 CN 12.98 –, BVerwGE 110, 118 (125 f.); VGH Mannheim, Beschluss vom 18.06.1999 – 8 S 2401/98 –, juris Rn. 15; OVG Schleswig, Urteil vom 07.05.1998 – 1 L 66/96 –, NVwZ-RR 2000, 10 (12); OVG Saarlouis, Urteil vom 28.10.1997 – 2 N 2/97 –, BRS 59 (1997), 69 (70); OVG Münster, Urteil vom 03.11.1997 – 10a D 181/96.NE –, juris Rn. 42; sowie aus der Literatur Wagner, NJW-Spezial 2008, 588 (588 f.); Meister, BauR 2003, 1835 (1837); Klatt, Der Bebauungsplan in der kommunalen Praxis, Rn. 219; Kuschnerus, Der sachgerechte Bebauungsplan, Rn. 714 f.

295 Gemeint ist hier also nicht die Vorbereitung der eigentlichen Abwägung durch Ermittlung und objektive Bewertung des Abwägungsmaterials, sondern einen Schritt weiter gehend wird bereits ein Vorschlag für die Vorgehensweise des Gemeinderats bei der eigentlichen Abwägung selbst gemacht.

296 Vgl. OVG Berlin-Brandenburg, Urteil vom 10.12.2008 – 2 A 10.07 –, BauR 2009, 1697 (1699); OVG Münster, Urteil vom 14. 08.2008 – 7 D 120/07.NE –, BauR 2008, 2014 (2019); OVG Sachsen, Urteil vom 25.10.2006 – 1 D 3/03 –, ZNER 2007, 255 (257); OVG Münster, Urteil vom 11.01.2001 – 7a D 148/98.NE –, juris Rn. 88 ff.; BVerwG, Urteil vom 25.11.1999 – 4 CN 12.98 –, BVerwGE 110, 118 (125); VGH Mannheim, Beschluss vom 18.06.1999 – 8 S 2401/98, juris Rn. 15; OVG Saarlouis, Urteil vom 28.10.1997 – 2 N 2/97 –, BRS 59 (1997), 69 (70 f.); OVG Münster, Urteil vom 03.11.1997 – 10a D 181/96.NE –, juris Rn. 42.

297 Grundvoraussetzung für die eigene Abwägung ist es freilich, dass dem Gemeinderat alle ermittelten Belange vollständig zur Kenntnis gegeben werden. Ansonsten läge bereits ein Ermittlungsausfall vor.

298 Vgl. dazu insbesondere OVG Berlin-Brandenburg, Urteil vom 10.12.2008 – 2 A 10.07 –, BauR 2009, 1697 (1699); OVG Münster, Urteil vom 14. 08.2008 – 7 D

er etwa eine ihm vorgelegte Beschlussvorlage samt dem in dieser enthaltenen Abwägungsvorschlag ohne Vornahme einer eigenen Abwägung schlicht „abnickt", läge ein Abwägungsausfall vor. Das in der Praxis gängige und von der Rechtsprechung grundsätzlich anerkannte Vorgehen bei der Abwägung stellt sich dabei regelmäßig so dar, dass von der Gemeindeverwaltung, von Ausschüssen oder beauftragten Privaten ein sogenannter „Abwägungsvorschlag" erarbeitet wird. Es handelt sich dabei um eine Beschlussvorlage, in der die vorgebrachten Anregungen, Stellungnahmen sowie sonstige sich als abwägungserheblich erweisenden Belange tabellarisch mit ihren Kernaussagen aufgelistet werden und ihnen jeweils Vorschläge des Erstellers gegenübergestellt werden[299]. In der Ratssitzung kann dann in einem ersten Beschluss darüber abgestimmt werden, ob der Rat nach eigener Abwägung dem Abwägungsvorschlag zustimmt, und wenn ja, in einem gleich darauffolgenden Beschluss der diesem Abwägungsvorschlag entsprechende Bauleitplan als Satzung beschlossen werden. Genauso wird aber – und dies dürfte der Regelfall sein – auch nur ein einziger Beschluss des Gemeinderats, dass der ihm zur Entscheidung vorgelegte Bauleitplan als Satzung bzw. Flächennutzungsplan beschlossen wird[300], grundsätzlich als den Anforderungen einer eigenen Abwägung genügend angesehen, da der Rat mit seinem „Ja" zum Plan zugleich deutlich macht, dass er sich die dieser Beschlussvorlage zugrunde liegenden Erwägungen, die regelmäßig in dem der Sitzungsvorlage beigefügten Abwägungsvorschlag und der dem Bebauungsplan beigefügten Begründung niedergelegt sind, nach eigener Abwägung zu eigen macht, wenn nicht ausdrücklich Abweichungen hiervon beschlossen werden[301].

120/07.NE –, BauR 2008, 2014 (2019); OVG Sachsen, Urteil vom 25.10.2006 – 1 D 3/03 –, ZNER 2007, 255 (257); OVG Münster, Urteil vom 11.01.2001 – 7a D 148/98.NE –, juris Rn. 90 und 93; BVerwG, Urteil vom 25.11.1999 – 4 CN 12.98 –, BVerwGE 110, 118 (125 f.); OVG Saarlouis, Urteil vom 28.10.1997 – 2 N 2/97 –, BRS 59 (1997), 69 (70 f.); OVG Münster, Urteil vom 03.11.1997 – 10a D 181/96.NE –, juris Rn. 42. Siehe auch Reidt, in: Gelzer/Bracher/Reidt, Bauplanungsrecht, Rn. 472 f., 747 f. und 811.

299 Vgl. insbesondere OVG Münster, Urteil vom 11.01.2001 – 7a D 148/98.NE –, juris Rn. 86; VGH Mannheim, Beschluss vom 18.06.1999 – 8 S 2401/98 –, juris Rn. 15; Klatt, Der Bebauungsplan in der kommunalen Praxis, Rn. 218; Kuschnerus, Der sachgerechte Bebauungsplan, Rn. 714; Reidt, in: Gelzer/Bracher/Reidt, Bauplanungsrecht, Rn. 748.

300 Ein eigenständiger förmlicher „Abwägungsbeschluss" ist bundesrechtlich nicht vorgesehen.

301 Vgl. insbesondere OVG Münster, Urteil vom 11.01.2001 – 7a D 148/98.NE –, juris Rn. 88 und 93; OVG Saarlouis, Urteil vom 28.10.1997 – 2 N 2/97 –, BRS 59 (1997),

Im Hinblick auf die oben dargestellten Argumente der Literatur kann danach Folgendes festgestellt werden: Der Argumentation der herrschenden Meinung, der Satzungs- bzw. Feststellungsbeschluss enthalte eine Abwägungsentscheidung, muss der Einwand der Ungenauigkeit entgegengehalten werden, da die eigentliche, abschließende Abwägung sämtlicher Belange bereits vor dem abschließenden Satzungs- bzw. Feststellungsbeschluss vorgenommen wird, durch welchen dann das bei der Abwägung bereits gefundene Ergebnis, welches unmittelbar in einen bestimmten Planinhalt mündet, aufgrund Mehrheitsentscheidung als Bauleitplan (nach Ausfertigung und Bekanntgabe) Rechtswirksamkeit erlangt. Richtig ist jedoch, dass, obwohl die eigentliche planerische Abwägung dem Satzungsbeschluss bei genauer Betrachtung zeitlich vorangeht, sich der als Satzung beschlossene konkrete Bebauungsplan bzw. der als Plan sui generis beschlossene Flächennutzungsplan in seinem Inhalt als Ergebnis einer eigens durch das zuständige Beschlussorgan vorgenommenen Abwägung darstellen muss. Genau aus diesem Grund greift das Argument der Gegenauffassung, auch der Gemeinderat beschließe auf der Grundlage einer Ja/Nein-Fragestellung, auch zu kurz. Denn es stellt sich hier gerade die Frage, ob auch bei einer Entscheidung per Bürgerentscheid angenommen werden kann, dass sich die Bürger mit ihrem „Ja“ zum Plan die der Beschlussvorlage zugrunde liegenden Erwägungen nach eigener Abwägung zu eigen machen, wie dies bei der Entscheidung des Gemeinderats anerkannt ist. Es bedarf folgender Differenzierung:

1. Abschließende Abwägung und Satzungs- bzw. Feststellungsbeschluss betreffend die Erstellung, Änderung und Ergänzung eines Bauleitplans

Für den Fall, dass eine abschließende Abwägung seitens des Gemeinderats noch nicht stattgefunden hat, gilt es also zu prüfen, ob es den anstelle des Gemeinderats einen Satzungs- bzw. Feststellungsbeschluss per Bürgerentscheid fassenden Bürgern rechtlich überhaupt möglich ist, die dem abschließenden Beschluss unmittelbar vorangehende, zwingend erforderliche eigene Abwägung vorzunehmen. Nur wenn dies der Fall sein sollte, könnte auch angenommen werden, dass sich die Bürger – genau wie dies bei der abschließenden Entscheidung des Gemeinderats anerkannt ist – durch ein mehrheitliches „Ja“ zum Plan die dem Planentwurf beigefügten Erwägungen *nach eigener Abwägung* zu eigen machen und so dem Abwägungsgebot genügt werden kann.

---

69 (70 f.); OVG Münster, Urteil vom 03.11.1997 – 10a D 181/96.NE –, juris Rn. 41 f.; Reidt, in: Gelzer/Bracher/Reidt, Bauplanungsrecht, Rn. 748; Kuschnerus, Der sachgerechte Bebauungsplan, Rn. 715.

Grundvoraussetzung für eine abschließende und umfassende Abwägung sämtlicher abwägungserheblicher Belange ist zunächst stets, dass dem für die Abwägung zuständigen Organ sämtliche abwägungserheblichen Belange vollständig[302] bekannt gegeben sind, und nicht nur diejenigen Erwägungen, die den Beschlussvorschlag tragen. Insoweit wäre es noch möglich, den durch Bürgerentscheid entscheidenden Bürgern sämtliches für die eigentliche Abwägung erforderliche Material ausreichend zur Kenntnis zu geben. Ein Unterschied zu den sonst zuständigen Gemeinderatsmitgliedern besteht im Hinblick auf diese Grundvoraussetzung nicht[303].

Ganz anders verhält es sich jedoch im Hinblick auf die Vornahme der eigentlichen planerischen Abwägung, wenn es – wie in dieser Fallvariante[304] – um einen Beschluss zur Erstellung, Änderung oder Ergänzung eines Bauleitplans geht. Der entscheidende Unterschied zur Entscheidungssituation des Gemeinderats liegt darin begründet, dass es den im Wege des Bürgerentscheids abstimmenden Bürgern rechtlich verwehrt ist, von dem Abwägungsvorschlag der Verwaltung abzuweichen und demnach ggf. korrigierend in den Planinhalt einzugreifen, weshalb – um das Ergebnis vorwegzunehmen – dem Erfordernis der eigentlichen planerischen Abwägung durch das zuständige Organ keinesfalls genügt werden könnte. Während die Gemeinderatsmitglieder im Rahmen der rechtlichen Grenzen zumindest die Möglichkeit haben, nach eigener Abwägung, insbesondere aufgrund anderer Gewichtung der betroffenen Belange in ihrem Verhältnis zueinander aus politischer Sicht, Änderungen des Planinhalts zu verlangen, können die abstimmenden Bürger sich zwar ebenfalls mit den dargelegten Belangen abwägend beschäftigen, die Wahl ihrer Entscheidung bleibt aber auf die Alternativen der vollständigen Zustimmung oder Ablehnung bezüglich des konkreten Planentwurfs und des diesem zugrunde liegenden Abwägungsvorschlags beschränkt. Von einer eigenen planerischen

302 Werden bereits die von der Verwaltung ermittelten Belange dem für die Abwägung zuständigen Organ nicht ausreichend zur Kenntnis gegeben, läge schon ein Ermittlungsdefizit vor. Klatt, Der Bebauungsplan in der kommunalen Praxis, Rn. 202, weist hier richtigerweise darauf hin, dass an dieser Stelle zur Vermeidung von Abwägungsfehlern mit den von der Verwaltung oder privaten Planungsbüros erarbeiteten Abwägungsvorschlägen die vorgetragenen Anregungen oder Bedenken sogar im Wortlaut selbst dargelegt werden sollten, jedenfalls aber nicht gefiltert und zensiert vorgelegt werden dürfen.

303 Auch bei diesen kann nicht mit letzter Sicherheit davon ausgegangen werden, dass sie die bekanntgegebenen Materialien auch tatsächlich verinnerlichen.

304 Zum Sonderfall einer Beschlussfassung über die isolierte Aufhebung eines Bauleitplans siehe unten Teil 1, Kapitel 3, A., II., 2.

Abwägung, die diesen Namen verdient, kann bei den ausschließlich zur Verfügung stehenden Entscheidungsalternativen vollständiger Zustimmung oder vollständiger Ablehnung und damit dem Fehlen einer Möglichkeit, wenn auch nur kleine inhaltliche Änderungen zu verlangen, nicht gesprochen werden. Im Gegensatz zur bloßen Abwägung von Gründen und Gegengründen im Hinblick auf ein in Frage gestelltes, bereits abschließend konkret benennbares Ergebnis, bei der es nur um die Entscheidung der Frage des „Ob“ geht, ist die rechtsstaatlich planerische Abwägung bei der Erstellung, Änderung oder Ergänzung eines Bauleitplans von inhaltlicher Ergebnisoffenheit geprägt. Im Rahmen der schöpferischen Tätigkeit, welche die Erstellung eines Bebauungsplans darstellt (eben Planung), ist dem Abwägen als solches in seiner Verbindung mit dem Planen („planspezifisches Abwägen“) eigen, dass es gestaltende Funktion hat bzw. untrennbar mit der Gestaltungstätigkeit verbunden ist. Denn die Frage, wie einem Ausgleich der verschiedenen zueinander ins Verhältnis zu setzenden Belange am besten gerecht zu werden ist, kann je nach Abwägung des Entscheidungsträgers, die stark von subjektiven Wertungen bestimmt ist, in unzähligen Möglichkeiten der Detailgestaltung ihren Ausdruck finden. So muss etwa im Hinblick auf die Auswahl der Festsetzungen entschieden werden, welchen abwägungserheblichen Belangen auf welche Weise Rechnung getragen werden soll. Weiter müssen ggf. Konfliktlösungen und Kompromisse im Hinblick auf die Bedeutung der verschiedenen Belange zueinander gefunden werden, und bei der räumlichen Anordnung der Festsetzungen ist zu überlegen, wie dem Gewicht der Belange am besten gerecht zu werden ist. So kann ein Konflikt von unverträglichen Festsetzungen nebeneinander, auf welche beide nicht verzichtet werden soll oder kann, beispielsweise durch die Festsetzung von Schutzmaßnahmen in dem Plan gelöst werden. Nicht zuletzt kann es auch der Überlegung bedürfen, ob der Bedeutung eines gewichtigen Belangs durch einen Ausgleich in Gestalt geeigneter Darstellungen und Festsetzungen Rechnung getragen werden kann. Sollte es nicht möglich sein, sämtlichen abwägungserheblichen Belangen gleichermaßen gerecht zu werden, bedarf es der Entscheidung, von welcher Festsetzung bzw. deren Anordnung an einer bestimmten Stelle im Plangebiet gänzlich abgesehen wird, und – damit regelmäßig einhergehend – auch der Entscheidung über den Vorzug und die Zurücksetzung bestimmter Belange.

Es kann also festgehalten werden, dass das schöpferische Gestalten bei der Planerstellung genauso zur eigentlichen Abwägung gehört wie die Entscheidung für die Bevorzugung bestimmter und die vollständige Zurücksetzung anderer Belange, welche bei jeder Abwägung, also auch bei einer solchen, bei der es zulässigerweise nur um die Entscheidung zwischen zwei Alternativen und so um die Frage des Abwägens von Gründen und Gegengründen geht, vorgenommen wird.

Gleichzeitig dürfte aus den vorherstehenden Ausführungen Folgendes deutlich geworden sein: Wird ein durch ein bloßes „Ja“ des Gemeinderats zur vorgelegten Beschlussvorlage gefasster Satzungsbeschluss als den Anforderungen des Abwägungsgebots genügend angesehen, so liegt das daran, dass hier vermutet werden kann, der Gemeinderat mache sich durch sein „Ja“ den von der Gemeindeverwaltung vorgelegten Planentwurf samt zugrundeliegenden Abwägungsvorschlag nach eigener Abwägung zu eigen, wenn er keine Abweichungen beschlossen hat bzw. solche verlangt und deshalb den Planentwurf zur erneuten Ausarbeitung und ggf. erneuten Auslegung an die Verwaltung zurückgibt. Genau diese Möglichkeit des Gemeinderats, ein von dem Abwägungsvorschlag inhaltlich abweichendes Ergebnis eigener Abwägung zum Ausdruck zu bringen, ist den entscheidenden Bürgern aber verwehrt, weshalb ein durch mehrheitliches „Ja“ im Wege des Bürgerentscheids gefasster Satzungsbeschluss über einen Bauleitplan dem Erfordernis einer eigenen planerischen Abwägung des zuständigen Beschlussorgans nicht genügen könnte und so an dem Abwägungsfehler des vollständigen Abwägungsausfalls leiden würde. Obwohl sich also das Geschehen bei der Entscheidung durch Bürgerentscheid rein äußerlich betrachtet oftmals nicht von dem der Entscheidung durch den Gemeinderat unterscheidet, muss der so argumentierenden, oben dargestellten Mindermeinung entgegengehalten werden, dass es die fehlende rechtliche Möglichkeit einer eigenen planerischen Abwägung seitens der entscheidenden Bürger ist, die hier der Zulässigkeit des Bürgerentscheids über einen Satzungsbeschluss hinsichtlich der Erstellung, Änderung oder Aufhebung eines Bauleitplans entgegensteht.

2. *Abschließende Abwägung und Satzungs- bzw. Feststellungsbeschluss betreffend die Aufhebung eines Bauleitplans – Sonderfall: Isolierte Aufhebung eines Bauleitplans*

Anders lässt sich die rechtliche Situation im Hinblick auf die Einhaltung der Anforderungen des Abwägungsgebots aber im Falle der isolierten Aufhebung eines konkreten Bauleitplans[305] beurteilen. Für diesen Fall ist der oben dargestellten

305 Von einer isolierten Aufhebung wird gesprochen, wenn es in einem Bauleitplanverfahren ausschließlich um die Aufhebung eines Bauleitplans geht, ohne dass für das betreffende Gebiet gleichzeitig ein neuer Plan erstellt werden soll, was rechtlich als Änderung des ursprünglichen Plans zu qualifizieren wäre. Angesichts der ansonsten sich stellenden Problematik einer Beeinflussung der planerischen Gesamtkonzeption kann es sich bei der isolierten Planaufhebung regelmäßig nur um die Aufhebung eines Bebauungsplans für ein kleines planerisches Gebiet handeln, insbesondere eines solchen Bebauungsplans, welcher der Durchsetzung eines bestimmten Vorhabens zu dienen bestimmt war.

Mindermeinung jedenfalls im Ergebnis zuzustimmen, da sich ein mehrheitliches „Ja“ der Bürger zu einer Beschlussvorlage über die isolierte Aufhebung eines konkreten Bauleitplans tatsächlich nicht von einer dementsprechenden Beschlussfassung des Gemeinderats unterscheidet. Werden den Bürgern sämtliche abwägungserheblichen Belange ausreichend zur Kenntnis gegeben, können auch diese nach eigener Abwägung eine Entscheidung für oder gegen die Aufhebung treffen.

Im Einzelnen: Auch bei der isolierten Aufhebung eines Bauleitplans gelten die Anforderungen des Abwägungsgebots, vgl. § 1 Abs. 8 BauGB i.V.m. § 1 Abs. 7 BauGB. Dies bedeutete also, dass es für die Aufhebung eines Bauleitplans – grundsätzlich genau wie bei der Erstellung, Änderung oder Ergänzung eines solchen – zwingend einer abschließenden Abwägung sämtlicher betroffener Belange durch das zuständige Beschlussorgan[306] bedürfte. Der Unterschied bei der abschließenden Abwägung hinsichtlich der isolierten Aufhebung eines Bauleitplans ergibt sich aber daraus, dass sich die Abwägung nicht auf die inhaltliche Gestaltung eines Plans auswirkt, sondern es vielmehr nur darum geht, die für und gegen eine Planaufhebung sprechenden Belange gegeneinander und untereinander abzuwägen. Anders als die planerische Abwägung im Rahmen der Planerstellung, welche durch eine inhaltliche Ergebnisoffenheit geprägt ist und hauptsächlich[307] dazu dient, eine Entscheidung über das „Wie“ des Planinhalts als gerechten Ausgleich zu finden, geht es bei der isolierten Aufhebung eines Bauleitplans darum, anhand einer Abwägung der für und wider sprechenden Argumente eine Entscheidung über das „Ob“ der ins Auge gefassten Aufhebung zu treffen. Im Gegensatz zur planerischen Abwägung bei der Erstellung, Änderung oder Ergänzung eines Bauleitplans geht es bei der isolierten Planaufhebung also letztlich um das bloße Abwägen von eindimensionalen, d.h. nur auf diese binäre Entscheidung bezogenen Gründen und Gegengründen. Deshalb ist es auch den Bürgern mit ihrer auf Zustimmung oder Ablehnung beschränkten Entscheidungsfreiheit grundsätzlich möglich, unter Berücksichtigung sämtlicher für und gegen die Aufhebung sprechender Belange eine eigenständige Abwägung vorzunehmen und ihr dabei gefundenes Ergebnis durch ihre Abstimmung zum Ausdruck zu bringen.

Wird also im Rahmen eines Bauleitplanverfahrens zur isolierten Aufhebung eines Bauleitplans nach ordnungsgemäßer Ermittlung und objektiver Bewertung sämtlicher abwägungserheblicher Belange unter vollständiger Darlegung derselben durch die Gemeindeverwaltung ein Abwägungsvorschlag in Form

---

306 Gemeinderat oder eben an dessen Stelle tretende Stimmbürgerschaft.

307 „hauptsächlich“ deshalb, weil selbstverständlich auch die Möglichkeit der Nichtdurchführung der Planung, die sog. Nullvariante, in Betracht gezogen werden muss.

einer Beschlussvorlage zur isolierten Aufhebung eines konkreten Plans zur abschließenden Entscheidung gestellt, können die Bürger – genau wie der Gemeinderat auch – eine eigene Abwägungsentscheidung treffen, indem sie sich unter Vorziehen oder Zurückstellen der jeweils für oder gegen eine Aufhebung sprechenden Belange für oder gegen die Aufhebung entscheiden. Anders als im oben dargestellten Fall der abschließenden Beschlussfassung über die Erstellung, Änderung oder Ergänzung eines Bauleitplans kann hier also davon ausgegangen werden, dass sich die Bürger mit ihrem „Ja" zu der Beschlussvorlage hinsichtlich der isolierten Aufhebung eines Bauleitplans die dieser Vorlage zugrunde liegenden Erwägungen nach eigener Abwägung zu eigen machen.

Abschließende Abwägung und Satzungs- bzw. Feststellungsbeschluss betreffend die Aufhebung eines Bauleitplans können also auch durch die per Bürgerentscheid entscheidende Stimmbürgerschaft vorgenommen werden[308].

III. Satzungs- bzw. Feststellungsbeschluss im Wege des Bürgerentscheids nach vollständiger Abwägung seitens des Gemeinderats im Sinne einer Sanktionierung des durch den Gemeinderat gefundenen Abwägungsergebnisses

Zuletzt stellt sich noch die Frage der Vereinbarkeit eines durch Bürgerentscheid gefassten Satzungs- bzw. Feststellungsbeschluss mit dem Abwägungsgebot für

308 Auch das Innenministerium Baden-Württembergs geht im Ergebnis davon aus, dass die Aufhebung eines Bauleitplans einem Bürgerentscheid zugänglich ist, vgl. die Stellungnahme vom 22.11.2005, BW Woche 2005, Nr. 27, S. 12. Die Begründung für die Bürgerentscheidsfähigkeit ist jedoch – insbesondere mit Blick auf § 1 Abs. 8 BauGB i.V.m. §§ 1 Abs. 7, 2 Abs. 3 BauGB – zumindest missverständlich, da das Ministerium ohne nähere Ausführungen schlicht darauf hinweist, dass hier „keine Abwägungen im Sinne des förmlichen Verfahrens nach dem Baugesetzbuch erforderlich sind". Nach wohl überwiegender Auffassung in Rechtsprechung und Literatur wird dagegen eine Bürgerentscheidsfähigkeit auch der Aufhebung von Bauleitplänen abgelehnt; vgl. VG Augsburg, Urteil vom 18.06.1997 – Au 5 K 96/1065 –, VwRR BY 1997, 321 (322); Finkelnburg, in: Battis/Söfker/Stüer, FS für Krautzberger, S. 11 (16); Kautz, BayVBl. 2005, 193 (200); Thum, KommPrax BY 1998, 411 (412 f.); Metzner, KommPrax BY 1998, 163 (164). Außer einem gelegentlich zu findenden kurzen Hinweis auf § 1 Abs. 8 BauGB (vgl. etwa VG Augsburg, Urteil vom 18.06.1997 – Au 5 K 96/1065 –, VwRR BY 1997, 321 (322): „Gleiches [wie für den Erlass] muss für die Aufhebung eines Bebauungsplans gelten" oder Kautz, BayVBl. 2005, 193 (200): „... für die Aufhebung eines geltenden Bauleitplans gilt dasselbe, da auch diese eine Abwägungsentscheidung darstellt.") bleibt aber auch eine nähere Begründung für diese Auffassung regelmäßig aus.

den Fall, dass der zuständige Gemeinderat bereits selbst eine ordnungsgemäße eigene Abwägung sämtlicher Belange vorgenommen hat und sich somit der den Bürgern zur Abstimmung durch Bürgerentscheid vorgelegte Planentwurf bereits als Ergebnis der eigenen Abwägung des zuständigen Organs darstellt, welches seitens der Bürger lediglich sanktioniert werden soll.

Insoweit ist zunächst festzustellen, dass ein ordnungsgemäßer Abwägungsvorgang durch das zuständige Organ stattgefunden hat. Es geht nunmehr nur noch um die Frage, ob der unter Berücksichtigung sämtlicher betroffener Belange ordnungsgemäß abgewogene Plan als Satzung bzw. Plan sui generis zustande kommt oder vollständig verworfen wird.

Wenn auch eine klare Trennung zwischen der eigentlichen Abwägung und dem abschließenden Beschluss über den Bauleitplan praktisch schwer vorgenommen werden kann, stellt der Satzungs- bzw. Feststellungsbeschluss seinem rechtlichen Charakter nach eben gerade keine Abwägungsentscheidung dar[309]; vielmehr geht es bei dem förmlichen Beschluss lediglich um eine demokratische Feststellung der Mehrheitsmeinung. Grundsätzlich könnte man deshalb annehmen, dass ein Konflikt mit dem Abwägungsgebot von vorneherein ausgeschlossen ist, wenn die Bürger lediglich den formalen Satzungs- bzw. Feststellungsbeschluss als solchen fassen, nachdem der konkrete Inhalt des Plans durch eine ordnungsgemäße Abwägung seitens des zuständigen Gemeindeorgans gesichert ist.

Angezweifelt werden könnte dieses Ergebnis nur insofern, als sich die Frage stellt, ob die abschließende Abwägung mit dem Satzungs- bzw. Feststellungsbeschluss derart eng verbunden ist, dass der zwischen der Entscheidung der Bürger und der abschließenden Abwägungsentscheidung des Gemeinderats möglicherweise länger andauernde Zeitraum mit Blick auf § 214 Abs. 3 BauGB oder etwa die Verschiedenheit der hier entscheidenden Personen einer solchen Sanktionierung durch Bürgerentscheid entgegenstünde.

Wie gleich zu zeigen sein wird, erweisen sich diese Zweifel jedoch als unbegründet. Weder aus dem Gesetz noch aufgrund sonstiger Erwägungen ergeben sich Anhaltspunkte für eine derartig enge Verbindung zwischen Abwägungsentscheidung und Satzungsbeschluss, die einem Satzungsbeschluss durch Bürgerentscheid in der hier besprochenen Konstellation im Hinblick auf die Anforderungen des Abwägungsgebots entgegenstehen könnten.

---

309 Siehe schon oben Teil 1, Kapitel 3, A., II.

1. Das zeitliche Auseinanderfallen von Abwägungsentscheidung und abschließender Beschlussfassung über den Bauleitplan mit Blick auf § 214 Abs. 3 BauGB

Betreffend die eben aufgeworfene Problematik des möglicherweise lange andauernden Zeitraums zwischen abschließender Abwägung seitens des Gemeinderats und Abstimmung über den Satzungs- bzw. Feststellungsbeschluss durch Bürgerentscheid kann ein solcher Anhaltspunkt entgegen dem ersten Anschein insbesondere nicht der Vorschrift des § 214 Abs. 3 S. 1 BauGB entnommen werden.

Durch die Bestimmung des § 214 Abs. 3 S. 1 BauGB, wonach für die Abwägung die Sach- und Rechtslage im Zeitpunkt der Beschlussfassung über den Flächennutzungsplan oder die Satzung maßgebend ist, wird lediglich bestimmt, dass nach diesem Zeitpunkt eintretende Änderungen der Sach- oder Rechtslage die ursprüngliche Abwägungsentscheidung nicht mehr in Frage stellen können; sie stellt damit eine Planerhaltungsvorschrift dar. Es kann dieser Vorschrift dagegen nicht entnommen werden, dass die abschließende Abwägung und der Satzungsbeschluss bzw. Beschluss über den Flächennutzungsplan in unmittelbarem zeitlichen Zusammenhang miteinander stehen müssten.

Zudem können möglicherweise entstehende Komplikationen einer erforderlich werdenden erneuten Abwägung und Änderung des Planinhalts, resultierend aus der Pflicht zur Berücksichtigung sich ergebender Änderungen der Sach- und Rechtslage vor dem Zeitpunkt des Satzungs- bzw. Feststellungsbeschlusses, nicht dazu führen, einen Satzungs- bzw. Feststellungsbeschluss durch Bürgerentscheid allgemein für unzulässig zu halten[310]. Es ist zwar nicht zu übersehen, dass sich der Fall einer Änderung der Sach- oder Rechtslage zwischen abschließender Abwägung und Beschluss über den Bauleitplan bei einem durch Bürgerentscheid zu fassenden Beschluss wesentlich problematischer darstellt als bei einem Beschluss durch den Gemeinderat im normalen Bauleitplanverfahren. Denn im „normalen" Bauleitplanverfahren geht die abschließende Abwägung dem Satzungs- bzw. Feststellungsbeschluss regelmäßig zeitlich betrachtet unmittelbar voran (d.h. innerhalb einer Ratssitzung), so dass sich das Problem einer dazwischen liegenden Änderung der Sach- oder Rechtslage nicht stellt. Sollte doch einmal der Satzungsbeschluss in einer später anberaumten weiteren Ratssitzung erfolgen, wäre es dem

310 So auch Kautz, BayVBl 2005, 193 (200), der anmerkt, eine im Hinblick auf die Bestimmung des § 214 Abs. 3 BauGB gezogenen Schlussfolgerung dahingehend, der Satzungsbeschluss könne in keinem Fall durch Bürgerentscheid erfolgen, hieße „das Kind mit dem Bade auszuschütten".

Gemeinderat zudem möglich, die geänderten Umstände zu berücksichtigen und in Reaktion hierauf eine nach erneuter Abwägung ggf. erforderlich werdende Planänderung einzuleiten, was bei einer Entscheidung per Bürgerentscheid aufgrund der gewissen Vorlaufzeit, während deren die Fragestellung und damit der Planinhalt nicht mehr geändert werden können[311], nicht möglich ist. Ausschlaggebend ist jedoch, dass eine Änderung der Sach- oder Rechtslage in dem Zeitraum zwischen der abschließenden Abwägung durch den Gemeinderat und der Beschlussfassung über den Bauleitplan durch Bürgerentscheid einen selten auftretenden Ausnahmefall darstellt, und außerdem, dass – sollte dieser Fall tatsächlich eintreten und ein abwägungsfehlerhafter Bauleitplan beschlossen werden – dieser aufgrund der Bindung der Gemeinde an Recht und Gesetz (Art. 20 Abs. 3 GG) nicht in Kraft treten dürfte[312,313].

Nach alledem kann festgehalten werden, dass im Hinblick auf die Bestimmung des § 214 Abs. 3 BauGB einem Satzungsbeschluss durch Bürgerentscheid nichts entgegensteht. Es trifft diese Vorschrift weder selbst eine Aussage zu dem zeitlichen Verhältnis von abschließender Abwägung und Beschlussfassung über den

---

311 Die Fragestellung des Rats- oder Bürgerbegehrens muss mit der Fragestellung des Bürgerentscheids grundsätzlich vollständig übereinstimmen und darf zwischenzeitlich nicht geändert werden.

312 Geht man von einem (in den jeweiligen Kommunalverfassungen geregelten) Beanstandungsrecht des Bürgermeisters auch im Falle des Bürgerentscheids aus (eine Übersicht zum Meinungsstand findet sich bei Kautz, BayVBl. 2005, 193 (195 Anm. 26)), so könnte der Bürgerentscheid seine gemeindeintern verbindliche Wirkung durch eine Beanstandung des Bürgermeisters verlieren. Anderenfalls müsste die Gemeinde ihrer Gesetzesbindung im Wege einer Beanstandung durch die Rechtsaufsichtsbehörde gerecht werden. Jedenfalls sinnvoll wäre aber die Einführung einer der etwa in Bayern geltenden Regelung des Art. 18a Abs. 13 BayGO entsprechenden Bestimmung auch in den übrigen Bundesländern. Durch diese wird eine Abänderung des Bürgerentscheids – entgegen der grundsätzlichen Bindungswirkung von einem Jahr – immer dann ermöglicht, wenn sich die dem Bürgerentscheid zugrunde liegende Sach- und Rechtslage wesentlich geändert hat.

313 Vor ein vergleichbares Problem ist die Gemeinde übrigens auch im „normalen" Bauleitplanverfahren gestellt, wenn der Bauleitplan aufgrund einer Änderung der Sach- oder Rechtslage nach Beschlussfassung sich im Hinblick auf die übrigen gesetzlichen Rechtmäßigkeitsanforderungen nunmehr als rechtswidrig darstellt. So etwa, wenn nach Beschlussfassung über einen Bauleitplan ein Ziel der Raumordnung, welches eine Anpassungspflicht begründet (§ 1 Abs. 4 BauGB), rechtswirksam wird, vgl. BVerwG, Beschluss vom 14.05.2007 – 4 BN 8.07 –, NVwZ 2007, 953. § 214 Abs. 3 BauGB gilt insoweit nicht. Auch in einem solchen Fall muss die Gemeinde also von einer Bekanntmachung des konkreten Plans absehen.

Bauleitplan, noch kann im Hinblick auf die hier getroffene Bestimmung der Maßgeblichkeit des Zeitpunkts der Beschlussfassung über den Bauleitplan für die Abwägung und die sich im Ausnahmefall einer Änderung der Sach- oder Rechtslage zwischen abschließender Abwägung seitens des Gemeinderats und Beschlussfassung durch Bürgerentscheid möglicherweise ergebenden Komplikationen eine grundsätzliche Unzulässigkeit von Bürgerentscheiden über den Satzungs- bzw. Feststellungsbeschluss angenommen werden.

2. *Die Subjektsverschiedenheit bei abschließender Abwägungsentscheidung und Satzungs- bzw. Feststellungsbeschluss*

Auch die weiter als problematisch in Frage gestellte Verschiedenheit der über die eigentliche Abwägung einerseits und den Satzungs- bzw. Feststellungsbeschluss andererseits zu Entscheidung berufenen Subjekte erweist sich auf den zweiten Blick im Hinblick auf die durch das Abwägungsgebot gestellten Anforderungen als unproblematisch.

Obwohl einem Bürgerentscheid die Wirkung eines Gemeinderatsbeschlusses zukommt, kann zwar nicht außer Betracht gelassen werden, dass hinter dem Gemeinderat als Organ der Gemeinde und den im Rahmen des Bürgerentscheids entscheidenden Bürgern verschiedene zur Entscheidung berufene Individuen stehen. Ein Satzungsbeschluss durch Bürgerentscheid in der vorliegenden Fallvariante würde also bedeuten, dass die Abwägung und der Satzungsbeschluss durch verschiedenen Personen vorgenommen würden, weshalb nicht gewährleistet wäre, dass die Abwägungsentscheidung und der Satzungs- bzw. Feststellungsbeschluss unter Berücksichtigung sämtlich gleicher Kriterien erfolgen.

Im Hinblick auf die Einhaltung der Anforderungen des Abwägungsgebots ist dies jedoch unerheblich. Wie an anderer Stelle[314] bereits ausgeführt, stellt der Satzungsbeschluss selbst keine Abwägungsentscheidung dar. Er muss sich lediglich in seinem Inhalt als Ergebnis einer ordnungsgemäßen Abwägung darstellen. Diese Voraussetzung wäre aber erfüllt, selbst wenn für die zur Entscheidung berufenen Bürger andere Erwägungen maßgeblich gewesen sein sollten als diejenigen, die aufgrund der Abwägung des Gemeinderats den Planinhalt in seiner konkreten Gestalt tragen. Denn stimmen die Bürger mehrheitlich mit „Ja“ (aus welchen Gründen auch immer), kommt ein Bauleitplan zustande, dem eine ordnungsgemäße Abwägung zugrunde liegt[315]. Stimmen sie mit „Nein“, kommt überhaupt kein

314 Oben Teil 1, Kapitel 3, A., II.

315 In der hiesigen Fallvariante hat ja der zuständige Gemeinderat bereits eine ordnungsgemäße Abwägung vorgenommen und stellt sich der den Bürgern zur Entscheidung

Bauleitplan, welcher einer rechtlichen Überprüfung im Hinblick auf die Anforderungen des Abwägungsgebots standhalten müsste, zustande.

3. Ergebnis

Es bleibt festzustellen, dass die abschließende Beschlussfassung über einen Bauleitplan durch Bürgerentscheid nach ordnungsgemäßer Abwägung seitens der Gemeinde mit dem Abwägungsgebot vereinbar ist[316].

B. Aufstellungsbeschluss durch Bürgerentscheid

Weiter bedarf es einer Untersuchung der Frage, ob das Abwägungsgebot einem durch Bürgerentscheid gefassten Aufstellungsbeschluss entgegenstehen könnte.

Durch einen (bundesrechtlich nicht zwingend erforderlichen) Aufstellungsbeschluss (vgl. § 2 BauGB) wird im Allgemeinen mindestens festgestellt, dass ein Wille der Gemeinde zur Aufstellung, Änderung oder Aufhebung eines Bebauungsplans hinsichtlich eines bestimmten Plangebiets besteht und dass das förmliche Verfahren nach dem Baugesetzbuch eingeleitet wird[317]. Bleibt es bei einer solchen Aussage, kann der Fassung eines Aufstellungsbeschlusses durch Bürgerentscheid im Hinblick auf die Vereinbarkeit mit den Anforderungen des Abwägungsgebots tatsächlich nichts im Wege stehen. Entscheidend ist nämlich, dass durch einen solchen Beschluss den eigentlichen Planinhalt betreffende Fragen gar nicht angesprochen werden. Entschieden wird nur darüber, dass ein ernsthafter Wille zur Durchführung eines Bauleitplanverfahrens im Hinblick auf das konkret bezeichnete Gebiet besteht, unabhängig vom Inhalt der Planung.

Sinnvoll erscheint ein Bürgerentscheid über einen derart weit gefassten Aufstellungsbeschluss jedoch nicht. Es ist nicht ersichtlich, wie der Stimmbürgerschaft mit einem Beschluss, der lediglich den grundsätzlichen Willen der Gemeinde zur Aufstellung eines Bauleitplans betreffend ein bestimmtes Gebiet feststellt und das förmliche Verfahren einleitet, gedient wäre. Ein Interesse an der Schaffung von Plangebiet völlig unabhängig von dessen Inhalt ist schwer vorstellbar. Insofern stellt sich deshalb die mit Blick auf das Abwägungsgebot zu entscheidende Frage, ob einem durch Bürgerentscheid gefassten Aufstellungsbeschluss

vorgelegte Planentwurf bereits als Ergebnis der eigenen Abwägung des zuständigen Organs dar.

316 So im Ergebnis auch Lissack, Bayerisches Kommunalrecht, § 4 Rn. 127 und Kautz, BayVBl 2005, 193 (200).

317 Vgl. Söfker, Ernst/Zinkahn/Bielenberg, BauGB, in: § 2 Rn. 29 ff.

bestimmte inhaltliche Maßgaben beigefügt werden können oder ob dieser sogar bereits einen vollständigen Planentwurf enthalten darf.

Soweit eine tiefergehende Auseinandersetzung mit dieser Frage in der rechtswissenschaftlichen Literatur überhaupt erfolgt ist, wird insofern vertreten, dass dem Aufstellungsbeschluss jedenfalls bestimmte einzelne inhaltliche Maßgaben beigefügt werden könnten[318]. Eine solche Vorgabe konkreter Maßgaben im Aufstellungsbeschluss erscheine im Hinblick auf die Einhaltung der Anforderungen des Abwägungsgebots als unbedenklich, weil sich die Bindungswirkung eines solchen Aufstellungsbeschlusses in einem Auftrag an die Gemeindeorgane erschöpfe, ein derartiges Verfahren durchzuführen. Ergebe sich dann im Laufe des Verfahrens aufgrund der Anhörung der Träger der öffentlichen Belange und der Bürger, dass ein derartiger Bauleitplan nach den Vorschriften des Baugesetzbuches nicht aufgestellt werden könne, könnte der Gemeinderat trotz des vorangegangenen einleitenden Bürgerentscheids beschließen, dass ein Bebauungsplan mit dem zunächst vorgesehenen Inhalt nicht erlassen werde[319].

Von anderer Seite[320] wird es mit Blick auf das Abwägungsgebot sogar für unproblematisch gehalten, per Bürgerentscheid einen Aufstellungsbeschluss zu fassen, der nicht nur eine Zielsetzung hinsichtlich einzelner inhaltlicher Festsetzungen vorgibt, sondern bereits einen vollständigen Planentwurf enthält, welcher dann der Bürgerbeteiligung nach § 3 Abs. 1 und 2 BauGB und der Trägerbeteiligung nach § 4 BauGB zugrunde zu legen sei. Bei entsprechender Fragestellung, welche so gefasst sein müsse, dass der Gemeinderat nicht zur Übernahme dieses Entwurfs verpflichtet sei, sondern die Freiheit behalte, die im Rahmen des Verfahrens erkannten Belange in die Abwägung einzubeziehen und ggf. von dem Planentwurf abzuweichen oder sogar vollständig von der Planaufstellung abzusehen, sei ein Konflikt mit dem Abwägungsgebot ausgeschlossen. Der Aufstellungsbeschluss habe für die spätere Abwägung keine präjudizielle Wirkung.

Kurz gesagt, wird von beiden Strängen in der Literatur argumentiert, eine ordnungsgemäße Abwägung seitens der Gemeinde sei nicht gefährdet, weil eine

---

318 So wird etwa von Wegmann, in: Bayerische Landeszentrale für politische Bildungsarbeit, Kommunalpolitik in Bayern, S. 75 (94) und diesem folgend Neusinger, Bürgerbegehren und Bürgerentscheid, S. 115, beispielhaft angeführt, es könne verlangt werden, dass das Verfahren zur Aufstellung eines Bebauungsplans für ein allgemeines Wohngebiet mit einer bestimmten Geschossflächenzahl eingeleitet wird.

319 Wegmann, in: Bayerische Landeszentrale für politische Bildungsarbeit, Kommunalpolitik in Bayern, S. 75 (94), und ihm folgend Neusinger, Bürgerbegehren und Bürgerentscheid, S. 115.

320 Kautz, BayVBl 2005, 193 (200).

Bindung an die im Aufstellungsbeschluss geäußerten inhaltlichen Vorstellungen nicht bestehe und so der endgültige Inhalt des Bauleitplans in diesem Verfahrensstadium noch offen sei.

I. Das Problem der Vordeterminierung des Abwägungsprozesses durch einen auf detailliertem, fremderstelltem Entwurf basierenden Aufstellungsbeschluss

Zunächst ist es zwar richtig, dass in einem Aufstellungsbeschluss noch keine Festsetzungen endgültig beschlossen werden, dies geschieht erst in dem abschließenden Satzungs- bzw. Feststellungsbeschluss. Zur Entscheidung der hier interessierenden Frage nach der Vereinbarkeit mit dem Abwägungsgebot erscheint allein dieses Argument ohne nähere Untersuchung aber als zu kurz gegriffen. Immerhin wird gerade in dem eben dargestellten Fall, in dem der Aufstellungsbeschluss einen vollständigen Planentwurf enthalten soll, bereits vor Beginn des förmlichen Verfahrens eine konkrete planerische Tätigkeit vorgenommen, welche dann – durch Fassung des Aufstellungsbeschlusses – den Ausgangspunkt des Abwägungsmaterials in dem noch durchzuführenden förmlichen Verfahren bildet. Zudem stammt diese den Ausgangspunkt der Zusammenstellung des Abwägungsmaterials bildende planerische Tätigkeit vollständig aus dem gesellschaftlichen Bereich. Denn wird auch der Planentwurf durch den Bürgerentscheid zu einem amtlichen der Gemeinde, kann nicht übersehen werden, dass der Entwurf in der hier zu besprechenden Fallvariante nicht etwa seitens der Gemeindeverwaltung, sondern durch die Initiatoren des Bürgerbegehrens und damit von Privaten erstellt worden ist[321]. Zumindest eine Vordeterminierung der Abwägungsentscheidung, zudem beeinflusst von privater Seite, kann – unabhängig von der noch zu klärenden Zulässigkeit einer solchen – nicht von der Hand gewiesen werden.

Genau gesagt ist diese Vordeterminierung darin zu sehen, dass die Ermittlung der abwägungserheblichen Belange sich maßgeblich an dem konkreten Planentwurf ausrichtet, wenn er der Träger- und Bürgerbeteiligung zugrunde gelegt wird und damit der Abwägungsentscheidung die Richtung weist. Dies dürften auch die Vertreter der eben dargestellten Auffassungen nicht anders beurteilen, denn der in einem per Bürgerentscheid gefassten Aufstellungsbeschluss enthaltene Planentwurf oder die in einem Aufstellungsbeschluss enthaltenen einzelnen inhaltlichen Maßgaben würden keinen Sinn machen, wäre eine solche inhaltliche

321 Zur rechtlichen Qualifikation des Handelns der Initiatoren siehe bereits ausführlich oben Teil 1, Kapitel 3, A., I., 1.

Beeinflussung nicht gewollt. Es bedarf deshalb zumindest einer eingehenden Auseinandersetzung mit der Frage, ob es einer ordnungsgemäßen Abwägung entgegenstünde, wenn die im förmlichen Bauleitplanverfahren verlangte Ermittlung und Bewertung der abwägungserheblichen Belange sowie die eigentliche Abwägung im Sinne eines Ausgleichs zwischen den verschiedenen Belangen – zudem durch ein fremderstelltes Konzept – bereits detailliert vorgeprägt ist.

II. Grundsätzliche Zulässigkeit der Vordeterminierung des Abwägungsprozesses

Die Vorstellung, welche das Gesetz auf den ersten Blick vermitteln könnte, mit dem Aufstellungsbeschluss für einen Bauleitplan beginne immer erst der planerische Willensbildungs- und Entscheidungsprozess und die Planung sei noch ganz und gar für die verschiedensten Inhalte offen, ist unrealistisch[322]. Zudem zeigt eine genaue Betrachtung der gesetzlichen Vorschriften des Baugesetzbuches, dass dies auch nicht der Vorstellung des Gesetzgebers entspricht. Denn insbesondere aus den Vorschriften zur Veränderungssperre (§ 14 BauGB) und der Zurückstellung von Baugesuchen (§ 15 BauGB), welche zur Sicherung der Bauleitplanung regelmäßig zu Beginn des gesetzlichen Bebauungsplanverfahrens erlassen werden und für welche ein Aufstellungsbeschluss zwingende Voraussetzung ist, geht hervor, dass eine Konkretisierung des planerischen Konzepts bereits zu Beginn des förmlichen Verfahrens sogar erforderlich sein kann. Diesen Instrumenten muss bereits ein positives, wenn auch nicht in allen Einzelheiten konkretisiertes Planungsziel zugrunde liegen[323]. Zwar muss der Aufstellungsbeschluss dabei nicht selbst ein bestimmtes Planungsziel benennen oder gar den beabsichtigten Planinhalt vorzeichnen. Es steht der Gemeinde aber frei, dies zu tun. Hieraus wird ersichtlich, dass das Gesetz selbst jedenfalls die Möglichkeit einer mehr oder weniger ausgeprägten Konkretisierung der beabsichtigten Planungskonzeption bereits zu Beginn des förmlichen Verfahrens vorsieht. Auch die §§ 2 Abs. 3, 1 Abs. 7 BauGB verlangen damit nur eine Zusammenstellung des Abwägungsmaterials und darauffolgende eigentliche Abwägung in Anlehnung an ein beabsichtigtes Konzept. Dass der Zusammenstellung des Abwägungsmaterials immer bereits eine „vorgedachte" Planungsmöglichkeit zugrunde liegen muss, ergibt sich im Übrigen auch daraus, dass es praktisch unmöglich wäre, das Abwägungsmaterial losgelöst von einer

322 Vgl. allgemein Gaentzsch, in: Schlichter/Stich, Berliner Kommentar, § 2 Rn. 9.

323 Vgl. dazu mit zahlreichen weiteren Nachweisen aus der Rechtsprechung Jäde, in: Jäde/Dirnberger/Weiss, BauGB, § 14 Rn. 26 ff.

vorgedachten Planung sinnvoll zu ermitteln. Die Feststellung, welche öffentlichen und privaten Belange berührt sind, verlangt denklogisch das Vorhandensein eines Berührungsgegenstandes. Auch die Prüfung etwaiger sich aufdrängender Planungsalternativen, die ebenfalls zum Abwägungsmaterial gehören, fordert einen Vergleichsgegenstand. Eine Ermittlung in alle möglichen Richtungen ist durch das Gesetz also nicht gefordert.

Weiter enthält das Gesetz keine Vorgaben darüber, woher ein an den Beginn des förmlichen Verfahrens gestelltes Planungskonzept, welches die Gemeinde durch einen Aufstellungsbeschluss (hier im Wege des Bürgerentscheids) nach außen sichtbar in ihren Willen aufnimmt, ursprünglich stammt und wie es zu erarbeiten ist, da das Gesetz Regelungen erst ab dem Beginn des förmlichen Verfahrens trifft und den vorhergehenden (informellen) Bereich unberührt lässt. Im Hinblick auf das Abwägungsgebot ist es demnach an sich unbeachtlich, von wem ein Planentwurf, welcher von der Gemeinde als Ausgangspunkt des förmlichen Planverfahrens genutzt wird, erstellt worden ist und welche Erwägungen dieser Erstellung zugrunde lagen[324].

Auch wenn der ideale und für eine gerechte Abwägung sicherste Weg zweifellos eine Abwägung wäre, die mit einer originär hoheitlich schöpferischen Gestaltungstätigkeit, welche sich von einer anfänglich nur groben Idee schrittweise konkretisiert und verfestigt, einhergeht, so haben die eben erfolgten Überlegungen gezeigt, dass auch der „umgekehrte“ Weg grundsätzlich gangbar ist. Zunächst kann also festgehalten werden, dass es der Möglichkeit einer ordnungsgemäßen planerischen Abwägung durch die Gemeinde nicht von vorneherein entgegensteht, wenn das förmliche Bauleitplanverfahren und damit der gesamte Prozess der Abwägung bereits auf der Grundlage eines konkreten, zudem nicht hoheitlich erstellten Planentwurfs begonnen wird.

III. Gefahr einer unzulässigen nachvollziehenden Abwägung in Abgrenzung zur planerischen Abwägung

Zu beachten ist jedoch, dass bei dieser Vorgehensweise besondere Vorsicht geboten ist, da die Gefahr einer bloß „nachvollziehenden“ Abwägung naheliegt. Bei der im Baugesetzbuch vorgeschriebenen Abwägung muss es sich aber grundsätzlich um eine solche „planerischer“ Art handeln.

---

324 So im Ergebnis auch Grigoleit, Die Verwaltung 33 (2000), 79 (90), mit dem Hinweis, dass es zunächst irrelevant sei, welche Interessen zum Ausgangspunkt der erst anstehenden Ermittlung und wertenden Gewichtung aller relevanten Interessen gemacht werden.

Die von der Gemeinde im Bauleitplanverfahren vorzunehmende „planerische Abwägung“ ist in Abgrenzung zu einer – dort unzulässigen – lediglich „nachvollziehenden Abwägung“ zu sehen, bei der es um ein kontrollierendes Überprüfen der planerischen Entscheidung eines anderen anhand der Anforderungen des Abwägungsgebots unter Bindung an die von fremder Seite im Rahmen der gestalterischen Freiheit vorgenommene Gewichtung der in die Abwägung einzustellenden Belange in ihrem Verhältnis zueinander geht[325].

Wenn auch die Gefahr einer bloß nachvollziehenden Abwägung der Gemeinde für den Fall, dass sie einen bereits detailliert ausgearbeiteten fremderstellten Entwurf an den Ausgangspunkt des förmlichen Verfahrens stellt[326], nicht von der Hand zu weisen ist[327], ist eine solche aber keinesfalls gleichsam vorprogrammiert. Sie wäre selbst dann nicht zu vermuten, wenn der von der Gemeinde am Ende des Verfahrens beschlossene Plan seinem Inhalt nach vollständig mit dem an den Beginn des Verfahrens gestellten Entwurf übereinstimmen würde[328]. Denn eine ordnungsgemäße planerische Abwägung setzt nicht zwingend voraus, dass der Plan, wie er sich in seinem endgültigen Inhalt darstellt, originär von der Gemeinde

---

325 Zur nachvollziehenden Abwägung vgl. allgemein Hoppe/Just, DVBl 1997, 789 (791); Erbguth, DVBl 1992, 398 (403); dens., in: Erbguth/Oebbecke/Rengeling/Schulte, FS für Hoppe, S. 631 (645 f.); dens., VerwArch 89 (1998), 189 (208 f.).

326 Für die hier zu besprechende Fallvariante würde dies bedeuten, dass die Gemeinde (durch Bürgerentscheid über den Aufstellungsbeschluss) den durch die Initiatoren und damit fremderstellten (siehe ausführlich oben Teil 1, Kapitel 3, A., I., 1.) Planentwurf an den Ausgangspunkt des Verfahrens stellt.

327 Vgl. dazu auch Koch, in: Hoffmann-Riem/Schneider, Verfahrensprivatisierung im Umweltrecht, S. 170 (184).

328 Vgl. auch Wahl, DVBl 1993, 517 (519 f.). Das BVerwG, Beschluss vom 28.08.1987 – 4 N 1.86 –, DVBl 1987, 1273 (1274), hat sogar in einem Fall, in dem ein Plan von einem privaten Vorhabenträger ausgearbeitet wurde, der anschließend auf dem überplanten Gebiet bauen wollte, festgestellt, dass der Umstand, dass die Gemeinde den Bebauungsplan auf der Grundlage eines solchen Entwurfs erarbeitet, selbst dann kein regelmäßiges Indiz für einen Abwägungsfehler darstelle, wenn alternative Planungen nicht in das Planaufstellungsverfahren einbezogen worden seien. Trotz der nunmehr bestehenden besonderen gesetzlichen Regelung des § 12 BauGB, deren Einführung oftmals als Reaktion auf die eben genannte Entscheidung des Bundesverwaltungsgerichts verstanden wird, können dieser Entscheidung auch für das allgemeine Bauleitplanverfahren im Hinblick auf seitens Privater erstellter und von der Gemeinde zum Ausgangspunkt des Verfahrens gemachter Planentwürfe geltende Aussagen entnommen werden. Vgl. auch VGH Mannheim, Urteil vom 30.06.1982 – 5 S 314/81 –, VBlBW 1983, 106 (108); dens., Beschluss vom 25.03.1977 – VIII 287/76, BRS 32 (1977)Nr. 3, 6 (8).

konzipiert wurde. Vielmehr verlangt die planerische Abwägung, dass sich der konkrete Inhalt des Plans so, wie er von der Gemeinde beschlossen wurde, in jeder Einzelheit als Ergebnis der eigenen Abwägung der Gemeinde unter Ausübung der allein ihr obliegenden – wenn auch in ihrer Richtung beeinflussten – planerischen Gestaltungsfreiheit darstellt. Entscheidend ist deshalb die rechtliche Möglichkeit der freien Beeinflussung des Planinhalts[329], auch wenn die Gemeinde von dieser keinen Gebrauch machen sollte, weil sie sich unter Berücksichtigung des vollständigen Abwägungsmaterials aufgrund eigener Abwägung für einen dem fremderstellten Entwurf vollständig entsprechenden Planinhalt entscheiden sollte[330].

---

329 Vgl. auch Jarass, DVBl 1998, 1202 (1203).

330 Für eine klare Trennung der hier verwendeten Begrifflichkeiten der „planerischen Abwägung" und der – im Bauleitplanverfahren grundsätzlich unzulässigen – „nachvollziehenden Abwägung" ist ergänzend auf Folgendes hinzuweisen: Wie bereits dargestellt, verlangt das Baugesetzbuch für das Bauleitplanverfahren grundsätzlich eine originär planerische Abwägung der Gemeinde. Eine nur nachvollziehende Abwägung im Hinblick auf ein privat erstelltes Konzept wäre unzulässig.

Von einer *zulässigen* – weil gesetzlich so vorgesehenen – nachvollziehenden Abwägung sollte deshalb nur gesprochen werden, wenn eine eigene originäre Planungstätigkeit rechtlich nicht möglich und vom Gesetz auch nicht gefordert ist. Dies ist insbesondere im Planfeststellungsverfahren vorgesehen, indem die originäre Planungskompetenz dem Vorhabenträger obliegt, während die Planfeststellungsbehörde dessen planerische Abwägungsentscheidung (jedenfalls überwiegend) lediglich „nachvollziehend" kontrolliert (vgl. dazu und auch zu den Ausnahmen, in denen auch im Planfeststellungsverfahren die Planfeststellungsbehörde selbständig und originär – nicht nur nachvollziehend – abwägend tätig wird, ausführlich Hoppe/Just, DVBl 1997, 789 (791 ff.). Auch der nunmehr in § 12 BauGB geregelte vorhabenbezogene Bebauungsplan kann aufgrund des Abstimmungserfordernisses zwischen dem Vorhabenträger und der Gemeinde nach hier zugrunde gelegtem Verständnis jedenfalls als Grenzfall betrachtet werden (vgl. Borchert, Bauleitplanung durch Beliehene, S. 232; Jarass, DVBl 1998, 1201 (1203).

Entgegen der Ansicht von Hoppe und Beckmann, DVBl 1987, 1249 (1252) sollte der Begriff der *zulässigen* nachvollziehenden Abwägung im Rahmen des normalen Bauleitplanverfahrens dagegen gänzlich vermieden werden. Auch die Fälle aus der Rechtsprechung, die Hoppe/Beckmann, DVBl 1987, 1249 (1252, Fußn. 26, 27, wobei es dort offensichtlich BauR 1982 heißen muss, 28, 29, 30) als Beleg dafür anführen, die Rechtsprechung habe die Zulässigkeit einer „nachvollziehenden Abwägung" (hinsichtlich eines alternativlosen Planungskonzepts) im Rahmen der Bauleitplanung anerkannt, sind nämlich sämtlich solche, in denen die Gemeinde zwar selbst keine originäre Planungstätigkeit vorgenommen hat, sondern sich im Ergebnis für den Inhalt eines fremderstellten oder eines durch bereits bestehende Verhältnisse vorgegebenen Konzepts entschieden hat, dies aber immer – und deshalb auch in zulässiger Weise –, bei grundsätzlich gegebener rechtlicher Möglichkeit einer inhaltlichen Abweichung, aufgrund eigener freier

Fehlt es also an einer eigenen konzeptionellen Gestaltung der Gemeinde, weil diese dem Verfahren einen bereits detailliert erstellten Entwurf Privater zugrunde legt, muss die Gemeinde, um den Anforderungen einer planerischen Abwägung gerecht werden zu können, demnach im folgenden Verlauf des Bauleitplanverfahrens in besonderem Maße darauf achten, dass sie selbst – auch außerhalb der im Rahmen des Verfahrens der Träger- und Bürgerbeteiligung an sie herangetragenen Aspekte – sämtliches Abwägungsmaterial ausreichend ermittelt. Weiter darf sie sich weder auf etwaige Ermittlungen des privaten Entwurfserstellers verlassen noch dessen Erwägungen, die ihren Ausdruck in der konkreten Entwurfsgestaltung gefunden haben, lediglich übernehmen. Die Gemeinde muss somit auf Grundlage einer von ihr zu verantwortenden, vollständigen Sammlung des Abwägungsmaterials im Rahmen ihres Gestaltungsspielraums eine eigene planerische Abwägungsentscheidung treffen, was sowohl inhaltliche Änderungen des Entwurfs als auch das vollständige Absehen von einer Planaufstellung zur Folge haben kann.

Wird sie diesen Anforderungen gerecht, stehen auch einem durch Aufstellungsbeschluss an den Beginn des Verfahrens gestellten, seitens Privater vollständig erstellten Planentwurf die Anforderungen des Abwägungsgebots nicht entgegen. Insoweit ergibt sich – jedenfalls im Hinblick auf das Abwägungsgebot – für einen durch Bürgerentscheid gefassten Aufstellungsbeschluss kein rechtlicher Unterschied zu dem Fall, dass die Gemeinde im normalen Bauleitplanverfahren durch Aufstellungsbeschluss des Gemeinderats ein privat erstelltes Konzept zum Ausgangspunkt des Verfahrens macht.

Abwägung. Auch in diesen besonderen Fällen kann aber nach hier vertretener Auffassung von einer ordnungsgemäßen planerischen Abwägung der Gemeinde gesprochen werden, da die für das Vorliegen einer planerischen Abwägung entscheidende planerische Gestaltungsfreiheit rechtlich betrachtet allein bei der Gemeinde liegt.

Nach Auffassung der Verfasserin ist eine Abgrenzung der Begrifflichkeiten sowie der dahinter stehenden Bedeutungen demnach wie folgt vorzunehmen: Das Bauleitplanverfahren erfordert grundsätzlich eine planerische Abwägung der Gemeinde, die aber auch dann gegeben sein kann, wenn die Gemeinde einen Bauleitplan ausschließlich auf der Grundlage eines privat erstellten Entwurfs erarbeitet bzw. der von der Gemeinde beschlossene Plan im Ergebnis vollständig mit dem privat erstellten Entwurf übereinstimmt. Entscheidend ist, dass sie zu diesem Ergebnis aufgrund eigener Abwägung gelangt und sich der damit einhergehenden Gestaltungsfreiheit auch bewusst ist. Wird die Gemeinde aber nur nachvollziehend abwägend tätig, indem sie keine eigene Abwägung sämtlicher berührter Belange vornimmt, sondern lediglich eine fremde Entscheidung auf Abwägungsfehler hin überprüft, handelt sie abwägungsfehlerhaft. Eine hier als solche verstandene nachvollziehende Abwägung ist im regelmäßigen Bauleitplanverfahren immer unzulässig.

IV. Ergebnis

Einem Aufstellungsbeschluss durch Bürgerentscheid steht das Abwägungsgebot grundsätzlich selbst dann nicht entgegen, wenn die Stimmbürgerschaft über einen durch die Initiatoren des Bürgerbegehrens bereits detailliert ausgearbeiteten Planentwurf entscheidet. Im weiteren Verlauf des Bauleitplanverfahrens ist aber in besonderem Maße darauf zu achten, dass die Gemeinde sämtliche Stufen des Abwägungsvorgangs ordnungsgemäß erfüllt und sich nicht das Risiko einer unzulässigen „nachvollziehenden" Abwägung verwirklicht.

C. Auslegungsbeschluss durch Bürgerentscheid

Im regelmäßigen Gang des Bauleitplanverfahrens wird ein durch das Stadtplanungsamt oder ein beauftragtes privates Planungsbüro erstellter Planentwurf, der nach Auffassung der Verwaltung einen unter vollständiger Berücksichtigung und richtiger Gewichtung des bis dahin erkennbaren Abwägungsmaterials[331] vertretbaren Lösungsvorschlag darstellt, der Gemeindevertretung zur Entscheidung darüber vorgelegt, ob er nun den Bürgern in fertiggezeichneter Form vorgestellt werden soll. Der angestrebte Beschluss heißt „Auslage-" oder „Auslegungsbeschluss". An ihn schließt sich das Verfahren der förmlichen Auslage gemäß §§ 3 Abs. 2, 4 Abs. 2 BauGB für die Dauer eines Monats an.

Für das Verständnis der nachfolgenden Überlegungen im Hinblick auf die hier zu untersuchende Frage, ob es mit dem Abwägungsgebot vereinbar wäre, einen Auslegungsbeschluss durch Bürgerentscheid zu fassen, bedarf es aber noch einer weiteren allgemeinen Feststellung: Der Auslegungsbeschluss ist bundesrechtlich nicht vorgeschrieben. Demnach existieren auch keine gesetzlich einzuhaltenden Anforderungen oder allgemeinverbindlichen Regelungen dahingehend, welche Aussagen durch einen Auslegungsbeschluss neben der Einleitung des förmlichen Auslegungsverfahrens im Einzelnen getroffen werden. In der kommunalen Praxis ist es jedoch üblich, dass der Gemeinderat bzw. das sonst nach Landesrecht für den Satzungs- bzw. Feststellungsbeschluss zuständige Gemeindeorgan einen förmlichen Auslegungsbeschluss als „Vorstufe"[332] des späteren Satzungs- bzw. Feststellungsbeschlusses fasst. Es wird durch einen Auslegungsbeschluss nicht nur die Verwaltung beauftragt, das

331 Der Zusammenstellung des Abwägungsmaterials dient in dem Verfahrensstadium vor Beginn des förmlichen Auslegungsverfahrens insbesondere auch die frühzeitige Bürger- und Behördenbeteiligung gemäß §§ 3 Abs. 1, 4 Abs. 1 BauGB.

332 Schmidt-Eichstaedt, Städtebaurecht, S. 154.

förmliche Auslegungsverfahren hinsichtlich des erarbeiteten Planentwurfs durchzuführen, sondern gleichzeitig der Planentwurf in seinem Inhalt „gebilligt". Wenn nämlich die für den Satzungsbeschluss zuständige Gemeindevertretung den Planentwurf nicht bereits vor der Auslegung „gebilligt" hat, besteht die Gefahr, dass im Plan angelegte Konflikte im Gemeinderat erst beim Satzungs- bzw. Feststellungsbeschluss auftauchen und nur durch eine erhebliche Änderung des Entwurfs gelöst werden können, wodurch eine erneute Auslegung erforderlich würde[333]. Durch eine solche „Billigung" des vorgelegten Entwurfs gibt der Gemeinderat zu erkennen, dass er sich nach eigener Abwägung des bis dahin bekannten Abwägungsmaterials – unbeschadet der Tatsache, dass die endgültige Abwägung erst nach der förmlichen Auslegung und in Kenntnis der eventuell noch eingegangenen Anregungen und Bedenken vollzogen werden kann – den Entwurf zu eigen macht[334].

Diese Ausführungen machen deutlich, dass die rechtliche Situation im Zeitpunkt des Auslegungsbeschlusses deutliche Parallelen zu derjenigen im Rahmen des Satzungs- bzw. Feststellungsbeschlusses aufweisen kann. Das ist namentlich dann der Fall, wenn – wie dies der gängigen Praxis entspricht – seitens des Gemeinderats im Zusammenhang mit dem Auslegungsbeschluss eine vorgezogene Vornahme der eigentlichen Abwägung unter Berücksichtigung des vollständigen bis dahin vorliegenden Abwägungsmaterials erfolgt. Auch für diesen Fall kann angenommen werden, dass sich der Gemeinderat durch sein mehrheitliches „Ja" zum Auslegungsbeschluss den von der Verwaltung vorgeschlagenen Entwurf samt diesem zugrunde liegenden Erwägungen nach eigener Abwägung zu eigen macht, wenn er keine inhaltlichen Änderungen verlangt. Es müssten dann in der endgültigen Abwägung vor Ergehen des Satzungs- bzw. Feststellungsbeschlusses ggf. nur noch die sich aus der förmlichen Auslegung eventuell zusätzlich ergebenden Aspekte berücksichtigt werden[335], immer vorausgesetzt, dass sich diese von der Entscheidung im Hinblick auf das zum Zeitpunkt des Auslegungsbeschlusses bekannte Abwägungsmaterial klar abgrenzen lassen[336].

---

333 Schmidt-Eichstaedt, Städtebaurecht, S. 154; vgl. auch Reidt, in: Gelzer/Bracher/Reidt, Bauplanungsrecht, Rn. 430.

334 Der Auslegungsbeschluss wird deshalb oftmals auch als „Billigungsbeschluss" bezeichnet.

335 Vgl. in diesem Zusammenhang auch die Vorschrift des § 3 Abs. 2 S. 4 HS 1 BauGB, welche bestimmt, dass die im Rahmen des förmlichen Auslegungsverfahrens fristgemäß eingegangenen Stellungnahmen zu „prüfen" sind. Im Hinblick auf die dogmatische Einordnung der hier normierten Prüfungspflicht ist mit Meister, BauR 2003, 1835 (1836) davon auszugehen, dass es sich um eine lediglich deklaratorische Nennung der ohnehin bereits im Abwägungsgebot enthaltenen Anforderung handelt.

336 Stellt sich die Situation nach Durchführung des förmlichen Auslegungsverfahrens völlig neu dar, bedarf es einer erneuten umfangreichen Abwägung sämtlicher im Rahmen des

Da eine solche „Vorabwägung“ im Zusammenhang mit dem Auslegungsbeschluss aber nicht zwingend erforderlich ist[337] (entscheidend ist allein, dass vor Fassung des Satzungs- bzw. Feststellungsbeschlusses eine Abwägung sämtlicher abwägungserheblicher Belange durch den Gemeinderat stattgefunden hat und sich der endgültig beschlossene Bebauungs- bzw. Flächennutzungsplan in seiner konkreten Gestalt als Ergebnis dieser Abwägung darstellt), wäre es durchaus auch möglich und rechtlich zulässig, dass eine solche „Vorabwägung“ nicht stattfindet und einem dennoch gefassten Auslegungsbeschluss dann nicht mehr zu entnehmen wäre als die Aussage, dass das förmliche Auslegungsverfahren für den von der Verwaltung vorgelegten Entwurf eingeleitet wird[338]. Eine Abwägung ist mit dem Auslegungsbeschluss – im Gegensatz zum abschließenden Satzungs- bzw. Feststellungsbeschluss – also nicht zwingend verbunden.

Für die rechtliche Zulässigkeit eines Bürgerentscheids über einen Auslegungsbeschluss ergibt sich demnach Folgendes: Da es den durch Bürgerentscheid entscheidenden Bürgern bei der Aufstellung, Ergänzung und Änderung eines Bauleitplans, wie oben[339] ausführlich dargestellt, nicht möglich ist, eine rechtlich erhebliche Abwägung der konfligierenden Belange vorzunehmen, könnte auch nicht angenommen werden, dass diese sich durch ein „Ja“ zu einem Auslegungsbeschluss den diesem zugrunde liegenden Planentwurf samt Erwägungen nach eigener Abwägung zu eigen machen. Dagegen wäre es aber rechtlich zulässig, dass diese einen bereits seitens des zuständigen Gemeinderats „vorabgewogenen“ Planentwurf durch einen Auslegungsbeschluss lediglich sanktionieren. Auch insoweit gelten die im Rahmen des Satzungsbeschlusses gemachten Ausführungen entsprechend.

Zudem – und hier liegt ein Unterschied zu der sich im Rahmen des Satzungsbeschlusses stellenden Rechtssituation – wäre es, auch ohne dass der Gemeinderat zuvor eine eigene Abwägung der bis dahin vorliegenden abwägungserheblichen Belange vorgenommen hat, rechtlich zulässig, einen Auslegungsbeschluss per Bürgerentscheid über einen von den ständigen Gemeindeorganen unter ordnungsgemäßer Durchführung des bis dahin gesetzlich vorgeschriebenen Verfahrens erarbeiteten Entwurf zu fassen, da mit dem Auslegungsbeschluss eine „(Vor-)Abwägung“ eben nicht

Verfahrens aufgetretener abwägungserheblicher Belange in ihrem Verhältnis zueinander.

337 Insofern besteht ein wesentlicher Unterschied zur rechtlichen Situation bei Fassung des Satzungs- bzw. Feststellungsbeschlusses, welchen zwingend eine umfassende Abwägung sämtlicher abwägungserheblicher Belange vorauszugehen hat.

338 In Konsequenz dessen sollte der Begriff „Billigungsbeschluss“ dann nicht als Synonym für den Begriff des „Auslegungsbeschlusses“ verwendet werden.

339 Teil 1, Kapitel 3, A., II., 1.

zwingend verbunden ist. Dieser Beschluss würde dann jedoch nichts weiter darstellen als die Entscheidung über das „Ob“ der Einleitung des Auslegungsverfahrens hinsichtlich des vorgeschlagenen Entwurfs[340]. Eine Billigung des Entwurfs in seiner konkreten inhaltlichen Ausgestaltung im Sinne eines Ausdrucks der im Rahmen der Abwägung zu treffenden Ausgleichsentscheidung hinsichtlich der konfligierenden Belange kann darin dagegen nicht gesehen werden. Es wäre deshalb erforderlich, dass der Gemeinderat am Ende des Bauleitplanverfahrens im Rahmen der endgültigen Abwägung eine umfassende Abwägung sämtlicher im Rahmen des Verfahrens aufgetretener Belange vornimmt. Dies birgt – wie eben dargestellt – die Gefahr des Erfordernisses einer erheblichen Entwurfsänderung, was aber im Hinblick auf die an dieser Stelle allein entscheidende Frage nach der Vereinbarkeit eines Bürgerentscheids über einen Auslegungsbeschluss mit dem Abwägungsgebot kein Argument gegen die Zulässigkeit darstellen kann.

D. Festlegung einzelner Festsetzungen durch Bürgerentscheid – Das Problem der „Vorentscheidung“ zum Inhalt eines Bauleitplans

Weiter bedarf es einer Erörterung der Frage nach der Zulässigkeit von Bürgerbegehren und Bürgerentscheiden, die auf eine Vorentscheidung zum Inhalt eines Bauleitplans zielen. Anlass hierzu gibt insbesondere die bereits erwähnte neueste Rechtsprechung des Bayerischen Verwaltungsgerichthofs[341], welcher im Hinblick auf durch Bürgerentscheid vorbestimmte Rahmenfestlegungen, die bestimmten – im Folgenden noch zu untersuchenden – Voraussetzungen genügen, eine Vereinbarkeit mit dem Abwägungsgebot bejaht hat. So wurde es in den den Entscheidungen des Bayerischen Verwaltungsgerichtshofs zugrunde liegenden Fällen etwa für zulässig erachtet, durch Bürgerentscheid verbindliche Obergrenzen im Hinblick auf die Festsetzung von

340 Der Sinn eines Bürgerentscheids über einen Auslegungsbeschluss kann insgesamt nur darin gesehen werden, entweder das Verfahren in Gang zu halten oder zu beschleunigen, wenn die Gemeinde trotz Vorliegens eines für die förmliche Auslegung bereiten Planentwurfs – aus welchen Gründen auch immer – die Einleitung des Auslegungsverfahrens unterlässt oder verzögert, oder (durch einen negativen Beschluss) die Weiterführung des Verfahrens zu verhindern. Vgl. zum Auslegungsbeschluss durch Bürgerentscheid – allerdings ohne rechtliche Problematisierung – auch Neusinger, Bürgerbegehren und Bürgerentscheid, S. 116.

341 BayVGH, Beschluss vom 28.07.2005 – 4 CE 05.1961 –, NVwZ-RR 2006, 208 (209); ders., Beschluss vom 11.08.2005 – 4 CE 05.1580 –, BayVBl. 2006, 733 (734); BayVGH, Urteil vom 28.05.2008 – 4 B 07.1981 –, KommP BY 2008, 308 (310).

Bruttonutzfläche, Geschossflächenanzahl, Gesamtverkaufsfläche und Wohnbaufläche zu bestimmen. Der Bayerische Verwaltungsgerichtshof hat diese Entscheidung in ausdrücklicher Abkehr von seiner bisherigen, teilweise engeren Auffassung, getroffen, wonach ein Bürgerbegehren, welches darauf gerichtet ist, das Maß der baulichen Nutzung und die Bauweise vorzuschreiben, unzulässig sei, weil eine derartige Fragestellung sich nicht in Maßgaben für die Aufstellung eines Bauleitplans erschöpfe, sondern auf satzungsmäßig zu beschließende Festsetzungen ziele[342]. In einer solchen Zielsetzung wurde ein Verstoß gegen § 2 Abs. 3 BauGB i.V.m. § 1 Abs. 6 BauGB a. F. (nunmehr § 1 Abs. 3 S. 2, Abs. 7 BauGB) gesehen, da es allein Sache des Gemeinderats sei, das Abwägungsmaterial zu ermitteln und frei die verschiedenen öffentlichen und privaten Belange gegeneinander und untereinander abzuwägen.

I. Das Problem der sogenannten Vorwegbindung – Allgemeines

Bürgerbegehren, die auf eine Vorentscheidung zum Inhalt eines Bauleitplans zielen, lassen aufmerken, da die hier gegebene rechtliche Situation an die in der Rechtswissenschaft unter dem Stichwort der „Vorwegbindung" oder auch „Selbstbindung" behandelten Fälle erinnert, welche geradezu als Paradebeispiele für die Gefahr des Entstehens von Abwägungsdefiziten stehen.

Allgemein gesprochen liegt das Problem der (i.d.R. vertraglich begründeten) selbstbindenden Vorwegentscheidung der Gemeinde in dem grundsätzlichen Erfordernis einer (ergebnis)offenen Abwägung begründet. Idealtypisch setzt nämlich das Verhältnis von Abwägungsvorgang und Abwägungsergebnis ein freies Abwägen voraus, das sich selbst noch nicht gebunden hat und insbesondere nicht auf ein vorweg festgestelltes, bindendes Abwägungsergebnis hin orientiert und programmiert ist[343]. Andererseits muss dieses Idealbild freilich mit der Planungsrealität in Einklang gebracht werden, weshalb es heute als unstreitig gilt, dass – wie vom Bundesverwaltungsgericht in der sogenannten „Flachglas-Entscheidung" rechtsgrundsätzlich festgestellt[344] – der einen Bauleitplan tragende Abwägungsvorgang nicht auf sozusagen planerisch freiem Feld stattfinden muss. In dem eben genannten Flachglas-Urteil, welches den Ausgangspunkt der gesamten rechtlichen Problematik um die Frage der „Vorwegbindung bzw. Selbstbindung" gebildet hat und dessen vom BVerwG dort aufgestellte Grundsätze heute wie normative Vorgaben

342 BayVGH, Beschluss vom 10.06.1998 – 4 ZE 98.1598 –, VwRR BY 1998, 283 (284); ders., Beschluss vom 24.07.1998 – 4 ZE 98.1989 –, VwRR BY 1998, 324 (325).

343 Dirnberger, in: Jäde/Dirnberger/Weiss, BauGB, § 1 Rn. 112.

344 BVerwG, Urteil vom 05.06.1974 – 4 C 50.72 –, BVerwGE 45, 309 (316).

angewendet werden[345], hat sich das Bundesverwaltungsgericht eingehend mit der Frage befasst, ob Vorwegbindungen generell zu einem Abwägungsfehler führen, nach welchen Kriterien sich im Einzelfall entscheidet, ob ein Abwägungsfehler vorliegt und ob dieser Abwägungsfehler zwingend die Nichtigkeit des Bauleitplans nach sich zieht.

So hat das Bundesverwaltungsgericht in einem ersten Schritt die für den Abwägungsvorgang schädlichen Vorwegbindungen eingegrenzt[346]. Nicht jede sachliche Verkürzung des abschließenden Abwägungsvorgangs sei unzulässig. Alle Abwägung sei an die vorgegebenen Fakten gebunden. Auch sie führten zu Abwägungsdefiziten, was selbstverständlich nicht schon an sich rechtswidrig sein könne. Zu diesen Fakten gehöre die Wirklichkeit im engsten Sinn, also die tatsächlichen Gegebenheiten im Gemeindegebiet, sowie auch alle von außen an die Gemeinde herantretenden Bindungen, wie etwa andere gesetzliche Vorschriften, an deren Einhaltung die Gemeinde gebunden ist. Dies entziehe sich, weil es gewissermaßen von vorneherein außerhalb des Abwägungsvorgangs liege, der Frage nach der Zulässigkeit einer Vorwegnahme planerischer Entscheidungen. Entsprechendes gelte aber zudem für zahlreiche eigene Vorentscheidungen der Gemeinde. Wenn man auf die logische Kausalität sehe, lasse sich für nahezu überhaupt keine Entscheidung oder Maßnahme der Gemeinde ausschließen, dass sie sich in einem Abwägungsvorgang als Bindung auswirken könne. Solche Bindungen seien aber rechtlich unbedenklich. Werde die Unzulässigkeit einer sachlichen Verkürzung des Abwägungsvorgangs ins Auge gefasst, gehe es von vorneherein nur um solche vorweggenommenen selbstbindenden Entscheidungen, die offensichtlich in ganz bestimmter Richtung eine bestimmte nachfolgende Planung beeinflussen, die also „an sich“ Gegenstand des Anregungsverfahrens und des Abwägungsvorgangs sein sollten.

Ob das Vorhandensein solcher Vorentscheidungen eine entsprechende Verkürzung des Abwägungsvorgangs tatsächlich bewirke, sei eine Frage des Einzelfalls, für deren Entscheidung der Inhalt eines Plans, der Gegenstand der Vorentscheidung, die Art und Stärke der von der Vorentscheidung ausgehenden rechtlichen oder tatsächlichen Bindung[347], der Ablauf des Planungsverfahrens

345 So richtig Hoppe, in: Ennuschat/Geerlings/Mann/Pielow, GS für Tettinger, S. 417 (419).

346 BVerwG, Urteil vom 05.06.1974 – IV C 50.72 –, BVerwGE 45, 309 (319).

347 So wurde unter Anwendung dieser Kriterien in Folgeentscheidungen der Obergerichte trotz des Vorliegens von Verträgen, welche im Zusammenhang mit einer konkret in Aussicht genommenen Bauleitplanung standen (bspw. Städtebaulicher Vertrag; Rahmenvertrag mit Investor; Vergleichsvertrag, mit dem eine in anderem Zusammenhang möglicherweise entstandene Entschädigungspflicht der Gemeinde gegenüber einem Bauträger dadurch abgegolten werden sollte, dass die Gemeinde den von den plane-

und der Ertrag des Anregungsverfahrens[348] als Beurteilungskriterien heranzuziehen seien.

---

rischen Festsetzungen abhängigen Wert für ein ihr gehörendes Grundstück im Gebiet des künftigen Bebauungsplans im Grundstückskaufvertrag nur teilweise realisiert; Kaufvertrag zwischen der Gemeinde und einem Dritten, in welchem auf die Festsetzungen eines künftigen Bebauungsplans und den Nutzungszweck des Grundstücks Bezug genommen wurde), eine abwägungsschädliche rechtliche Bindung etwa deshalb verneint, weil in den Verträgen klarstellende Klauseln enthalten waren wie beispielsweise die Feststellung, dass die Unabhängigkeit und Entscheidungsfreiheit der Gemeinde, insbesondere im Hinblick auf die Abwägung unberührt bleibt (OVG Weimar, Beschluss vom 16.08.2004 – 1 EN 944/03 –, NJOZ 2005, 335 (343)), oder die Aussage, dass der Vertrag keine Vorwegnahme der planerischen Entscheidungen und der Abwägung im Rahmen des Bauleitplanverfahrens bewirken kann und soll (VGH Mannheim, Urteil vom 24.05.2006 – 8 S 1367/05 –, VBlBW 2007, 182 (185 f.)), oder auch der Hinweis, dass die zuständigen Gremien über Art und Maß der baulichen Nutzung noch zu entscheiden haben und die Regelungen der Vereinbarung keinerlei öffentlich-rechtliche Bindungswirkung hinsichtlich der für die Realisierung des Bauvorhabens erforderlichen Entscheidungen der zuständigen Gremien und Behörden entfalten (OVG Hamburg, Urteil vom 27.04.2005 – 2 E 9/99.N –, juris Rn. 172 ff). Solche Klauseln wurden zudem oftmals von einem Rücktrittsrecht begleitet, für den Fall, dass kein Bebauungsplan mit einem bestimmten Inhalt beschlossen wird. Auch daraus wurde der Schluss gezogen, dass den Parteien die Ungewissheit des Ausgangs des Planungsverfahrens bekannt sei, was als Indiz gegen eine bezweckte rechtliche Bindung gewertet wurde (vgl. etwa OVG Weimar, Beschluss vom 16.08.2004 – 1 EN 944/03 –, NJOZ 2005, 335 (343)). Im Zusammenhang mit faktischen Bindungen (solche kommen insbesondere auch dann in Betracht, wenn rechtliche Bindungen nach den eben dargestellten Kriterien ausgeschlossen wurden; zudem sind sie etwa denkbar im Falle der Unwirksamkeit eines Vertrages aufgrund einer § 1 Abs. 3 S. 2 Hs. 2 BauGB widersprechenden Planabrede, welche aufgrund Verkennung der fehlenden rechtlichen Bindung zu einer solchen faktischer Art führen kann) wurde insbesondere auf die Wirkung von vertraglich eingeräumten Sekundärrechten des Vertragspartners eingegangen. So wird es zwar für möglich gehalten, dass eine drohende Schadensersatzforderung für den Fall des Nichtzustandekommens einer angestrebten Bauleitplanung die Planungsentscheidung in eine bestimmte Planung lenkt (VGH Mannheim, Urteil vom 30.06.1995 – 5 S 2523/93 –, juris Rn. 41). Wenn jedoch die Erstattungsansprüche nach ihrem Umfang und der Größe und Finanzkraft der Stadt ein überschaubares finanzielles Risiko darstellen, wurde dieses Indiz bereits als entwertet betrachtet (VGH Mannheim, Urteil vom 24.05.2006 – 8 S 1367/05, VBlBW 2007, 182 (185 f.)).

348 So wurde im Einzelfall etwa eine fehlerfreie (weil frei von Bindungen erfolgte) Abwägungsentscheidung dadurch als bestätigt angesehen, dass der Planungsträger eingegangene Anregungen zur Kenntnis genommen und auf sie reagiert hat, indem er

Würde auf diese Weise das Vorliegen eines Abwägungsdefizits festgestellt, so liege im Widerspruch zu den gesetzlichen Vorgaben eine grundsätzlich unzureichende, zur Nichtigkeit des Bebauungsplans führende Abwägung vor, denn Vorbindungen, die eine Verkürzung des Abwägungsvorgangs herbeiführten, widersprächen zweifellos dem gesetzlich gebotenen Anregungsverfahren. Obwohl dem Planverfahren vorgeschaltete Besprechungen, Abstimmungen, Zusagen, Verträge u.a.m. geradezu unerlässlich sein könnten, um überhaupt sachgerecht planen und eine angemessene effektive Realisierung dieser Planung gewährleisten zu können, habe sich der Gesetzgeber in diesem der Planung zugrunde liegenden Konflikt für eine grundsätzliche Unzulässigkeit der (sachlichen) Verkürzung des abschließenden Abwägungsvorgangs entschieden. Dennoch könnten gerade auch Vorentscheidungen in dem engeren, hier allein noch in Rede stehenden – auf einen Abwägungsausfall zielenden und ihn auch bewirkenden – Sinne sachgerecht, ja, im Interesse effektiver Planung geboten sein und bedürften deshalb der Möglichkeit einer Rechtfertigung. Deshalb seien „an sich" schädliche Abwägungsdefizite im Rahmen der abschließenden Abwägung wiederum als rechtlich unerheblich zu betrachten, wenn: erstens die Vorwegnahme der Entscheidung als Vorwegnahme – auch unter dem Gesichtswinkel des dadurch belasteten Anregungsverfahrens – sachlich gerechtfertigt sei; zweitens bei der Vorwegnahme die planungsrechtliche Zuständigkeit gewahrt bleibe, was bedeute, dass, soweit die Planung dem Gemeinderat obliege, dessen Mitwirkung an den Vorentscheidungen in einer Weise gesichert werde, die es gestatte, die Vorentscheidung (auch) dem Rat zuzurechnen; und drittens die vorgezogene Entscheidung nicht inhaltlich zu beanstanden sei. Sie müsse insbesondere den Anforderungen genügen, denen sie genügen müsste, wenn sie als Bestandteil des abschließenden Abwägungsvorgangs getroffen worden wäre.

II. Der Bürgerentscheid als selbstbindende Vorwegentscheidung im Sinne der allgemeinen Grundsätze?

Fraglich ist nun, ob und, wenn ja, inwieweit sich die eben dargestellten allgemeinen Grundsätze im Zusammenhang mit der Problematik der „Vorwegbindung" in

den Satzungsbeschluss wiederholt hat (OVG Lüneburg, Beschluss vom 18.07.2003 – 1 MN 120/03 –, juris Rn. 58), bzw. aufgrund vorgebrachter Anregungen den Plan nach einer „Verschiebung" der überbaubaren Flächen sowie Überredung des Investors zur Wahl eines anderen Standortes erneut ausgelegt hat (OVG Lüneburg, Beschluss vom 11.07.2003 – 1 MN 165/03-, NordÖR 2003, 452 (454)).

der Bauleitplanung auf eine durch Bürgerentscheid zum Inhalt eines Bauleitplans getroffene Entscheidung übertragen lassen. Bei der nachfolgenden Untersuchung soll zwischen Bürgerentscheiden, welche eine Vorentscheidung hinsichtlich einzelner konkret bestimmter Planinhalte treffen, und solchen, welche lediglich Rahmenfestlegungen im Hinblick auf einzelne Festsetzungen bestimmen, unterschieden werden.

1. Bürgerentscheid zu einzelnen konkreten Planinhalten

Wenn Bürgerentscheide nach ihrer Fragestellung im Hinblick auf einzelne konkret bestimmte Festsetzungen eines Bauleitplans eine Entscheidung treffen[349] und so den Gemeinderat verpflichten, den Bauleitplan mit einem in Einzelpunkten bestimmten Inhalt zu beschließen, sind sie aufgrund ihrer internen Verbindlichkeit für den Gemeinderat als abwägungsschädliche Vorentscheidungen im Sinne der eben dargestellten Grundsätze des Flachglas-Urteils anzusehen. Wenn auch die Diskussion der rechtlichen Problematik selbstbindender Vorabentscheidungen sich freilich bisher auf die unrechtmäßige Verzerrung der Abwägung aufgrund einer Bindung der Gemeinde im Hinblick auf Partikularinteressen Dritter konzentriert hat, kann nicht übersehen werden, dass sich auch die – jedenfalls von außen betrachtet – als eine Bindung der Gemeinde an ihre eigenen Interesses zu qualifizierende Rechtslage nicht anders beurteilen lässt, wenn es um vor Durchführung des Bauleitplanverfahrens bereits endgültig festgelegte Festsetzungen geht. Denn eine solche endgültige Vorabfestlegung einzelner konkret bestimmter Festsetzungen durch Bürgerentscheid führt aufgrund der unüberwindbaren rechtlichen Bindung[350] zwangsläufig dazu, dass dieser vorweggenommene Entscheidungsbestandteil in der abschließenden Abwägung nicht mehr berücksichtigt werden kann,

349 So etwa die verbindliche Vorgabe einer konkreten Bruttonutzflächenzahl, die Vorgabe einer bestimmten Geschossflächenzahl oder die genaue Größe einer Wohngebietsausweisung an einer ganz bestimmten Stelle.

350 Eine solche direkte rechtliche Bindung, durch welche die Gemeinde zur Festsetzung konkret bestimmter Planinhalte verbindlich verpflichtet würde, wäre im Hinblick auf eine Verpflichtung gegenüber Dritten schon wegen der Vorschrift des § 1 Abs. 3 S. 2 Hs. 2 BauGB nicht wirksam, weshalb solche Fälle im Rahmen der Diskussion um die Abwägungsschädlichkeit von Vorwegbindungen regelmäßig nicht auftreten.

Zudem ist zu beachten, dass im hier vorliegenden Fall auch eine Überwindungsmöglichkeit der rechtlichen Bindung nicht gegeben wäre. Die für den Regelfall zutreffenden Überlegungen des Bundesverwaltungsgerichts, dass auch rechtliche Bindungen wahrhaft unüberwindlich nicht zu sein pflegten, indem insbesondere solche rechtlichen Bindungen, die auf Verträge zurückgehen, sich in aller Regel durch die Bereitschaft zur

d.h. nicht mehr zur Abwägung steht, was die abschließende Abwägung im Sinne der Grundsätze des Flachglas-Urteils in an sich schädlicher Weise defizitär werden lässt. Genau genommen zieht sich die Problematik der Vorwegbindung ganz allgemein durch sämtliche Stufen des Abwägungsvorgangs und ist nicht allein in der eigentlichen (Schluss-)Abwägung zu verorten: Der Abwägungsvorgang beginnt mit der Ermittlung und Bewertung sämtlicher schutzwürdiger Belange. Wäre die Gemeinde im Hinblick auf einzelne Festsetzungen bereits festgelegt, würden sich die Ermittlungen und Bewertungen auf die unverrückbar vorbestimmten Festlegungen ausrichten. Dies würde bedeuten, dass eigene Ermittlungen der Gemeinde im Hinblick auf schutzwürdige Belange, welche den Festsetzungen entgegenstehen könnten, unterblieben, da sie ja ohnehin sinnlos wären und die Möglichkeit des Vorbringens solcher Belange im Anregungsverfahren zur funktionslosen Förmlichkeit wird, da ihnen in der nachfolgenden Abwägung ohnehin keine Beachtung geschenkt werden könnte.

Selbst wenn die Gemeinde aber sämtliche Ermittlungen losgelöst von den vorabfestgelegten Festsetzungen (pro forma) durchgeführt hätte, könnten die sich hier ergebenden Erkenntnisse nicht umfassend sachgemäß verwendet werden. Denn in einem dritten Schritt bedarf es der eigentlichen Abwägung sämtlicher Belange in ihrem Verhältnis zueinander, um so zu einer gerechten Ausgleichsentscheidung als Ergebnis dieser Abwägung zu gelangen. Dies verlangt zwingend nach Spielraum[351]. Ist dieser hinsichtlich einzelner Festsetzungen von vorneherein nicht gegeben, kann auch eine Abwägung diesbezüglich nicht stattfinden, was hinsichtlich einzelner Entscheidungselemente einen Abwägungsausfall und damit auf die abschließende Abwägung insgesamt bezogen ein Abwägungsdefizit nach sich zieht.

Zunächst ist somit festzuhalten, dass durch Vorentscheidungen zu konkreten Festsetzungen eines Bauleitplans im Wege des Bürgerentscheids „an sich" schädliche Abwägungsdefizite gleichsam automatisch vorprogrammiert und deshalb nur bei Vorliegen der im Flachglas-Urteil aufgestellten Voraussetzungen als ausnahmsweise unerheblich anzusehen wären. Es gilt also zu prüfen, ob diese Kriterien erfüllt sind.

a. Sachliche Rechtfertigung der Vorwegnahme der Entscheidung

Wie bereits oben dargestellt, bedarf es zunächst einer sachlichen Rechtfertigung der Vorwegnahme der Entscheidung als Vorwegnahme, auch unter dem

---

Leistung von Schadensersatz kompensieren lassen (BVerwG, Urteil vom 05.06.1974 – IV C 50.72 –, BVerwGE 45, 309 (318), können hier nicht fruchtbar gemacht werden.

351 Dazu noch eingehend unten Teil 1, Kapitel 3, D., II., 2.

Gesichtspunkt des dadurch belasteten Anregungsverfahrens. Nach der Rechtsprechung des Bundesverwaltungsgerichts ist dies dann der Fall, wenn ansonsten die sachgerechte Planung und effektive Realisierung gefährdet würde. Dies ist in der hier vorliegenden Fallgestaltung einer Vorentscheidung durch Bürgerentscheid sicherlich nicht der Fall, da nicht unterstellt werden kann, eine von solchen Vorgaben freie Planung des Gemeinderats bedeute die Gefahr einer unsachgerechten Planung. Vielmehr geht es hier allein darum, den Willen der Mehrheit der Bürger hinsichtlich ganz bestimmter Festsetzungen durchzusetzen. Allein die Tatsache, dass es den Bürgern ansonsten nicht möglich wäre, ihren konkreten Willen sicher durchzusetzen, ist jedenfalls kein ausreichender Grund, das gesetzlich vorgeschriebene Planungsverfahren zu beschränken. Auch dem Gemeinderat selbst ist es verwehrt, sich bereits zu Beginn des Bauleitplanverfahrens auf eine einzelne konkret bestimmte Festsetzung festzulegen, sei es auch aus freiem politischen Ermessen heraus[352].

Erwähnenswert erscheint allein die Überlegung, das Erfordernis einer sachlichen Rechtfertigung, dessen Bedeutung das Bundesverwaltungsgericht gerade auch mit Blick auf das durch eine Vorwegnahme der Entscheidung belastete Anregungsverfahren betont hat, mit dem Argument einer hier fehlenden Schutzbedürftigkeit der gesetzlich bestimmten Bürgerbeteiligung gemäß § 3 BauGB als relativiert zu betrachten.

Hierzu ist jedoch insbesondere festzustellen, dass die im Rahmen eines Bürgerentscheids für jeden Bürger gegebene Möglichkeit der Mitentscheidung nichts an dem grundsätzlichen Erfordernis der förmlichen Bürgerbeteiligung im Sinne des § 3 BauGB ändern kann. Der Bürgerentscheid kann mit anderen Worten die förmliche Bürgerbeteiligung im Sinne des § 3 BauGB nicht ersetzen[353]. Dies ergibt sich daraus, dass Bürgerbegehren und Bürgerentscheid bei dem Willensbildungsprozess der Gemeinde im Rahmen der Bauleitplanung nicht dieselbe Funktion erfüllen wie die Bürgerbeteiligung nach § 3 BauGB, somit die Bürgerbeteiligung gegenüber dem Bürgerentscheid kein „Minus“, sondern ein „Aliud“ darstellt. Der Bürgerbeteiligung nach § 3 BauGB kommen

352 Es ist deshalb nicht nachvollziehbar, inwiefern das von Kautz, BayVBl 2005, 193 (198) vorgebrachte Argument, die kommunalrechtlichen Regelungen sähen Bürgerbegehren und Bürgerentscheide als Alternative zur Willensbildung im Gemeinderat ausdrücklich vor, an dieser Stelle greifen sollte.

353 So auch Kautz, BayVBl. 2005, 193 (198 f.), der jedoch die Durchführung der Bürgerbeteiligung auch für den Fall verlangt, dass die Voraussetzungen der Flachglasentscheidung gegeben sind; dazu unten Fußn. 356.

nämlich, neben einer demokratischen Funktion durch Ermöglichung einer kontrollierenden Einflussnahme auf den politischen Entscheidungsprozess der Bauleitplanung, auch eine Informationsfunktion sowie eine Rechtsschutzfunktion zu, welche allein mit der Durchführung eines Bürgerentscheids nicht erfüllt werden können. Eine Informationsfunktion ist der förmlichen Bürgerbeteiligung zuzuschreiben, weil sie der Beschaffung und Vervollständigung des Abwägungsmaterials und damit der Sachverhaltsermittlung dient. Mit ihrer Rechtsschutzfunktion soll sie den von der Planung in ihren Rechten betroffenen Bürgern dienen, deren gerichtlicher Rechtsschutz angesichts der reduzierten gerichtlichen Kontrolldichte bei Planungsentscheidungen nur begrenzt effektiv wäre[354]. Indem die Unterschrift und Stimmabgabe im Rahmen von Bürgerbegehren und Bürgerentscheid nicht die Möglichkeit bietet, einzelne Belange vorzutragen, ist es allein hierdurch nicht möglich, die durch § 3 BauGB bezweckte Informations- und Rechtsschutzfunktion zu erfüllen. Schon das Argument einer fehlenden Schutzbedürftigkeit der Bürgerbeteiligung gemäß § 3 BauGB ginge fehl.

Zudem würde bei einer solchen Argumentation verkannt, dass der gesetzlich bestimmte Abwägungsvorgang nicht nur der Berücksichtigung seitens der Bürger im Beteiligungsverfahren vorgetragener Belange, sondern auch der Berücksichtigung seitens der Träger öffentlicher Belange – gerade in ihrer Funktion als solcher – vorgetragener Belange und dem Anstellen eigener Ermittlungen der Gemeinde dient; und weiter der abschließende Abwägungsvorgang gerade dazu dient, alle Belange zueinander wertend ins Verhältnis zu setzen, um einen Ausgleich zu finden, der allen Belangen bestmöglich gerecht wird, was nach einer freien Gestaltungsmöglichkeit verlangt, der starre Festlegungen, um die bildlich gesprochen „herumgebastelt" werden muss, widersprechen.

Von dem Erfordernis einer sachlichen Rechtfertigung der Vorwegbindung kann also auch hier nicht abgesehen werden. Da eine solche, wie oben dargestellt, nicht ersichtlich ist, mangelt es bereits an der ersten Voraussetzung für eine ausnahmsweise zulässige Vorwegbindung im Sinne der allgemeinen Grundsätze der Flachglas-Entscheidung.

354 Allgemein zu der auch mit „Grundrechtsschutz durch Verfahren" bezeichneten Funktion der Öffentlichkeitsbeteiligung vgl. auch BVerfG, Beschluss vom 20.12.1979 – 1 BvR 385/77 –, BVerfGE 53, 30 (64 f.).

b. Wahrung der planerischen Zuständigkeitsordnung

Als zweite Voraussetzung bedürfte es der Wahrung der planungsrechtlichen Zuständigkeitsordnung. D. h., es muss, soweit die Planung dem Gemeinderat obliegt, dessen Mitwirkung an den Vorentscheidungen in einer Weise gesichert sein, die es gestattet, die Vorentscheidungen (auch) dem Rat zuzurechnen.

Diese Voraussetzung bereitet für sich genommen[355] angesichts der ausdrücklichen gesetzlichen Bestimmung, welche einem Bürgerentscheid die Wirkung eines Gemeinderatsbeschlusses zuspricht, keine Probleme[356].

c. Abwägungsfehlerfreiheit der Vorentscheidung

Als dritte Voraussetzung verlangt das Bundesverwaltungsgericht, dass die vorweggenommene Entscheidung inhaltlich nicht zu beanstanden ist, was insbesondere bedeutet, dass sie den Anforderungen genügen muss, denen sie genügen müsste, wenn sie als Bestandteil des abschließenden Abwägungsvorgangs getroffen würde. Dies bedeutet wiederum, dass in der Vorentscheidung

---

355 Zur rechtlichen Beurteilung im Zusammenhang mit der dritten Voraussetzung siehe sogleich.

356 Nach der Auffassung von Kautz, BayVBl 2005, 193 (198 f.), steht die Voraussetzung der „Wahrung der planungsrechtlichen Zuständigkeitsordnung“ dagegen nur exemplarisch für die Einhaltung sämtlicher Voraussetzungen der formellen Rechtmäßigkeit der Planungsentscheidung, weshalb insbesondere nicht von der Bürgerbeteiligung nach § 3 BauGB abgesehen werden könne. Da eine solche im Falle einer Vorentscheidung durch Bürgerentscheid nicht ordnungsgemäß durchgeführt werden könne, scheitere hieran (und zwar – bemerkenswerterweise – nur hieran) die ausnahmsweise Zulässigkeit der Vorwegbindung.

In diesem Zusammenhang ist ergänzend darauf hinzuweisen, dass auch andere Stimmen in der Literatur als zusätzliche Voraussetzung zu den durch das Bundesverwaltungsgericht in seinem Flachglas-Urteil aufgestellten drei Voraussetzungen für eine Zulässigkeit an sich abwägungsschädlicher Vorausbindungen die Durchführung einer Bürgerbeteiligung vor der Vorwegbindung verlangen (vgl. etwa Schulze-Fielitz, Jura 1992, 201 (207); Ebsen, JZ 1985, 57 (59); Hoffmann-Riem, AöR 115 (1990), 400 (430, Fußn. 105)). Dieser Auffassung ist entgegenzuhalten, dass die vom Bundesverwaltungsgericht aufgestellten Voraussetzungen gerade der Kompensation auch dieser Verfahrensverkürzung dienen (vgl. BVerwG, Urteil vom 05.07.1974 – IV C 50.72 –, BVerwGE 45, 309 (321)), welches die drei von ihm aufgestellten Voraussetzungen als Kompensation dafür, dass „auf das formelle Anregungsverfahren verzichtet“ wird und „hingenommen werden muß, daß sich als Folge der zeitlichen Verlagerung auch sonst die sachliche Basis der Entscheidung verändert“, für erforderlich, aber auch ausreichend erachtet).

alle Belange berücksichtigt werden müssen, die zur Zeit der Vorentscheidung absehbar sind. Es muss sich hier also bereits die Vorentscheidung (nicht allein der spätere Satzungs- bzw. Feststellungsbeschluss) hinsichtlich des Abwägungsvorgangs und des Abwägungsergebnisses als abwägungsfehlerfrei darstellen.

Wie bereits oben ausführlich dargestellt, kann eine durch Bürgerentscheid getroffene Entscheidung diesen Anforderungen angesichts der auf Ja und Nein beschränkten Entscheidungsmöglichkeiten aber gerade nicht genügen, weshalb auch aus diesem Grund eine Vorwegentscheidung konkreter Planinhalte durch Bürgerentscheid nicht gerechtfertigt werden kann[357]. Wenn es sich hier auch nur um eine Abwägungsentscheidung im Hinblick auf einzelne Festsetzungen handelt und nicht um eine solche, welche den gesamten Planinhalt mit seinen zahlreichen Festsetzungen betrifft, so lässt sich die hier vorzunehmende Abwägung – trotz zweifelsfrei verminderter Komplexität – in ihrem Wesen nicht anders beurteilen als diejenige eigentliche Abwägung, welche im Rahmen des Satzungsbeschlusses zu erfolgen hat. Indem das Bundesverwaltungsgericht im Hinblick auf den vorweggenommenen Entscheidungsbestandteil nicht nur ein nicht zu missbilligendes Abwägungsergebnis, sondern gerade auch einen sachgerechten Abwägungsvorgang wenigstens dahingehend verlangt, dass eine Abwägung dessen stattfindet, was sich zur Zeit der Vorentscheidung an von ihr betroffenen Belangen absehen lässt, verlangt es letztlich ein verkleinertes Abbild der eigentlichen Abwägung, welche der Gemeinderat im Rahmen der abschließenden Abwägung kurz vor dem Satzungs- bzw. Feststellungsbeschluss vorzunehmen hat. In Zusammenschau mit der zweiten Voraussetzung, dem Erfordernis der Wahrung der planungsrechtlichen Zuständigkeitsordnung, bedeutet dies zudem, dass diese eigentliche Abwägung seitens der Gemeinde und nicht durch Dritte vorgenommen wird. Um diesen Anforderungen gerecht zu werden, würde dies für den vorliegenden Fall einer Vorabentscheidung durch Bürgerentscheid bedeuten, dass es gerade den entscheidenden Bürgern möglich sein müsste, eine Abwägung der bis dahin absehbaren Belange vorzunehmen und das Ergebnis derselben durch ihre Entscheidung zum Ausdruck zu bringen. Da es hier aber um die inhaltliche Ausgestaltung einzelner Festsetzungen geht, deren Festlegung nicht ein bloßes Abwägen von Gründen und Gegengründen, sondern ein planerisches Abwägen

357 A.A. insoweit Kautz, BayVBl 2005, 193 (198), wobei die dort erfolgte Argumentation in einem Widerspruch zu seinen vorherigen Darstellungen, BayVBl 2005, 193 (195), steht.

und damit zumindest die Möglichkeit der gestalterischen Einflussnahme verlangt[358], kann der Bürgerentscheid mit seiner allein gegebenen Möglichkeit der vollständigen Zustimmung oder Ablehnung diesen Anforderungen nicht genügen. Die grundsätzlich gegebene Möglichkeit, dass bereits die von den Initiatoren des Bürgerentscheids gestellte Abstimmungsfrage das Ergebnis einer Abwägung darstellt, vermag daran selbst dann nichts zu ändern, wenn die Begründung des Bürgerbegehrens zeigen sollte, dass alle bis dahin erkennbaren Belange in die Abstimmungsfrage eingeflossen sind. Denn auch in einem solchen Fall wäre zwar das Abwägungsergebnis hinsichtlich des abgespaltenen Entscheidungselements durch die Gemeinde (in einem direktdemokratischen Entscheidungsverfahren) beschlossen, der Abwägungsvorgang jedoch würde durch die Initiatoren des Bürgerbegehrens vorgenommen, welche, wie dargelegt, ausschließlich dem gesellschaftlichen Bereich zuzuordnen sind.

Auch die dritte Voraussetzung für eine ausnahmsweise zulässige Vorwegbindung ist damit nicht gegeben.

d. Ergebnis

Insgesamt kann damit festgestellt werden, dass das Abwägungsgebot der Zulässigkeit von Vorentscheidungen zu konkreten Festsetzungen eines Bauleitplans durch Bürgerentscheid entgegensteht.

2. *Bürgerentscheid über Rahmenfestlegungen im Sinne der Rechtsprechung des Bayerischen Verwaltungsgerichtshofs*

Fraglich ist dagegen, wie es sich im Hinblick auf solche Vorwegbindungen betreffend den Inhalt eines Bebauungsplans verhält, die nur Rahmenfestlegungen beinhalten. Ohne eine nähere Auseinandersetzung mit der Problematik selbstbindender Vorentscheidungen hat der Bayerische Verwaltungsgerichtshof in seiner neusten Rechtsprechung wiederholt festgestellt, dass Bürgerbegehren, die auf eine Vorentscheidung zum Inhalt eines Bauleitplans abzielen, nicht von vorneherein gegen das Abwägungsgebot verstoßen, wenn nur Rahmenfestlegungen betroffen sind, die einen Abwägungsspielraum von substantiellem

---

358 Für die von einer Planung betroffenen Belange sind gerade Detailfragen, wie beispielsweise diejenigen, ob eine Bruttonutzfläche 90.000, 100.000 oder nur 80.000 Quadratmeter, eine Wohnflächenausweisung die Größe von 50, 60 oder 70 Quadrathektar oder die Geschossflächenzahl 1, 2 oder 3 aufweisen darf, von erheblicher Bedeutung.

Gewicht belassen und genügend Alternativen zur Abwägung der konkreten Belange offenhalten[359].

359 BayVGH, Beschluss vom 28.07.2005 – 4 CE 05.1961 –, NVwZ-RR 2006, 208 (208 f.) (Mit Blick auf die für die vorliegende Untersuchung maßgeblichen Problempunkte lag dieser Entscheidung im Wesentlichen folgender Sachverhalt zugrunde: Die Antragsgegnerin, eine Gemeinde, beabsichtigte die Aufstellung eines vorhabenbezogenen Bebauungsplans im Innenstadtbereich mit dem Ziel der planungsrechtlichen Absicherung eines Einkaufszentrums. Die Antragsteller, Vertreter eines Bürgerbegehrens, begehrten im Wege der einstweiligen Anordnung die Sicherung der Durchführung eines Bürgerentscheids, durch welchen darüber entschieden werden sollte, ob bei dem Planvorhaben „höchstens 60 000 qm Bruttonutzfläche, höchstens Geschossflächenzahl zwei inklusive Parkfläche und höchstens 15 000 qm Gesamtverkaufsfläche zugelassen werden". Die Gemeinde hatte das Bürgerbegehren als unzulässig zurückgewiesen. Der Bayerische Verwaltungsgerichtshof hat die in diesem Bürgerbegehren enthaltenen Rahmenvorgaben für grundsätzlich zulässig gehalten); BayVGH, Beschluss vom 11.08.2005 – 4 CE 05.1580 –, BayVBl 2006, 733 f. (Mit dem hier streitigen Bürgerbegehren, wurde die Entscheidung über eine Begrenzung der gesamten Geschossfläche auf 90 000 qm und eine Begrenzung auf maximal drei Vollgeschosse angestrebt. Hier ließ das Gericht ausdrücklich offen, ob es sich um zulässige Rahmenvorgaben handelte, da aus anderen Gründen Bedenken gegen die Zulässigkeit der konkreten Fragstellung bestanden, die erst in dem Hauptsacheverfahren näher geprüft werden sollten); BayVGH, Urteil vom 28.05.2008 – 4 BV 07.1981 –, KommP BY 2008, 308 ff. (In dem dieser Entscheidung zugrunde liegenden Fall war ein Bürgerbegehren mit dem Ziel der Änderung eine Flächennutzungsplans auf exakte Vorgaben zum Umfang von Wohnbauflächen in einzelnen Plangebieten gerichtet. Dabei wurde die Fragestellung des Bürgerbegehrens zwar lediglich mit der Forderung nach einer Reduzierung der im Flächennutzungsplan ausgewiesenen 53 ha Wohnfläche auf circa 35 ha eigeleitet. In einem nachfolgenden Satz wurde die angestrebte Reduzierung aber dahingehend konkretisiert, dass für jedes einzelne Plangebiet die exakte Reduzierung der Wohnfläche angegeben wurde. Das in dem Einleitungssatz enthaltene Wort „circa" ließ sich somit nur darauf zurückführen, dass die Summe der reduzierten Einzelflächen sich nicht auf exakt 18 ha, sondern auf 18,56 ha belief. Das Gericht hielt die exakten Vorgaben zum Inhalt des Flächennutzungsplans für nicht mit dem Abwägungsgebot vereinbar, stellte aber unter Hinweis auf die in seinen vorherigen beiden Entscheidungen aufgestellten Grundsätze fest, dass die in dem Einleitungssatz des Bürgerbegehrens enthaltene Forderung nach einer Reduzierung von 53 ha auf circa 35 ha isoliert betrachtet den genannten Vorgaben genügt hätte. Denn damit werde nur eine für die gemeindliche Entwicklung maßgebende Determinante aufgegriffen und zur Abstimmung gestellt, den Umfang der Wohnfläche in einem bestimmten Maß zu beschränken. Da eine solche Forderung die im Flächennutzungsplan vorgesehenen Wohnbauflächen hinsichtlich ihrer Situierung unberührt ließe, könnte unter Berücksichtigung der sonstigen, für die städtebauliche Entwicklung

Hierzu ist zunächst zwar grundsätzlich festzustellen, dass auch eine bindende Rahmenfestlegung im Hinblick auf die Vereinbarkeit mit dem Abwägungsgebot keinesfalls unproblematisch ist; denn auch Rahmenfestlegungen deuten grundsätzlich zweifellos auf eine Verkürzung des Abwägungsvorgangs hin. Trotz der in der Literatur[360] bereits geäußerten Kritik an der Rechtsprechung des Bayerischen Verwaltungsgerichtshofs sollen aber die nachfolgenden Ausführungen zeigen, dass bei richtigem Verständnis und daraus folgender Handhabung der vom Bayerischen Verwaltungsgerichtshof aufgestellten Voraussetzungen sowie unter Berücksichtigung der außergewöhnlichen Situation einer Selbstbindung durch Bürgerentscheid und deren rechtlicher Qualifikation als „Bindung an eigene städtebaulichen Interessen" im Gegensatz zur im Rahmen der Vorwegbindungsproblematik sonst üblichen „Bindung an Partikularinteressen Dritter" ein Verstoß gegen das Abwägungsgebot ausgeschlossen werden kann, ohne dass sich insoweit Neuerungen hinsichtlich der bisher vom Abwägungsgebot verlangten Anforderungen ergäben.

Zur Begründung dieser hier vertretenen Auffassung dient eine Aufspaltung der Vorwegbindungsproblematik in zwei Problemschwerpunkte. Vorwegbindungen erweisen sich genau genommen aus zweierlei, schwer trennbaren Gesichtspunkten als rechtlich problematisch, wobei das „vorweg" für die eine, die „Bindung" für die andere Problematik als kennzeichnend angesehen werden kann. Die hier zu besprechenden Rahmenfestlegungen erweisen sich, wie gleich zu zeigen sein wird, unter beiden Gesichtspunkten als rechtlich zulässig.

„Vorweg" bedeutet das Treffen einer Entscheidung „vor" und damit, entgegen den Vorgaben des Abwägungsgebots, „unabhängig" von der Durchführung einer ordnungsgemäßen Ermittlung und objektiven Bewertung der an sich abwägungsrelevanten Belange, welchen neben dem Anstellen eigener Ermittlungen der Gemeinde insbesondere die Durchführung des förmlichen Beteiligungsverfahrens dient. Vorwegentscheidungen im Hinblick auf konkrete Inhalte eines Bauleitplans lassen also – wie oben[361] bereits dargestellt – eine Ermittlung der abwägungserheblichen Belange und die objektive Bewertung derselben, sollten sie überhaupt

---

wesentlichen Belange, wie etwa den Erhalt oder Umbau vorhandener Ortsteile, die Gestaltung des Landschaftsbildes oder Verkehrsbelange darüber entschieden werden, ob die geforderte Reduzierung der Wohnbaufläche etwa gleichmäßig auf die bislang dargestellten Flächen verteilt, nur einzelne Flächen für die Reduzierung herangezogen oder ein völlig neues Konzept unter Beachtung des Votums des Bürgerbegehrens entwickelt würde. So wäre ein Abwägungsspielraum von Gewicht verblieben).

360 Vgl. Finkelnburg, in: Battis/Söfker/Stüer, FS für Krautzberger, S. 11 (18); Ritgen, KommJur 2007, 288 (292).

361 Teil 1, Kapitel 3, D., II., 1.

durchgeführt werden, im Hinblick auf die vorweg entschiedenen Entscheidungselemente zur funktionslosen Förmlichkeit werden, weil etwaige dabei gewonnene Erkenntnisse keinerlei Berücksichtigung finden könnten. Sie könnten das Ergebnis nicht beeinflussen.

Dieser Gesichtspunkt kommt bei richtigem Verständnis der vom Bayerischen Verwaltungsgerichtshof aufgestellten Voraussetzungen jedoch gar nicht zum Tragen, weshalb die vorliegend zu besprechenden Rahmenfestlegungen allein noch unter dem Gesichtspunkt der „Bindung" zu problematisieren sind[362]. Indem nämlich das Gericht nur solche Rahmenfestlegungen für zulässig erachtet, die einen Planungsspielraum von substantiellem Gewicht belassen und genügend Alternativen zur Abwägung der konkreten (und damit aller betroffenen) Belange offenhalten, setzt es von vorneherein voraus, dass es sich bei den durch Bürgerentscheid gemachten Rahmenvorgaben um solche handeln muss, die sich mit der planungsrechtlichen Situation, welche sich nach ungekürzter Zusammenstellung des Abwägungsmaterials zeigt, vereinbaren lässt. Nur wenn sich also nach freier, d. h. von den Rahmenfestlegungen losgelöster, Ermittlung und Bewertung des Abwägungsmaterials eine planungsrechtliche Situation abzeichnet, die es auch unter Einhaltung der Rahmenvorgaben ermöglichen würde, sämtliches Abwägungsmaterial in der eigentlichen Abwägung in verhältnismäßiger Weise zu berücksichtigen, was, um von einer Abwägung sprechen zu können, die diesen Namen verdient, nach einem substantiellen Abwägungsspielraum verlangt, handelt es sich überhaupt um wirksame Vorgaben. Ist dies nicht der Fall, zeigt sich also etwa nach der ungekürzten Ermittlung und objektiven Bewertung der betroffenen Belange, dass bestimmte Belange aufgrund eines zu eng gespannten Rahmens im Hinblick auf die möglichen Abwägungsergebnisse bei der nachfolgenden

---

362 Ergänzend ist darauf hinzuweisen, dass dies freilich nicht allgemein für bindende Rahmenfestlegungen gelten kann, bloß weil sie – im Gegensatz zur bindenden Festlegung hinsichtlich exakt bestimmter Festsetzungen – der weiteren Ausfüllung bedürfen. Denn auch Rahmenfestlegungen, die „vorab", d. h. unabhängig von dem Vorliegen und der Bedeutung abwägungserheblicher Belange, bindend bestimmt werden, können den Sinn der Sammlung und Bewertung der abwägungserheblichen Belange, wenn auch aufgrund der Ausfüllungsbedürftigkeit des Rahmens nicht gänzlich, so doch in erheblichem Maße leer laufen lassen, wenn sich die Ermittlungen und Bewertungen der abwägungserheblichen Belange auf die unverrückbar bestimmten Rahmenfestlegungen ausrichten und so die Einhaltung vorbestimmter Grenzwerte von vorneherein mit anderen schutzwürdigen Belangen gleichgesetzt wird, mit der möglichen Folge, dass Letzteren eine Berücksichtigung in der nachfolgenden Abwägung überhaupt oder ihrem objektiven Gewicht entsprechend verwehrt wird.

eigentlichen Abwägung keinerlei Berücksichtigung finden können oder ihrer objektiven Gewichtigkeit von vorneherein in keiner verhältnismäßigen Weise entsprochen werden könnte, stellt sich die durch Bürgerentscheid getroffene Entscheidung umgekehrt als unwirksam und damit nicht bindend dar[363].

Festgehalten werden kann also zunächst, dass eine absolute Bindung „vorweg" bei genauer Betrachtung gar nicht gegeben ist. Der der eigentlichen Abwägung vorgelagerte Teil des Abwägungsvorgangs wird gar nicht tangiert, da zwingend eine von den Rahmenvorgaben losgelöste Ermittlung und Bewertung erforderlich ist, um überhaupt beurteilen zu können, ob die Rahmenvorgaben wirksam sind und damit ihre bindende Wirkung im Hinblick auf das Abwägungsergebnis zeitigen können.

Stellen sich die Rahmenvorgaben nach den eben dargestellten Voraussetzungen als wirksam dar, so ist nun das Augenmerk auf den Problempunkt der „Bindung" zu richten. Der konkrete Inhalt eines Bauleitplans muss das Ergebnis einer umfassenden Abwägung aller betroffenen Belange widerspiegeln. Während die Gemeinde bei einer absoluten Verpflichtung zur Übernahme exakt bestimmter Festsetzungen im Hinblick auf die konkreten Entscheidungselemente offensichtlich nicht abwägt, weil jeglicher Spielraum fehlt, ist in dem vorliegend zu besprechenden Fall von Rahmenfestlegungen durchaus ein weiter Raum für eine Abwägung im Hinblick auf alle Entscheidungselemente gegeben. Dennoch ist die Abwägung nicht vollständig offen. Die Bindung der Rahmenfestlegungen wirkt sich dahingehend aus, dass die Gemeinde im Rahmen der eigentlichen Abwägung verpflichtet ist, den hinter den Rahmenfestlegungen stehenden Belangen einen Vorrang vor an sich gleichgewichtigen oder in gewissem Umfang auch objektiv gewichtigeren[364] entgegenstehenden Belangen zu geben, wenn und soweit dies erforderlich sein sollte, um in der planerischen Umsetzung den durch Bürgerentscheid festgelegten Rahmen zu wahren.

Eine solche Bindung der Gemeinde stellt sich aber bei näherem Hinsehen als unproblematisch dar. Insoweit ist zunächst festzustellen, dass die beschränkt überprüfbaren Vorgaben des Abwägungsgebots der Gemeinde einen Raum belassen,

---

363 Dies verkennt Ritgen, KommJur 2007, 288 (292), der in seiner Kritik an der Rechtsprechung des BayVGH argumentiert, es könne nicht ausgeschlossen werden, dass einzelne Belange nicht mit dem Gewicht in die Abwägung eingestellt werden könnten, das ihnen an sich zukäme.

364 Dies freilich nur, solange die gewichtigeren Belange noch in verhältnismäßiger Weise Berücksichtigung finden können. Ansonsten wären die Rahmenfestlegungen schon deshalb unwirksam, weil sie den vom BayVGH aufgestellten Voraussetzungen nicht genügen könnten.

sich für die Bevorzugung eines Belangs und damit notwendig für die Zurückstellung eines anderen Belangs zu entscheiden[365]. Hierbei handelt es sich nicht nur um ein Recht der Gemeinde, sondern zugleich um eine Pflicht, da es niemals möglich ist, allen Belangen gleichermaßen gerecht zu werden. Aufgrund der fehlenden abschließenden Regelbarkeit der Abwägung[366] und der gleichzeitig bestehenden objektiven Unmöglichkeit, allen Belangen bei der planerischen Umsetzung gleichermaßen gerecht zu werden, wurde es gerade im Hinblick auf solche Belange, die sich objektiv betrachtet im Rang grundsätzlich gleichstehen[367], in die „freie" Hand der Gemeinde gelegt, letztlich in möglichst schonender Weise ein Rangverhältnis zwischen den kollidierenden Belangen zu schaffen. Diese „Freiheit" der Gemeinde darf aber nicht dahingehend missverstanden werden, dass es der Gemeinde möglich wäre, frei nach Belieben Prioritäten zu setzen oder gar auf diese Entscheidungsfreiheit zu verzichten. Dies bedeutet insbesondere, dass sich die Gemeinde ihrer Entscheidungsfreiheit nicht zugunsten von Interessen Einzelner entledigen darf. Die der Gemeinde bei der Bauleitplanung zugewiesene hoheitliche Funktion, Regeln zu setzen, die gegenüber der Allgemeinheit wirken, würde missbraucht, wenn die Abwägung durch äußere Zwänge zugunsten von Partikularinteressen verzerrt würde. Damit ist festzustellen, dass die Gemeinde, welche zu einer unvoreingenommenen Abwägung verpflichtet ist, grundsätzlich gezwungen ist, sich ihre Entscheidungsfreiheit vollständig, d.h. frei von äußeren Zwängen, zu erhalten.

Im vorliegenden Fall stellt sich aber die Besonderheit, dass ein Zwang von außen gar nicht gegeben ist, vielmehr kommt der Zwang von innen. Der durch Bürgerentscheid gebildete Wille stellt rechtlich betrachtet den eigenen Willen der Gemeinde dar. So wie der Gemeinderat im Rahmen der Grenzen des Abwägungsgebots durch das Vorziehen und Zurücksetzen bestimmter Belange, als geradezu elementarer planerischer, nämlich politischer Entschließung, zum Ausdruck bringen darf und auch soll, wie und in welche Richtung er die Gemeinde städtebaulich fortentwickeln will, kann eine solchermaßen zulässige Prioritätensetzung auch durch Bürgerentscheid teilweise vorgegeben werden. Anders als bei

365 Vgl. dazu ausführlich Ibler, JuS 1990, 7 (12 f.).

366 So plakativ das BVerwG, Urteil vom 07.07.1978 – 4 C 79.76 –, BVerwGE 56, 110 (116); dass., Urteil vom 10.02.1978 – 4 C 25.75 –, 55, 220 (226); dass., Urteil vom 14.02.1975 – IV C 21.74 –, 48, 56 (59); dass., Urteil vom 12.12.1969 – IV C 105.66 –, 34, 301 (304): „Planung ohne Gestaltungsfreiheit wäre ein Widerspruch in sich."

367 Die objektive Gleichrangigkeit der Belange ist der Regelfall.

einer Bindung an stets Einzelinteressen verkörpernde Interessen Dritter[368], welche es der Gemeinde verwehren würde, ihre Aufgabe als Vertreterin des Allgemeininteresses an der städtebaulichen Entwicklung und Ordnung sachgerecht wahrzunehmen, gibt die Entscheidung der Mehrheit aller Gemeindebürger allein das Allgemeininteresse wieder.

Es bleibt also festzuhalten, dass die geringe Einschränkung der Planungsfreiheit in dem hier vorliegenden Fall einer verbindlichen Rahmenfestlegung durch Bürgerentscheid, welche einen Planungsspielraum von substantiellem Gewicht belässt und genügend Alternativen zur Abwägung der konkreten Belange offenhält – anders als in Fällen, in denen sich die Gemeinde gegenüber einem Partikularinteressen vertretenden Dritten zur Einhaltung solcher Rahmenfestlegungen verpflichtet hätte[369] –, als unschädlich zu betrachten ist. Des mit dem prinzipiellen Verbot einer Selbstbindung zu erreichenden Schutzes der Planungsfreiheit, die im Hinblick auf die vorliegende Problematik freilich nicht zum Selbstzweck erfolgt, sondern zum Zwecke der Förderung eines gemeinwohlorientierten Planungsergebnisses, bedarf es hier nicht in gleichem Maße wie bei einer Bindung der Gemeinde im Hinblick auf Partikularinteressen Dritter, da alle Gemeindebürger die Möglichkeit haben, an der Entscheidung mitzuwirken.

Übereinstimmend mit der Rechtsprechung des Bayerischen Verwaltungsgerichtshofs kann damit abschließend festgehalten werden, dass solche verbindlichen Vorgaben zum Inhalt eines Bauleitplans durch Bürgerentscheid, die nur Rahmenfestlegungen betreffen – im Gegensatz zu exakten Vorgaben –, nicht von vorneherein gegen das Abwägungsgebot verstoßen. Zeigt sich nach einer Einzelfallbeurteilung, dass die Rahmenfestlegungen einen wie oben dargestellt zu verstehenden Planungsspielraum von erheblichem Gewicht belassen und genügend Alternativen zur Abwägung der konkreten Belange offenhalten, tritt zwar eine gewisse Bindungswirkung ein, welche die Abwägung des Gemeinderats beeinflusst. Diese stellt sich jedoch im Hinblick auf die Anforderungen des Abwägungsgebots als unschädlich dar.

---

368 Unter einem Einzelinteresse ist dabei nicht unbedingt ein privates Interesse zu verstehen, es kann sich auch um einzelne öffentliche Belange handeln. Das Einzelinteresse steht vielmehr im Gegensatz zum Allgemeininteresse als bloßes Segment desselben, Birk, NJW 1977, 1797 (1799).

369 Zur vergleichbaren Problemstellung eines vertraglich vereinbarten Gewichtungsvorrangs zwischen der Gemeinde und einem Privaten und der Unzulässigkeit einer solchen aufgrund einer ansonsten sich realisierenden Furcht vor einem „abgekarteten Spiel“ und einem Missbrauch vertraglicher Kooperation vgl. ausführlich Kämper, Planleistungen als „Gegenleistung“, S. 306 ff.

E. Planungsverzicht und Planungsstopp

Zuletzt soll im Rahmen der im ersten Teil zur Untersuchung gestellten Vereinbarkeit mit dem Abwägungsgebot noch ein Blick auf durch Bürgerentscheid getroffene Entscheidungen über einen Planungsverzicht oder einen Planungsstopp geworfen werden.

Beim Bürgerentscheid über einen Planungsverzicht soll noch vor Einleitung eines förmlichen Bauleitplanverfahrens eine Entscheidung über die (einstweilige) Unterlassung der Überplanung eines bestimmten Gebiets getroffen werden, wobei es den begehrenden Bürgern entweder darum geht, eine Überplanung überhaupt zu verhindern, oder sie das Unterlassen einer bestimmten, vom Gemeinderat ins Auge gefassten Planung anstreben. Beim Bürgerentscheid über einen Planungsstopp geht es dagegen um eine Entscheidung über die Einstellung einer bereits begonnenen Bauleitplanung.

Das VG Karlsruhe etwa vertritt die Meinung, sowohl das „Ob" als auch das „Wie" der Bauleitplanung seien „abwägungsrelevant" und daher nicht bürgerentscheidsfähig[370], womit ein Bürgerentscheid über einen Planungsverzicht ausgeschlossen sei[371].

Dieser Auffassung kann nicht gefolgt werden. Ganz im Gegenteil sollen die nachfolgenden Ausführungen zeigen, dass die hier zur Untersuchung stehenden negativen Grundsatzentscheidungen über das „Ob" einer Planung[372] aus mehreren Gründen mit dem bauplanungsrechtlichen Abwägungsgebot gar nicht in Berührung kommen.

---

370 VG Karlsruhe, Urteil vom 30.05.2008 – 1 K 78/08 –, juris Rn. 19: „... auch der Landesgesetzgeber [ist] bei der Änderung des § 21 GemO im Jahre 2005 ... zu der Auffassung gelangt, wegen der in diesem Bereich vielschichtigen Abwägungsprozesse sei Bauleitplanung keine Angelegenheit, die auch die Bürgerschaft entscheiden könne. Dies gilt grundsätzlich für das Ob und das Wie, denn beide Fragestellungen sind abwägungsrelevant." Und Rn. 24: „Die Entscheidung, ob städtebauliche Gründe es erfordern, ... den ... Bebauungsplan ... zu ändern, ist von umfangreichen Überlegungen und Abwägungen abhängig, die das planerische Ermessen zu bestimmen haben."

371 In dem vom VG Karlsruhe zu entscheidenden Fall ging es um einen Bürgerentscheid über einen Planungsverzicht. Nichts anderes dürfte nach der dafür angeführten Begründung aber für einen Bürgerentscheid über einen Planungsstopp gelten.

372 Zur positiven Grundsatzentscheidung über das „Ob" einer Planung gelten die obigen Ausführungen zum Aufstellungsbeschluss entsprechend.

Schon ein erster Blick auf die gesetzlichen Regelungen der §§ 1 Abs. 7, 2 Abs. 3 BauGB und die mit diesen in engem Zusammenhang stehenden Verfahrensvorschriften insbesondere der §§ 3 ff. BauGB machen dies deutlich, indem sie (i.V.m. § 1 Abs. 8 BauGB) nur für die Aufstellung, Änderung, Ergänzung und Aufhebung von Bauleitplänen die Einhaltung der Anforderungen des Abwägungsgebots verlangen. Von dem Erfordernis einer solchen Abwägung bei der Einstellung bereits begonnener Planungen ist dagegen keine Rede. Erst recht beanspruchen diese Regelungen keine Wirkung für die Entscheidung über einen Planungsverzicht, die sogar noch vor Beginn des im Baugesetzbuch geregelten Verfahrens getroffen wird.

Weiter kann aber auch eine mittelbare Wirkung des Abwägungsgebots auf die hier in Frage stehenden Entscheidungen ausgeschlossen werden. Dies bestätigen Wesen und Zweck der bauplanungsrechtlichen Abwägung.

So ist dem VG Karlsruhe zwar zuzugeben, dass die Entscheidungen über das „Ob" einer Planung in Form von Planungsverzicht oder Planungsstopp durchaus Abwägungselemente enthält. Zu beachten ist jedoch, dass es sich bei diesen lediglich um solche, angesichts des für Ermessensentscheidungen charakteristischen Entscheidungsfreiraums, einer jeden Ermessensentscheidung eigene Abwägungselemente handelt; keinesfalls aber kann die hier zu treffende Ermessensentscheidung mit der einen Bürgerentscheid ausschließenden Abwägungsentscheidung im Rahmen des Bauleitplanverfahrens verglichen werden. Im Einzelnen: Bei der politischen Entscheidung der Gemeinde über einen Planungsverzicht oder Planungsstopp handelt es sich grundsätzlich um eine planerische Ermessensbetätigung. Zwar sind die Grundsatzentscheidungen über das „Ob" einer Planung im Baugesetzbuch nicht explizit genannt, es können aber in Zusammenschau mit der Vorschrift des § 1 Abs. 3 S. 1 BauGB und der dazu ergangenen Rechtsprechung sowie Literatur einige wichtige Feststellungen getroffen werden. § 1 Abs. 3 S. 1 BauGB enthält das Gebot, Bauleitpläne aufzustellen, sobald und soweit es für die städtebauliche Entwicklung und Ordnung erforderlich ist[373]. Nach einhelliger Ansicht sind Bauleitpläne dann erforderlich, wenn sie nach der planerischen Konzeption der Gemeinde erforderlich sind. Im Hinblick auf die planerische Konzeption wiederum ist anerkannt, dass die Gemeinde ein sehr weites planerisches Ermessen besitzt. Obwohl also die Grundsatzentscheidung über das „Ob" einer Planung nach § 1 Abs. 3 S. 1 BauGB von der „Erforderlichkeit" abhängt, was zunächst

373 Über § 1 Abs. 8 BauGB gilt dies wieder entsprechend für die Änderung, Ergänzung und Aufhebung von Bauleitplänen.

einen Entscheidungsspielraum der Gemeinde gerade nicht vermuten lässt, bewirkt die Maßgeblichkeit der von einem breiten planerischen Gestaltungsspielraum geprägten planerischen Konzeption der Gemeinde zur Bestimmung der Erforderlichkeit, dass der Gemeinde auch bei der Grundsatzentscheidung über das „Ob“ einer Planung im Regelfall[374] ein weiter Entscheidungsspielraum zur Verfügung steht[375]. Zunächst kann also festgehalten werden, dass es sich bei der Entscheidung über das „Ob“ einer Planung um eine Ermessensentscheidung handelt[376]. Diese Ermessensentscheidung unterscheidet sich nun ganz wesentlich von der bauplanungsrechtlichen, förmlichen Abwägung im Sinne des Baugesetzbuches. Ein wesentlicher Unterschied liegt bereits darin, dass die im Rahmen der grundsätzlichen Willensentscheidung über das „Ob“ einer Planung anzustellende Ermessensbetätigung, anders als die durch §§ 1 Abs. 7, 2 Abs. 3 BauGB und mit diesen in engem Zusammenhang stehenden besonderen Verfahrensvorschriften des Baugesetzbuchs geforderte Abwägung, nicht nach einer förmlichen, ein bestimmtes Verfahren einhaltenden Zusammenstellung der für und wider eine Planung sprechenden „Abwägungskriterien“ verlangt. Vor allem aber handelt es sich hier um eine unproblematisch mit „Ja“ oder „Nein“ zu beantwortende Frage. Die bei der Ermessensbetätigung anzustellenden Überlegungen zu den städtebaulichen Gründen, die für bzw. gegen eine Planung sprechen, und die für die Entscheidung letztlich maßgebliche Abwägung der für und gegen die Planung sprechenden Gründe können – insbesondere wenn eine ausreichende öffentliche Information sichergestellt ist – auch von den per Bürgerentscheid entscheidenden Bürgern vorgenommen werden. Wie schon oben[377] ausführlich dargestellt, kann ein Ausschluss bestimmter bauleitplanerischer Entscheidungen nicht pauschal mit deren Abwägungscharakter begründet werden; vielmehr ist es allein die gestalterische

374 Nur in seltenen Ausnahmefällen kann es zu einer Ermessensreduzierung und damit zum Entstehen einer Planungspflicht kommen, näher dazu unten Teil 2, Kapitel 1, B.

375 Vgl. etwa BVerwG, Beschluss vom 22.04.1997 – 4 BN 1.97 –, NVwZ-RR 1998, 217; ausführlich auch Söfker, in: Ernst/Zinkahn/Bielenberg, BauGB, § 1 Rn. 28 ff. und 39: „Indem also die Gemeinde als Folge ihrer Planungszuständigkeit (Planungshoheit) über die Ziele und Zwecke der Bauleitplanung und damit über [das] „Ob“ … der Planung entscheidet, bestimmt sie letztlich selber über ihre Planungspflicht.“

376 So auch Löbbecke, VBlBW 2009, 253 (255); unklar Burmeister/Wortha, VBlBW 2009, 412 (413 f.).

377 Siehe oben Teil 1, Kapitel 3, A., II., 2.

Abwägung, die sich als problematisch erweist. Nur dann also, wenn es um eine inhaltlich-gestaltende Abwägung mit vielgestaltigen Lösungsmöglichkeiten geht, ist eine Entscheidung durch Bürgerentscheid rechtlich ausgeschlossen; nicht aber, wenn es allein darum geht, zwischen zwei Alternativen eine Entscheidung im Sinne eines „Dafür“ oder „Dagegen“ herbeizuführen. Allein die „Abwägungsrelevanz“ der Entscheidung über das „Ob“ einer Planung kann somit einer Entscheidung durch Bürgerentscheid nicht entgegenstehen.

Zudem bestätigt auch ein Blick auf den Zweck der für die planende Tätigkeit maßgeblichen Abwägung dieses Ergebnis. Planung ist auf Gestaltung gerichtet. Nur die rechtsverbindliche Veränderung und damit Neugestaltung eines zuvor bestehenden Zustandes verlangt zwingend nach gerechter Abwägung der betroffenen Interessen. Denn werden durch eine ins Auge gefasste rechtsverbindliche Neugestaltung schützenswerte Interessen negativ betroffen, so soll durch die förmliche Abwägung jedenfalls die Beachtung sämtlicher betroffener und schutzwürdiger Belange gewährleistet werden, um so – trotz des unvermeidbaren Zurückstellens mancher Interessen – im Ergebnis einen zumindest möglichst gerechten Ausgleich zu schaffen. Während es sich bei der Entscheidung über die Aufstellung, Änderung, Ergänzung und Aufhebung von Bauleitplänen sämtlich um Veränderungen des zuvor bestehenden Rechtszustands handelt, wird durch Planungsverzicht und Planungsstopp an dem ursprünglich bestehenden Zustand gerade keine Veränderung vorgenommen. Bei der Frage, ob auf eine Planung verzichtet oder eine konkrete Planung gestoppt werden soll, handelt es sich also um eine unproblematisch mit Ja bzw. Nein zu beantwortende Frage ohne jeden gestaltenden Abwägungscharakter.

Abschließend bleibt festzuhalten, dass ein Bürgerentscheid über einen Planungsverzicht oder Planungsstopp mit dem bauplanungsrechtlichen Abwägungsgebot nicht in Konflikt geraten kann[378].

---

378 So im Ergebnis auch Thum, Bürgerbegehren und Bürgerentscheid, Art. 18 a GO, Kz. 13.01, S. 10; Kautz, BayVBl. 2005, 193 (201); Finkelburg, in: Battis/Söfker/Stüer, FS für Krautzberger, S. 11 (17); siehe auch das Innenministerium Baden-Württemberg in einer Stellungnahme vom 22.11.2005, BW Woche 2005, Nr. 27, S. 12, zur Auslegung von § 21 Abs. 2 Nr. 6 GemO BW in der Fassung des Gesetzes vom 28.07.2005, in der es die Auffassung vertritt, negative Entscheidungen wie Planungsverzicht und Planungsstopp seien bürgerentscheidsfähig, da keine Abwägungen im Sinne des förmlichen Verfahrens nach dem Baugesetzbuch erforderlich seien.

Teil 2: Vereinbarkeit von Bürgerbegehren und Bürgerentscheiden zu Fragen der Bauleitplanung mit weiteren bundesrechtlichen Vorschriften des Baugesetzbuchs

Neben der zweifellos den Schwerpunkt bildenden Diskussion um die Vereinbarkeit von Bürgerbegehren und Bürgerentscheiden zu Fragen der Bauleitplanung mit dem Abwägungsgebot kommen weitere bundesrechtliche Vorschriften in Betracht, die den im Rahmen der Bauleitplanung denkbaren Entscheidungen durch Bürgerentscheid entgegenstehen könnten.

Kapitel 1: § 1 Abs. 3 S. 1 BauGB

Die Gemeinden haben nach § 1 Abs. 3 S. 1 BauGB Bauleitpläne aufzustellen, sobald und soweit es für die städtebauliche Entwicklung und Ordnung erforderlich ist. Nach einer in der Literatur vertretenen Auffassung[379] steht die Vorschrift des § 1 Abs. 3 S. 1 BauGB von vorneherein bereits einem Aufstellungsbeschluss durch Bürgerentscheid bzw. einem Bürgerentscheid gegen einen Aufstellungsbeschluss entgegen. Als Begründung wird lediglich angeführt, es handele sich mit Blick auf § 1 Abs. 3 S. 1 BauGB bei dem Aufstellungsbeschluss der Sache nach wie bei der Erteilung des gemeindlichen Einvernehmens nach § 36 BauGB um eine rechtlich gebundene Entscheidung, für die ein Bürgerentscheid grundsätzlich nicht in Betracht komme.

In kritischer Würdigung dieser Argumentation bedarf es zur Entscheidung der hier letztlich interessierenden Frage einer Vereinbarkeit von Bürgerbegehren und -entscheiden zu Fragen der Bauleitplanung mit der bunderechtlichen Vorschrift des § 1 Abs. 3 S. 1 BauGB zunächst einer Untersuchung der Frage, ob gebundene Entscheidungen Bürgerbegehren und Bürgerentscheid tatsächlich nicht zugänglich sind, was wiederum nach einer Klärung des Begriffs der „gebundenen Entscheidung“ verlangt. Unter Heranziehung der so gewonnenen Erkenntnis gilt es dann in einem zweiten Schritt zu klären, ob es sich bei der Entscheidung auf

379 Burmeister/Wortha, VBlBW 2009, 412 (413 f.).

Grundlage des § 1 Abs. 3 S. 1 BauGB um eine solche „gebundene Entscheidung" handelt.

A. Unzulässigkeit „rechtlich gebundener Entscheidungen" als Gegenstand von Bürgerbegehren und Bürgerentscheid

Ohne weitere Begründung stellen die Vertreter der eben dargestellten Auffassung fest, dass für „rechtlich gebundene Entscheidungen" ein Bürgerentscheid grundsätzlich nicht in Betracht komme. Ob dies tatsächlich der Fall ist, soll hier einer Untersuchung unterzogen werden.

Die rechtliche Diskussion um die Zulässigkeit von „gebundenen Entscheidungen" als Gegenstand von Bürgerbegehren und Bürgerentscheid im Zusammenhang mit dem Bauplanungsrecht wurde bisher soweit ersichtlich nur im Hinblick auf die Frage der Zulässigkeit der Erteilung des gemeindlichen Einvernehmens nach § 36 BauGB als Gegenstand eines Bürgerbegehrens geführt. Mit der Entscheidung über das gemeindliche Einvernehmen soll angesichts deren Charakters als gebundene Entscheidung nach der oben dargestellten Auffassung die Entscheidung über das „Ob" einer Planung (§ 1 Abs. 3 S. 1 BauGB) im Zusammenhang mit dem Aufstellungsbeschluss auch vergleichbar sein. Ein Blick auf die Diskussion um die Erteilung des gemeindlichen Einvernehmens nach § 36 BauGB als Gegenstand eines Bürgerentscheids macht aber deutlich, dass keinesfalls Einigkeit besteht über die Zulässigkeit von Bürgerbegehren und Bürgerentscheid bei „rechtlich gebundenen Entscheidungen"[380]. So wird im Zusammenhang mit § 36 BauGB auf der einen Seite[381] vertreten, dass die Erklärung oder Verweigerung des Einvernehmens eine gebundene Entscheidung sei, bei der die Gemeinde keinen Ermessensspielraum habe. § 36 Abs. 1 S. 2 BauGB stelle dies ausdrücklich klar, weil das Einvernehmen nur aus den sich aus §§ 31, 33, 34 und 35 BauGB ergebenden Gründen versagt

---

380 Allein die Aussage von Burmeister/Wortha, VBlBW 2009, 412 (414), „vor diesem Hintergrund [dem des § 1 Abs. 3 BauGB] handelt es sich bei dem Aufstellungsbeschluss der Sache nach wie bei der Erteilung des gemeindlichen Einvernehmens nach § 36 BauGB um eine rechtlich gebundene Entscheidung, für die ein Bürgerentscheid grundsätzlich nicht in Betracht kommt", kann somit als Begründung für die dort vertretene Auffassung nicht genügen.

381 VG Bayreuth, Urteil vom 07.03.1996 – B 2 K 96.31 –, EZ KommR, Bd. 3, 2331.33 (LS), auszugsweise auch abgedruckt in KommP BY 1996, 315; Treffer/Kroll, Bürgerbegehren und Bürgerentscheid, zu Art. 7 und 12 BV Anm. 7 Ziff. 4 c.

werden dürfe. Deshalb seien Bürgerbegehren und Bürgerentscheid in diesem Bereich unzulässig. Letztlich wird nach dieser Auffassung von einer „gebundenen“ und damit einem Bürgerentscheid unzugänglichen Entscheidung gesprochen, weil ein Ermessen auf der Rechtsfolgenseite nicht eingeräumt ist.

Die Gegenauffassung[382] lehnt eine Unterscheidung zwischen gebundenen Entscheidungen und Ermessensentscheidungen im Hinblick auf deren Zulässigkeit als Gegenstand eines Bürgerbegehrens bzw. -entscheids vollständig ab. Die Gemeindeordnungen der Länder stellten sämtlich allein darauf an, ob es sich um eine Angelegenheit des eigenen Wirkungskreises handele, nicht aber darauf, ob die durch Bürgerentscheid zu treffende Entscheidung eine Ermessensentscheidung ist. Eine Differenzierung danach, ob eine gebundene Entscheidung oder eine Ermessensentscheidung vorliege, finde im Gesetz keine Stütze.

Nach hier vertretener Auffassung kann keiner der beiden Ansätze vollständig überzeugen. Der zuerst dargestellten Auffassung, welche für die Annahme der Unzulässigkeit einer Entscheidung als Gegenstand von Bürgerbegehren und Bürgerentscheid schlicht auf ein fehlendes Ermessen auf Rechtsfolgenseite abstellt, ist entgegenzuhalten, dass dies zwar durchaus auf eine Unzulässigkeit hindeutet, allein aber noch nicht ausreichend ist. Die Gegenauffassung verkennt, dass der Charakter einer Entscheidung als „gebunden“, versteht man diesen Begriff hier richtigerweise dahingehend, dass von vorneherein nur eine Entscheidung als rechtmäßig in Betracht kommt, oder „nicht gebunden“ sehr wohl von entscheidender Bedeutung für die Zulässigkeit eines Bürgerbegehrens bzw. -entscheids ist.

Für die Zulässigkeit einer Entscheidung als Gegenstand von Bürgerbegehren und Bürgerentscheid von ausschlaggebender Bedeutung ist im vorliegenden Zusammenhang nämlich die rechtlich eingeräumte Freiheit der Wahl zwischen den Antwortmöglichkeiten „Ja“ oder „Nein“. Versteht man also den Begriff der „gebundenen Entscheidung“ dahingehend, dass bei einer gebundenen Entscheidung von vorneherein lediglich eine einzige Entscheidung rechtmäßig sein kann, so können gebundene Entscheidungen tatsächlich nicht zum Gegenstand eines Bürgerbegehrens bzw. Bürgerentscheids gemacht werden. Denn die beim Bürgerentscheid erforderliche Wahlmöglichkeit zwischen den beiden Antwortalternativen bestünde hier nicht; die Stellung einer Frage, die von den Bürgern zu entscheiden wäre, wäre überflüssig, wenn es nur eine richtige Antwort gäbe. Es gehört zum

382 Thum, Bürgerbegehren und Bürgerentscheid, Art. 18 a GO, Kz. 13.01, S. 10; Pröckl, Die unmittelbare Beteiligung der Bürger an der Gemeindeverwaltung, S. 93; Gebhardt, Direkte Demokratie, S. 189.

Wesen eines Bürgerentscheids, dass jede der beiden Antworten, für die sich die Mehrheit entscheidet, richtig sein kann.

Zu beachten ist aber, dass allein das Fehlen eines gesetzlich eingeräumten Ermessens auf Rechtsfolgenseite nicht ausreicht, um die betreffende Entscheidung mit dem Begriff der „gebundenen Entscheidung“, aus der eine Unzulässigkeit von Bürgerbegehren und -entscheiden resultiert, zu kennzeichnen. Eben wurde gezeigt, dass es für die Zulässigkeit im hier problematisierten Zusammenhang allein darauf ankommt, ob zumindest grundsätzlich zwei Antwortmöglichkeiten denkbar sind, d. h. nicht von vorneherein nur eine richtige Antwort in Betracht kommt. Dies ist aber auch dann der Fall, wenn die gesetzlichen Vorschriften zwar keine Wahlmöglichkeit auf der Rechtsfolgenseite vorsehen, dagegen aber auf der Tatbestandsseite Beurteilungsspielräume bestehen oder der Gemeinde etwa aufgrund von zu treffenden Prognoseentscheidungen ein nicht vollständig überprüfbares Einschätzungsermessen eingeräumt ist[383]. Denn auch die jeweilige Ausnutzung eines Beurteilungsspielraums bzw. die Ausübung eines Einschätzungsermessens können dazu führen, dass eine rechtliche Entscheidungsmöglichkeit zwischen den Antwortalternativen „Ja“ und „Nein“ besteht[384].

---

383 So wird der Auffassung des VG Bayreuth, Urteil vom 07.03.1996 – B 2 K 96.31 –, EZ KommR, Bd. 3, 2331.33 (LS), auszugsweise auch abgedruckt in KommP BY 1996, 315, das die Unzulässigkeit der Entscheidung über die Erteilung des Einvernehmens nach § 36 BauGB schlicht mit dem fehlenden Rechtsfolgeermessen der Gemeinde begründet, von Neusinger, Bürgerbegehren und Bürgerentscheid, S. 133 ff., zu Recht entgegengehalten, dass die im Einzelfall vorliegenden Tatbestände der §§ 31, 33 bis 35 BauGB, die gem. § 36 Abs. 2 S. 1 BauGB der gebundenen Einvernehmensentscheidung zugrunde liegen, selbst wiederum eine Ermessensentscheidung beinhalten oder aufgrund planungsrechtlicher, unbestimmter Rechtsbegriffe den Gemeinden Entscheidungsfreiheit einräumen würden. Vgl. auch Pröckl, Die unmittelbare Beteiligung der Bürger an der Gemeindeverwaltung, S. 92 f.; Kraus, KommP BY 1996, 315 (316).

384 Bemerkenswerterweise weist auch die Gegenauffassung, die gebundene Entscheidungen als Gegenstand von Bürgerbegehren und Bürgerentscheid kategorisch als zulässig betrachten möchte, sozusagen als Zusatzargument darauf hin, dass sämtliche der Einvernehmensentscheidung zugrunde liegende, inzident zu prüfende Tatbestände der §§ 31, 33 bis 35 BauGB entweder selbst auf der Rechtsfolgenseite einen Ermessens- oder auf der Tatbestandsseite einen Beurteilungsspielraum beließen oder jedenfalls der Gemeinde aufgrund zu treffender Prognoseentscheidungen ein Einschätzungsermessen eingeräumt sei (vgl. Pröckl, Die unmittelbare Beteiligung der Bürger an der Gemeindeverwaltung, S. 92 f; Thum, Bürgerbegehren und Bürgerentscheid, Art. 18 a GO, Kz. 13.01, S. 10). Dieser Hinweis wäre nicht erforderlich, wenn es ohnehin nicht

Nach alledem bleibt festzuhalten, dass, trotz des heute weitgehend üblichen Verständnisses des Begriffs „gebundene Entscheidung" als Gegenteil der rechtsfolgenseitig orientierten Ermessensentscheidung, ein solches Verständnis der Begrifflichkeiten im Rahmen der vorliegenden Problemstellung nicht aufrechterhalten werden kann. Eine undifferenzierte Gleichsetzung von die Unzulässigkeit von Bürgerbegehren und -entscheiden begründenden „gebundenen Entscheidungen" mit einem fehlenden Rechtsfolgeermessen würde zu unrichtigen Ergebnissen führen. Will man also den Begriff der „gebundenen Entscheidung" zur Kennzeichnung solcher Entscheidungen verwenden, die einem Bürgerbegehren und Bürgerentscheid unzugänglich sind, dürfen darunter nur solche Fälle verstanden werden, in denen das Gesetz von vorneherein nur eine Entscheidung als rechtlich zulässig anerkennt[385].

B. Die mit Blick auf § 1 Abs. 3 S. 1 BauGB zu treffende Entscheidung als „rechtlich gebundene Entscheidung"?

Nachdem nun geklärt ist, was unter Bürgerbegehren und -entscheiden nicht zugänglichen „gebundenen Entscheidungen" zu verstehen ist, gilt es weiter zu prüfen, ob es sich bei den unter Berücksichtigung des § 1 Abs. 3 S. 1 BauGB zu treffenden Entscheidungen tatsächlich um gebundene Entscheidungen im eben dargelegten Sinne handelt.

Von den Vertretern der eingangs dargestellten, eine gebundene Entscheidung bejahenden Auffassung wird offensichtlich lediglich auf das Fehlen des Rechtsfolgeermessens abgestellt. Im Hinblick auf die Annahme des fehlenden Rechtsfolgeermessens ist dieser Auffassung an sich auch nichts entgegenzusetzen: Der Wortlaut des § 1 Abs. 3 S. 1 BauGB („haben … aufzustellen") lässt auf der Rechtsfolgenseite für ein Ermessen keinen Raum[386]. Die Aufstellung von Bauleitplänen ist einerseits verboten, wenn sie nicht im Sinne des § 1 Abs. 3 S. 1 BauGB für die städtebauliche Entwicklung und Ordnung erforderlich ist, und andererseits geboten ist, sofern sie unter den Voraussetzungen des § 1 Abs. 3 S. 1 BauGB

---

auf den Charakter einer Entscheidung als „gebundene" oder „Ermessensentscheidung" ankäme.

385 So im Ergebnis auch Neusinger, Bürgerbegehren und Bürgerentscheid, S. 133 ff.

386 Gierke, in: Brügelmann, BauGB, § 1 Rn. 183; zur insoweit gegensätzlichen Auffassung eines Ermessens auf Rechtsfolgenseite aufgrund der Annahme einer unlösbaren Verbindung des Begriffs „erforderlich" mit dem Ermessen, vgl. Weyreuther, DVBl. 1981, 369, 371, m.w.N.

erforderlich ist. Der Gemeinde ist ein Rechtsfolgeermessen also verwehrt, denn entweder es stellt sich die Aufstellung, Änderung, Ergänzung oder Aufhebung von Bauleitplänen als für die städtebauliche Entwicklung und Ordnung als erforderlich dar – dann ist die Gemeinde zu den entsprechenden Schritten verpflichtet –; oder dies ist nicht der Fall, was zur Folge hat, dass der Gemeinde die Aufstellung, Änderung, Ergänzung oder Aufhebung von Bauleitplänen verboten ist.

Das Fehlen eines ausdrücklichen Ermessens auf Rechtsfolgenseite kann jedoch wie oben ausführlich dargestellt nicht allein ausschlaggebend sein für die Annahme einer die Unzulässigkeit von Bürgerbegehren und -entscheiden begründenden „gebundenen Entscheidung“. Es bedarf vielmehr einer genauen Betrachtung der gesetzlichen Bestimmung dahingehend, ob nicht trotz des fehlenden Rechtsfolgeermessens dennoch die Möglichkeit mehr als nur einer einzigen rechtmäßigen Entscheidung in Betracht kommt. Dies ist hier der Fall. Bereits an anderer Stelle wurde darauf hingewiesen, dass die Vorschrift des § 1 Abs. 3 S. 1 BauGB den Gemeinden regelmäßig einen weiten Entscheidungsspielraum belässt. Denn unabhängig von der Streitfrage, ob man im Hinblick auf den unbestimmten Rechtsbegriff der Erforderlichkeit für die städtebauliche Entwicklung und Ordnung von einem Beurteilungsspielraum der Gemeinde sprechen möchte oder eine uneingeschränkte gerichtliche Kontrolle bejaht[387], kann nicht übersehen werden, dass die nach § 1 Abs. 3 S. 1 BauGB notwendige „Erforderlichkeit aus Gründen der städtebaulichen Entwicklung und Ordnung“ unstreitig unter besonderer Berücksichtigung der gemeindlichen Planungskonzeption ausgelegt wird, womit die Gemeinde erheblichen Einfluss auf das Ergebnis einer Erforderlichkeitsprüfung hat[388]. Es werden also die Begriffe der Erforderlichkeit und städtebaulichen Entwicklung und Ordnung inhaltlich grundsätzlich erst durch politische Entscheidungen der Gemeinde über örtlich anzustrebende Ziele ausgefüllt; die Entscheidung, ob, in welchem Umfang und mit welchem Inhalt eine Planung betrieben wird, obliegt

---

387 Vgl. einerseits Gaentzsch, in: Schlichter/Stich/Driehaus/Paetow, Berliner Kommentar, § 1 Rn. 24 und andererseits Gierke, in: Brügelmann, BauGB, § 1 Rn. 186.

388 So auch Kämper, Planungsleistungen als „Gegenleistung“, S. 273; vgl. dazu auch Weyreuther, DVBl. 1981, 369 (371): „Nicht selten trifft es zu, daß sich eine scheinbar anspruchsvolle Anforderung bei näherer Betrachtung als nur schwache Bindung erweist, weil ihr scheinbar hoher Anforderungsgrad durch eine beigefügte Relativierung geschwächt, ja, durch sie geradezu unterwandert wird. Das belegt wohl auch die planungsrechtliche Erforderlichkeit von Bebauungsplänen, bei der ungeachtet der Gewichtigkeit des Wortes „erforderlich“ letzten Endes nicht mehr als eine – ihrerseits vielleicht fast nur theoretische – Handhabe zur Abwehr von Planungsmißbräuchen herauskommt.“

damit regelmäßig dem weiten Planungsermessen der Gemeinde[389]. Die grundsätzlich freie Planungsbefugnis wird „praktisch nur bei groben und einigermaßen offensichtlichen Missgriffen“[390] beschränkt, indem der Erlass eines Bebauungsplans erst dann, weil nicht erforderlich, untersagt ist, wenn es selbst nach Maßgabe der Konzeption der Gemeinde an der Erforderlichkeit fehlt[391]. Weiter stellt § 1 Abs. 3 S. 1 BauGB eine objektive Schranke – diesmal mit Blick auf die Gebotsseite – nur in dem Ausnahmefall eines Vorliegens „qualifizierter städtebaulicher Gründe von besonderem Gewicht“[392] dar. Weil das sogenannte Planmäßigkeitsprinzip durch die Tatbestände in §§ 34, 35 BauGB durchbrochen wird[393], kann im Hinblick auf den Erlass eines Bebauungsplans grundsätzlich nur dann von einer Planungspflicht ausgegangen werden, wenn die vorhandenen Bedürfnisse nicht anders als durch eine Bauleitplanung in geordnete, für die Bürger überschaubare Bahnen gelenkt werden können[394]. Solche eher selten eintretenden Fallkonstellationen[395] können beispielsweise eintreten, wenn das gemeindenachbarrechtliche Abstimmungsgebot (§ 2 Abs. 2 BauGB) durch die Zulassung (weiterer) großflächiger Einzelhandelsbetriebe auf der Grundlage des § 34 BauGB verletzt würde[396]. Sogar hier ist aber zu berücksichtigen, dass die Feststellung der tatsächlichen Gegebenheiten, bei der immer auch in Rechnung zu stellen ist, wie sich diese Gegebenheiten entwickeln würden, falls eine Planung nicht erfolgen würde, regelmäßig auch von

---

389 So auch Gaentzsch, in: Schlichter/Stich/Driehaus/Paetow, Berliner Kommentar, § 1 Rn. 24; Söfker, in: Ernst/Zinkahm/Bielenberg, BauGB, § 1 Rn. 28 ff.

390 BVerwG, Urteil vom 22.01.1993 – 8 C 46.91 –, BVerwGE 92, 8 (14 f.).

391 Nicht erforderlich sind also nur solche Bauleitpläne, die einer positiven städtebaulichen Konzeption vollständig entbehren und ersichtlich der Förderung von Zielen dienen, für deren Verwirklichung die Bauleitplanung nicht bestimmt ist. Dies ist etwa der Fall, wenn eine Planung nicht dem Planungswillen der Gemeinde entspricht, sondern nur zu dem Zweck erlassen wird, ein bestimmtes Vorhaben zu verhindern (sog. Negativ- bzw. Verhinderungsplanung), oder wenn es allein darum geht, private Interessen zu befriedigen, vgl. ausführlich Söfker, in: Ernst/Zinkahn/Bielenberg, BauGB, § 1 Rn. 33 ff.

392 BVerwG, Urteil vom 17.09.2003 – 4 C 14.01 –, BVerwGE 119, 25 (32).

393 Auch diese gesetzlichen „Ersatzpläne“ gewährleisten regelmäßig eine geordnete städtebauliche Entwicklung.

394 Gaentzsch, in: Schlichter/Stich/Driehaus/Paetow, Berliner Kommentar, § 1 Rn. 19.

395 Zu dieser Eischätzung vgl. ausführlich Söfker, in: Ernst/Zinkahn/Bielenberg, BauGB, § 1 Rn. 39a. Vgl. auch Weyreuther, DVBl. 1981, 369 (371), der davon spricht, das Gebot des § 1 Abs. 3 S. 1 BauGB begründe eine „objektivrechtlich schwache“ Planungspflicht.

396 BVerwG, Urteil vom 17.09.2003 – 4 C 14.01 –, BVerwGE 119, 25 (32 f.).

Einschätzungen und Prognosen und damit rechtlich nur begrenzt überprüfbaren Elementen geprägt ist[397].

Insgesamt kann demnach festgehalten werden, dass bei der mit Blick auf § 1 Abs. 3 S. 1 BauGB zu treffenden Entscheidung der Gemeinde nicht von einer „gebundenen Entscheidung“ im hier verstandenen Sinne gesprochen werden kann, da die Vorschrift – trotz des nach dem eindeutigen Wortlaut gegebenen Ausschlusses eines Rechtsfolgeermessens – das Treffen mehrerer rechtmäßiger Entscheidungen im Regelfall als möglich erscheinen lässt, indem die der Regelung des § 1 Abs. 3 S. 1 BauGB zugrunde liegenden Merkmale regelmäßig nur von der planerischen Konzeption der Gemeinde selbst bestimmt werden und damit die mit Blick auf § 1 Abs. 3 S. 1 BauGB zu treffende Entscheidung insgesamt von einem weiten Planungsermessen geprägt ist. Nur in seltenen Ausnahmefällen verdichtet sich das Planungsermessen zu einem Planungsverbot bzw. einer Planungspflicht. Auch wenn es sich in solchen Einzelfällen dann tatsächlich um eine „gebundene Entscheidung“ handelt, kann allein deshalb freilich nicht davon gesprochen werden, bei den unter Berücksichtigung des § 1 Abs. 3 S. 1 BauGB getroffenen Entscheidungen handele es allgemein um gebundene Entscheidungen[398].

C. Ergebnis

§ 1 Abs. 3 S. 1 BauGB steht Bürgerbegehren und Bürgerentscheiden zu Fragen der Bauleitplanung grundsätzlich nicht entgegen, da die Vorschrift nicht von vorneherein nur eine einzige Entscheidung als rechtmäßig erscheinen lässt. Zu berücksichtigen ist freilich, dass Bürgerbegehren und Bürgerentscheid zu einem Planungsverzicht oder -stopp im Einzelfall unzulässig sein können, wenn ausnahmsweise eine Planungspflicht besteht, oder es können sich umgekehrt einen Bauleitplan befürwortende Bürgerbegehren und Bürgerentscheide als unzulässig erweisen, wenn eine bestimmte Planung ausnahmsweise verboten ist (z.B. im Falle der Negativplanung). Insofern gilt aber nichts anderes als im Falle einer Entscheidung des Gemeinderats; § 1 Abs. 3 S.1 BauGB steht also nicht schon per se Bürgerbegehren und Bürgerentscheid in Sachen der Bauleitplanung entgegen. Problematisch erweisen sich Bürgerbegehren und Bürgerentscheid mit Blick auf § 1 Abs. 3 S. 1 BauGB lediglich noch

---

397 Vgl. Gaentzsch, in: Schlichter/Stich/Driehaus/Paetow, Berliner Kommentar, § 1 Rn. 22; siehe auch Gierke, in: Brügelmann, BauGB, § 1 Rn. 201.

398 Ansonsten wäre wohl jede Entscheidung als gebundene zu qualifizieren, da wohl keine Entscheidung denkbar ist, in der es nicht im Ausnahmefall zu einer Ermessensreduzierung auf null kommen kann.

insofern, als es zumindest theoretisch möglich erscheint, dass sich aufgrund einer Änderung der Sach- oder Rechtslage erst nach einem per Bürgerentscheid durchgesetzten Planungsverzicht oder -stopp eine Planungspflicht der Gemeinde ergibt. Aufgrund ihrer Pflicht zu rechtmäßigem Verhalten müsste es dem Gemeinderat in einem solchen Fall möglich sein, trotz der nach sämtlichen Vorschriften der Länder an sich bestehenden Bindungswirkung eines Bürgerentscheids[399] eine Aufhebung bzw. Abänderung des durch Bürgerentscheid gefassten Beschlusses herbeizuführen. Insofern erscheint die Aufnahme einer bis jetzt nur in Bayern und Thüringen vorgesehenen Bestimmung, wonach der Gemeinderat vor Ablauf der Bindungswirkung einen Bürgerentscheid dann aufheben oder ändern kann, wenn sich die zugrunde liegende Sach- oder Rechtslage wesentlich geändert hat[400], in sämtlichen Bundeländern empfehlenswert. Die gilt vor allem für die Bundesländer, namentlich Hessen und Rheinland-Pfalz, in deren Regelungen zu Bürgerbegehren und Bürgerentscheid überhaupt keine ausdrückliche Möglichkeit vorgesehen ist, das Ergebnis vor dem Ablauf der Bindungswirkung zu beeinflussen. Aber auch für die übrigen Länder, in denen wenigstens die Möglichkeit besteht, dass der Bürgerentscheid durch einen (ratsinitiierten) erneuten Bürgerentscheid in derselben Angelegenheit modifiziert oder ersetzt wird, wäre eine solche Regelung zur Vermeidung dieses in einem solchen Fall unnötigen[401] Umweges über die Bürgerschaft sinnvoll.

Kapitel 2: § 1 Abs. 3 S. 2 BauGB

Nach Ansicht eines Teils der Literatur[402] steht § 1 Abs. 3 S. 2 BauGB Bürgerbegehren und Bürgerentscheiden zu sowohl das „Ob“ als auch das „Wie“ betreffenden Fragen der Bauleitplanung entgegen. Aufgrund der Bestimmung des § 1 Abs. 3 S. 2 BauGB, wonach auf die Aufstellung von Bauleitplänen kein Anspruch besteht

399 Im Gegensatz zum originären Gemeinderatsbeschluss, den der Gemeinderat grundsätzlich jederzeit abändern kann, genießt der erfolgreiche Bürgerentscheid einen erhöhten Bestandsschutz. Das bedeutet, der Bürgerentscheid kann innerhalb einer bestimmten Zeitspanne nicht durch einen Gemeinderatsbeschluss abgeändert oder aufgehoben werden. In Bayern und Sachsen beträgt diese Zeitspanne ein Jahr, in Brandenburg, Mecklenburg-Vorpommern, Niedersachsen, Nordrhein-Westfalen, Schleswig-Holstein, Thüringen und im Saarland zwei Jahre und in Baden-Württemberg, Hessen, Rheinland-Pfalz und Sachsen drei Jahre.

400 Vgl. Art. 18 Abs. 13 S. 2 BayGO sowie § 17 Abs. 8 S. 3 ThürKO.

401 Unnötig, weil eben kein Entscheidungsspielraum bestünde.

402 Looman, NVwZ 1998, 1271 (1272 f.); Burmeister/Wortha, VBlBW 2009, 412 (414).

und dieser auch nicht durch Vertrag begründet werden kann, sei ein wie auch immer gearteter Anspruch der Bürger darauf, dass die Gemeinde eine bestimmte Planung durchführt, ändert oder unterlässt, ausgeschlossen. Die gelte auch, wenn ein solcher „Anspruch im Wege des Bürgerbegehrens geltend gemacht“ werde[403]. Unter Zugrundelegung dieser Auffassung käme der Vorschrift des § 1 Abs. 3 S. 2 BauGB, hier insbesondere auch für den Fall der Entscheidung einer Unterlassung der Planung durch Bürgerentscheid, besondere Bedeutung zu, da solche Entscheidungen, wie oben gezeigt, nach überwiegender Auffassung mit dem bauplanungsrechtlichen Abwägungsgebot vereinbar sind.

A. Der Regelungsinhalt des § 1 Abs. 3 S. 2 BauGB – Ausschluss auch von Planunterlassungsansprüchen?

Nach dem Wortlaut der Vorschrift betrifft § 1 Abs. 3 S. 2 BauGB die Aufstellung von Bauleitplänen. Über § 1 Abs. 8 BauGB werden ihr die Änderung, Ergänzung und Aufhebung gleichgestellt, womit der Wortlaut ausdrücklich nicht nur einen Anspruch auf Aufstellung von Bauleitplänen und dessen Begründung durch Vertrag ausschließt, sondern auch Ansprüche auf Änderung, Ergänzung und Aufhebung von Bauleitplänen sowie deren Begründung durch Vertrag. Vom Wortlaut nicht ausdrücklich erfasst sind hingegen der Anspruch auf Unterlassung der Planung sowie dessen Begründung durch Vertrag. Dennoch besteht über das Ergebnis der Unzulässigkeit auch von Planungsunterlassungsverpflichtungen kaum Streit[404]. Eine Begründung für eine derart weite Auslegung der Vorschrift des § 1 Abs. 3 S. 2 BauGB fehlt jedoch regelmäßig vollständig. Sie fällt auf den ersten Blick auch schwer, denn die zur Begründung dieses Ergebnisses allein denkbare teleologische Auslegung scheint zunächst eher gegen eine erweiternde Auslegung zu sprechen: § 1 Abs. 3 S. 2 BauGB dient dem Schutz des förmlichen Verfahrens, insbesondere der Beteiligungsrechte, und der Abwägung, denen bei einem Anspruch Einzelner auf die Aufstellung, Änderung, Ergänzung oder Aufhebung von Bauleitplänen eine Verkürzung droht; bei der Entscheidung, einen Plan nicht zu erlassen, müssen Beteiligungsverfahren und Abwägung aber gerade nicht durchgeführt werden[405], womit dieser Schutzzweck nicht für eine erweiternde Auslegung

403 Looman, NVwZ 1998, 1271 (1273).
404 Vgl. Kämper, Planungsleistungen als „Gegenleistung“, S. 96 ff. m.w.N.
405 Siehe dazu schon oben Teil 1, Kapitel 3, E.

angeführt werden kann[406]. Zu beachten ist jedoch, dass die Norm auch dem Schutz der Planungshoheit der Gemeinde zu dienen bestimmt ist[407]. Es soll der Gemeinde weder ein Individualinteresse Dritter aufgezwungen werden können, noch darf sie sich dazu verpflichten, einem solchen Interesse zu entsprechen[408]. Der Schutz der Gemeinde in ihrer Freiheit und Unabhängigkeit von Interessen Dritter bei der Wahrnehmung ihrer Planungsaufgaben wäre bei Unterlassungsansprüchen Dritter bzw. Unterlassungszusagen an Dritte ebenso gefährdet, wie dies bei Handlungsansprüchen bzw. -zusagen der Fall wäre. Es schützt § 1 Abs. 3 S. 2 BauGB deshalb auch die Entscheidung der Gemeinde, ob sie einen Bauleitplan aufstellt, ändert, ergänzt oder aufhebt. § 1 Abs. 3 S. 2 BauGB kann somit auch ein Ausschluss gesetzlicher und vertraglicher Ansprüche Dritter auf Unterlassung einer Planung entnommen werden[409].

B. Anwendbarkeit des § 1 Abs. 3 S. 2 BauGB auf gemeindliche Verpflichtungen bzw. Ansprüche aufgrund Bürgerentscheid?

Fraglich ist jedoch, ob durch eine per Bürgerentscheid geschaffene Verpflichtung der Gemeinde, eine bestimmte Planung durchzuführen, zu ändern oder zu unterlassen, tatsächlich die gesetzgeberische Wertung des § 1 Abs. 3 S. 2 BauGB

---

406 So auch Kamp, Kommunale Steuerung der Bebaubarkeit, S. 92 Anm. 17; Gusy, BauR 1981, 164 (169 f.). A.A. Kämper, Planungsleistungen als „Gegenleistung", S. 99, mit der nicht überzeugenden Begründung, durch die aufgrund einer Planunterlassungsabrede eintretende Verhinderung eines späteren Verfahrens würden sowohl die Beteiligungsrechte als auch die Abwägungsfreiheit nicht nur wie infolge eines Planungsversprechens wirkungslos, sondern sogar schon in ihrer Durchführung gesperrt. Diese Begründung kann nicht überzeugen, da bei der Entscheidung, einen Plan nicht zu erlassen, Beteiligungsverfahren und Abwägung gesetzlich gar nicht gefordert sind und die Durchführung eines späteren Verfahrens mit Abwägung unstreitig nicht verlangt werden kann.

407 Vgl. Krautzberger, in: Battis/Krautzberger/Löhr, BauGB, § 1 Rn. 31; Kamp, Kommunale Steuerung der Bebaubarkeit, S. 94; Kämper, Planungsleistungen als „Gegenleistung", S. 98.

408 Auch ein Verzicht der Gemeinde auf die Ausübung ihrer Planungshoheit ist somit nicht zulässig.

409 Im Ergebnis ebenso BVerwG, Beschluss vom 28.12.2005 – 4 BN 40.05 –, NVwZ 2006, 458 (458 f.); dass., Beschluss vom 28.12.2000 – 4 BN 37.00 –, BauR 2001, 1060; VGH Kassel, Beschluss vom 06.03.1985 – 3 N 207.85 –, UPR 1985, 430 (431); Söfker, in Ernst/Zinkahn/Bielenberg, BauGB, § 1 Rn. 42e; Kahl, DÖV 2000, 793 (798).

unterlaufen würde, wie dies nach der oben dargestellten Auffassung in der Literatur der Fall sein soll.

Wie bereits gesagt, schließt § 1 Abs. 3 S. BauGB Ansprüche auf Aufstellung oder Nichtaufstellung von Bauleitplänen aus. Schon das rechtliche Verständnis des Begriffs „Anspruch“[410], vor allem aber der Schutzzweck der Vorschrift, die Planungsfreiheit der Gemeinde zu erhalten und damit eine Planung unabhängig von Individualinteressen Einzelner sicherzustellen, machen deutlich, dass es sich bei den Ansprüchen, die ausgeschlossen werden sollen, um solche von außerhalb der Gemeinde stehenden Dritten handelt. Die abstimmende Bürgerschaft kann jedoch nicht als „Dritter“ in diesem Sinne verstanden werden. Bei der Entscheidung der Gemeindebürger durch Bürgerbegehren und Bürgerentscheid geht es nämlich um die interne Willensbildung der Gemeinde unter Einbeziehung der Bürgerschaft mittels Bürgerentscheid und nicht um eine durch die Geltendmachung von Ansprüchen gekennzeichnete und durch § 1 Abs. 3 S. 2 BauGB ausgeschlossene Außenbindung[411]. Denn bei der mittels Bürgerentscheid entscheidenden Bürgerschaft, deren Entscheidung die Wirkung eines Gemeinderatsbeschlusses zukommt, handelt es sich um einen im Konkurrenzverhältnis zum Gemeinderat stehenden Entscheidungsträger. Mittels Bürgerbegehren und Bürgerentscheid machen die Bürger also gerade keinen Anspruch auf Planung bzw. Unterlassung der Planung geltend, sondern nehmen die auf Bauleitplanung gerichtete interne Willensbildung der Gemeinde vor[412].

Der gesetzgeberischen Wertung des § 1 Abs. 3 S. 2 BauGB kann somit kein Argument gegen die Zulässigkeit von Bürgerbegehren und Bürgerentscheid zu Fragen der Bauleitplanung entnommen werden.

Kapitel 3: § 3 BauGB

Weiter könnte der Vorschrift des § 3 BauGB eine Unzulässigkeit von Bürgerbegehren und Bürgerentscheid zu Fragen der Bauleitplanung entnommen werden. Genau genommen erweist sich die Vereinbarkeit mit § 3 BauGB unter zwei, freilich in engem Zusammenhang stehenden, aber doch verschiedenen Blickwinkeln als

410 Ansprüche im rechtlichen Sinne werden „von außen“ gestellt, nicht aber an sich selbst.

411 BayVGH, Beschluss vom 28.07.2005 – 4 CE 05.1961 –, NVwZ-RR 2006, 208 (209).

412 So auch VG Würzburg, Urteil vom 08.05.2002 – W 2 K 01.1244 –, BayVBl. 2003, 87 (89); Kautz, BayVBl. 2005, 193 (196); Neusinger, Bürgerbegehren und Bürgerentscheid, S. 130; vgl. auch Hofmann-Hoeppel/Weible, BayVBl. 2000, 577 (621).

problematisch: Zum einen stellt sich die Frage, ob eine Anwendung der kommunalrechtlichen Vorschriften über Bürgerbegehren und -entscheid hier möglicherweise schon wegen der Kompetenz des Bundesgesetzgebers aus Art. 74 Nr. 18 GG für das Bauplanungsrecht gar nicht in Betracht kommt. Zum anderen könnte die Zulassung von Bürgerbegehren und -entscheiden zu Fragen der Bauleitplanung neben dem bundesgesetzlich zwingend erforderlichen Beteiligungsverfahren nach § 3 BauGB ein Übermaß an Bürgerbeteiligung bzw. die unzulässige Gefahr einander widersprechender Ergebnisse mit sich bringen.

A. Keine „weitere" Beteiligung der Bürger im Zusammenhang mit dem Bauplanungsrecht neben § 3 BauGB wegen Verstoßes gegen die Gesetzgebungskompetenz des Bundes?

Zunächst bedarf es einer Untersuchung der Frage, ob eine „weitere" Beteiligung der Bürger aufgrund der landesrechtlichen Vorschriften zu Bürgerbegehren und Bürgerentscheid mit Blick auf § 3 BauGB einen Verstoß gegen die Gesetzgebungskompetenz des Bundes bedeuten würde.

So wurde argumentiert, der Bundesgesetzgeber habe von seiner konkurrierenden Gesetzgebungskompetenz gemäß Art. 74 Nr. 18 GG a.F. (nunmehr Art. 74 Abs. 1 Nr. 18 GG) umfassend Gebrauch gemacht, womit die Länder für eine eigene Gesetzgebung gesperrt seien. Für die landesrechtlichen Regelungen zum Institut von Bürgerbegehren und Bürgerentscheid könne dies bedeuten, dass die Landesgesetzgeber wegen der in § 3 BauGB umfassend geregelten Bürgerbeteiligung gar keine Vorschriften erlassen dürften, die im Zusammenhang mit dem Bauplanungsrecht eine weitere Beteiligung der Bürger vorsähen[413].

Eine solche Argumentation erscheint in zweierlei Hinsicht problematisch. So stellt sich zum einen schon die grundsätzliche Frage, ob die Gesetzgebungskompetenz des Bundes im hier betroffenen Fall einer Regelung des Verfahrensrechts seit der Föderalismusreform überhaupt noch zur „Sperrung" landesrechtlicher Regelungen geeignet ist. Unabhängig davon kommt zum anderen eine aufgrund abschließender bundesrechtlicher Regelung eintretende Sperrung landesrechtlicher

413 Vgl. die Erwägungen von Gebhardt, Direkte Demokratie, S. 186; VG Würzburg, Urteil vom 08.05.2002 – W 2 K 01.1244 –, BayVBl. 2003, 87 (89). Ähnlich auch Klenke, NWVBl. 2002, 45 (47 f.); v. Mutius, in: v. Mutius/Rentsch, Kommunalverfassungsrecht, § 16g Rn. 5.

Regelungen nur dann in Betracht, wenn durch die landesrechtlichen Bestimmungen der gleiche Regelungsbereich berührt sein sollte. Mit anderen Worten würde ein Ausschluss der landesrechtlichen durch die bundesrechtliche Regelung einen vergleichbaren Charakter der Bürgerbeteiligung nach § 3 BauGB und der „Bürgerbeteiligung" nach den kommunalrechtlichen Regelungen zu Bürgerbegehren und Bürgerentscheid voraussetzen.

I. „Sperrung" der landesrechtlichen Gesetzgebung aufgrund Gesetzgebungskompetenz des Bundes

Gemäß Art. 72 Abs. 1 GG haben die Länder im Bereich der konkurrierenden Gesetzgebung die Befugnis zur Gesetzgebung, solange und soweit der Bund von seiner Gesetzgebungszuständigkeit nicht Gebrauch gemacht hat.

Nach der Rechtslage vor der Föderalismusreform im Jahre 2006 ergab sich die konkurrierende Gesetzgebungskompetenz des Bundes für das Baugesetzbuch und auch zur Regelung der im Baugesetzbuch enthaltenen verfahrensrechtlichen Vorgaben aus Art. 74 Nr. 18 GG a.F. (i.V.m. Art. 84 Abs. 1 GG a.F.). Das Bundesverfassungsgericht hat bereits in seinem Rechtsgutachten vom 16.06.1954 festgestellt, dass solche Vorschriften, die den Grund und Boden unmittelbar zum Gegenstand rechtlicher Ordnung haben, also die rechtlichen Beziehungen des Menschen zu Grund und Boden regeln, mithin das gesamte Recht der städtebaulichen Planung, zum „Bodenrecht" im Sinne des Art. 74 Nr. 18 GG zählen[414]. Die Kompetenz neben materiell-rechtlichen Regelungen des Bauplanungsrechts auch zur Bestimmung verfahrensrechtlicher Vorgaben, wie sie insbesondere in der hier interessierenden Vorschrift des § 3 BauGB enthalten sind, war dabei – je nach vertretener Auffassung – entweder ebenfalls aus der Vorschrift des Art. 74 Nr. 18 GG a.F. zu folgern, als sogenannter Annex zu der dem Bund zur Regelung zugewiesenen materiellen Gesetzgebungskompetenz[415]. Oder es konnte die Gesetzgebungskompetenz für die organisations- und verfahrensrechtlichen Regelungen

414 BVerfG, Rechtsgutachten vom 16.06.1954 – 1 PBvV 2/52 –, BVerfGE 3, 407 (424).

415 Die Auffassung, die Befugnis des Bundes zum Erlass von Regelungen betreffend die Behördeneinrichtung oder das Verwaltungsverfahren folge als Annex aus den Sachkompetenzen der Art. 70 ff. GG, wird mit Unterschieden im Detail etwa vertreten von Groß, in: Friauf/Höfling, Berliner Kommentar, Art. 84 Rn. 16; Hermes, in: Dreier, GG, Art. 83 Rn. 23 f. und Art. 84 Rn. 39; Heitsch, Ausführung der Bundesgesetze, S. 212 ff.; Jarass, NVwZ 2000, 1089 (1091 f.). Aus der älteren Literatur vgl. auch Scholler, DÖV 1968, 756 (757); Franssen, JZ 1974, 314 (317); Lepa, DVBl. 1974, 399 (404 ff.); Achterberg, DÖV 1966, 695 (695 ff.); Pathe, DVBl. 1951, 681 (683 ff.).

der insofern als kompetenzbegründend[416] verstandenen Norm des Art. 84 Abs. 1 GG entnommen werden[417]. Durch das Baugesetzbuch, das auch mit der gemäß Art. 84 Abs. 1 GG a.F. erforderlichen Zustimmung des Bundesrates[418] ergangen

---

416 Von dieser konstitutiven Gesetzgebungskompetenz für die Behördeneinrichtung und das Verwaltungsverfahren aus Art. 84 Abs. 1 GG durfte der Bund freilich nur „akzessorisch" Gebrauch machen, d.h. nur gleichzeitig mit dem Erlass des materiell-rechtlichen Gesetzes, auf das sich die verwaltungsorganisationsrechtliche Regelung bezieht, oder diesem nachfolgend.

417 Zu dieser Auffassung vgl. nur Lerche, in: Maunz/Dürig, GG, Art. 84 Rn. 14. An einer klaren Aussage des Bundesverfassungsgerichts zum Verhältnis des Art. 84 Abs. 1 GG a.F. (und Art. 85 GG a.F.) zu den Art. 70 ff. GG fehlt es vollständig. So spricht das Bundesverfassungsgericht bspw. in seinem Beschluss vom 09.12.1987 – 2 BvL 16/84 –, BVerfGE 77, 288 (298 f.) einerseits davon, „die vom Bundesgesetzgeber … geregelte Trägerschaft der Bauleitplanung ist als organisationsrechtliche Folgeregelung zu dem im Bundesbaugesetz geschaffenen materiellen Konzept der Bauleitplanung von der *Kompetenz aus Art. 74 Nr. 18 GG (Bodenrecht) i.V.m Art. 84 Abs. 1 GG (Einrichtung der Behörden)* gedeckt". Andererseits verwendet es später den Begriff der Annexregelung, indem es darauf hinweist, dass „eine … Einschaltung der Gemeinden in den Vollzug der Bundesgesetze durch den Bundesgesetzgeber nur dann zulässig [ist], wenn es sich um eine *punktuelle Annexregelung* zu einer zur Zuständigkeit des Bundesgesetzgebers gehörenden materiellen Regelung handelt und *wenn diese Annexregelung für den wirksamen Vollzug der materiellen Bestimmungen des Gesetzes notwendig ist*" (Hervorhebungen nicht im Original).
Für die Auffassung einer kompetenzbegründenden Funktion der Art. 84, 85 GG spricht vor allem das Argument, dass Regelungen, die die Organisationsgewalt der Länder beschränken, nur insofern zulässig sind, als sie das Grundgesetz ausdrücklich bestimmt oder zulässt. Bei Bejahung einer Annexkompetenz aus Art. 70 ff. GG könnte der Bund aber auch Regelungen treffen, die über das Verwaltungsverfahren oder die Behördeneinrichtung hinausgehen, obwohl Art. 84 GG die dem Bund zugestandene Organisationsgewalt eben auf diese Ausschnitte beschränkt (Kahl, NVwZ 2008, 710 (711)). Zu beachten ist jedoch, dass sich die Kontroverse in der Praxis insgesamt nicht wesentlich auswirkt. Vgl. dazu und zur gesamten Diskussion um die Gesetzgebungskompetenz des Bundes für die Regelung der Einrichtung der Behörden und des Verwaltungsverfahrens der Länder ausführlich Haghgu, Die Zustimmung des Bundesrates nach Art. 84 Abs. 1 GG, S. 169 ff.

418 Zu beachten ist, dass der eben dargestellte Streit um die Verortung der Gesetzgebungskompetenz des Bundes für Ausführungsregelungen nach Art. 84 Abs. 1 GG a.F. für die Frage nach dem Umfang des Zustimmungserfordernisses für die Regelung der Einrichtung der Behörden und des Verwaltungsverfahrens der Länder ohne Bedeutung ist. Auch die Vertreter einer Annexkompetenz zu den Art. 70 ff. GG für Organisations- und Verfahrensregelungen, nach deren Auffassung Art. 84 Abs. 1 GG a.F. keine Bundesgesetzgebungskompetenz begründe, sondern sie voraussetze, womit

war, hatte der Gesetzgeber von seiner konkurrierenden Gesetzgebungskompetenz gemäß Art. 74 Nr. 18 GG a.F. i.V.m. Art. 84 Abs. 1 GG a.F. umfassend Gebrauch gemacht, womit die Länder für Regelungen in diesem Regelungsbereich tatsächlich gesperrt waren (Art. 72 Abs. 1 GG).

Fraglich ist nun, ob sich an einer solchen Sperrung der landesgesetzgeberischen Tätigkeit nicht möglicherweise durch die im Zuge der sogenannten Föderalismusreform[419] ergangenen Neuregelungen der Verfassung seit dem 01.09.2006 Grundlegendes geändert haben könnte. Denn hierbei wurde mit der Lösung über das Abweichungsmodell (Art. 84 Abs. 1 S. 2 GG n.F.) zwar die konkurrierende Gesetzgebungskompetenz des Bundes für das Verwaltungsverfahren und die Behördenorganisation im Bereich der landeseigenen Verwaltung beibehalten, allerdings in Form der sogenannten Abweichungskompetenz der Länder. Im Einzelnen: Wie nach bisherigem Recht auch bestimmt Art. 74 Abs. 1 Nr. 18 GG n.F. das „Bodenrecht" und damit grundsätzlich das gesamte materielle Planungs- und Städtebaurecht als Gegenstand der konkurrierenden Gesetzgebungskompetenz des Bundes (Art. 72 Abs. 1 GG n.F). Für damit zusammenhängende Regelungen des Verwaltungsverfahrens und somit auch für die Verfahrensregelung des § 3 BauGB, genauso wie auch für die Behördeneinrichtung, wird dem Bund in Art. 84 Abs. 1 S. 2 und 5 GG n.F. eine konstitutive Gesetzgebungskompetenz eingeräumt[420]. Art. 84 GG n.F. verlangt für den Erlass solcher Regelungen zwar nun keine Zustimmung des Bunderates mehr, dafür ist aber eine sogenannte Abweichungskompetenz der Länder eingeführt worden (Art. 84 Abs. 1 S. 2 GG n.F.). Hiermit wurde den Ländern die Möglichkeit eingeräumt, im Falle einer bundesrechtlichen Organisations- oder Verfahrensregelung im Bereich der Landeseigenverwaltung davon abweichende Regelungen zu treffen. Diese Abweichungsmöglichkeit der Länder kann für den Fall einer Regelung des Verwaltungsverfahrens nur ausgeschlossen und somit vom Bund eine abweichungsresistente Regelung geschaffen werden, wenn einerseits die Zustimmung des Bundesrates gegeben ist

ihm insoweit nur deklaratorische Wirkung zukomme, sprechen Art. 84 Abs. 1 GG eine konstitutive Wirkung jedenfalls hinsichtlich des Zustimmungserfordernisses für bundesgesetzliche Regelungen der Behördeneinrichtung und des Verwaltungsverfahrens zu, vgl. dazu m.w.N ausführlich Haghgu, Die Zustimmung des Bundesrates nach Art. 84 Abs. 1 GG, S. 171 u. 173.

419 Gesetz zur Änderung des Grundgesetzes vom 28.08.2006 (BGBl. I, S. 2034).

420 Nach a.A. folgt die Kompetenz für Regelungen zum Verfahren sowie zur Behördeneinrichtung aus einem Annex zur Sachkompetenz des Art. 74 Abs. 1 Nr. 18 GG. An diesem oben ausführlich dargestellten Meinungsstreit dürfte sich durch die Reform nichts geändert haben.

und andererseits die Voraussetzungen eines „Ausnahmefalles" sowie eines „besonderen Bedürfnisses nach bundeseinheitlicher Regelung des Verwaltungsverfahrens" bestehen.

Für die vorliegende Untersuchung kann somit zunächst Folgendes festgestellt werden: Im Hinblick auf die reinen Verfahrensregelungen des Baugesetzbuchs[421], zu denen jedenfalls die Vorschrift des § 3 BauGB zählt, ist weiterhin von einer konkurrierenden Gesetzgebungskompetenz des Bundes zu sprechen, es besteht aber grundsätzlich eine Abweichungskompetenz der Länder. Zwar kann mit dem Bundestagsausschuss für Verkehr, Bau und Stadtentwicklung durchaus davon ausgegangen werden, dass die Regelungen der Verfahren im Baugesetzbuch regelmäßig einen Ausnahmetatbestand des Art. 84 Abs. 1 S. 5 GG darstellen[422]. Von der Möglichkeit des Art. 84 Abs. 1 S. 5, 6 GG hat der Bundesgesetzgeber aber bisher keinen Gebrauch gemacht, weshalb eine „Sperrung" der Landesgesetzgebung in diesem Bereich an sich nicht besteht[423]. Dennoch ist nach der derzeitigen Rechtslage zu berücksichtigen, dass umgekehrt auch keine landesrechtlichen Regelungen bestehen, die als von den Regelungen des Bauleitplanverfahrens abweichende Bestimmungen im Sinne von Art. 84 Abs. 1 S. 2 GG angesehen werden könnten. Insbesondere die hier interessierenden

421 Zur für die Frage einer Abweichungskompetenz bedeutsamen Einschätzung, welche der Regelungen des Baugesetzbuchs als Verfahrensregelungen im Sinne des Art. 84 GG angesehen werden können, vgl. ausführlich Söfker, in: Ernst/Zinkahn/Bielenberg, BauGB, § 2 Rn. 5.

422 Vgl. den Bericht des Rechtsausschusses vom 29.06.2006, BT-Drs. 16/2069, S. 4: „Zur Neuordnung der Gesetzgebungskompetenzen in Art. 84 Abs. 1 GG geht der Ausschuss davon aus, dass die Regelung der Verfahren im Baugesetzbuch – wie die in der Gesetzesbegründung ausdrücklich erwähnten Regelungen des Umweltverfahrensrechts – regelmäßig einen Ausnahmefall im Sinne des Art. 84 Abs. 1 Satz 4 [jetzt S. 5] GG darstellen. Das Baugesetzbuch enthält in Wahrnehmung der Gesetzgebungskompetenz des Bundes („Bodenrecht") materiell-rechtliche Vorschriften verbunden mit Verfahrensvorschriften. Die Ausgestaltung von Verfahrensregelungen ist zumeist Voraussetzung für die Aufnahme von Regelungen über städtebauliche Instrumente im Baugesetzbuch überhaupt oder ist aufgrund der spezifischen Merkmale der Regelungen unverzichtbar notwendig, wie die Gesetzgebung seit der erstmaligen Kodifizierung des Bodenrechts im Bundesbaugesetz 1960 zeigt. Insbesondere die Ausgestaltung der im Baugesetzbuch geregelten Planungsverfahren ist untrennbar mit dem materiellen Recht verbunden und bedarf zum materiellen Verwaltungsvollzug der bundeseinheitlichen Regelung."

423 Vgl. auch Battis/Krautzberger/Löhr, NVwZ 2007, 121 (122) sowie Söfker, in: Ernst/Zinkahn/Bielenberg, BauGB, § 2 Rn. 5.

kommunalrechtlichen Bestimmungen zum Institut von Bürgerbegehren und Bürgerentscheid kommen als solche nicht in Betracht. Das ergibt sich in formeller Hinsicht bereits daraus, dass aus Gründen der Rechtsklarheit zu fordern wäre, dass die Abweichungsregel als solche zu kennzeichnen wäre[424]; zudem wäre der Erlass solcher Regelungen nach der Vorschrift des Art. 125b Abs. 2 GG n.F. erst seit dem 01.01.2009 zulässig gewesen.

Festzuhalten ist an dieser Stelle, dass aufgrund der Neuregelung durch die Föderalismusreform bei der hier vorliegenden konkurrierenden Gesetzgebungskompetenz in der Unterart der Abweichungskompetenz zwar nicht mehr von einer kategorischen Sperrwirkung von abschließenden und umfassenden Bundesgesetzen gesprochen werden kann. Solange aber die Länder nicht in zulässiger Weise von ihrem Recht zur Abweichung im Sinne des Art. 84 Abs. 1 S. 2 GG n.F. i.V.m. Art. 125b Abs. 2 GG n.F. Gebrauch gemacht haben, bleibt es bei der für die konkurrierende Gesetzgebung charakteristischen Sperrwirkung von abschließenden bundesrechtlichen Regelungen.

II. Sperrung landesrechtlicher Regelungen nur für den gleichen Regelungsbereich

Gesetzgebungskompetenz Gebrauch, kann eine Sperrung landesrechtlicher Regelungen – unabhängig von der oben angesprochenen Abweichungskompetenz – aber ohnehin nur in Betracht kommen, wenn der Bund eine erschöpfende[425] Regelung einer bestimmten Materie vorgenommen hat. Allein der Umstand, dass der Bund überhaupt auf einem Gebiet der konkurrierenden Gesetzgebung ein Gesetz erlassen hat, kann jedenfalls nicht zum Eintritt einer Sperrwirkung sämtlicher irgendwie damit in Zusammenhang zu bringender landesrechtlicher Regelungen führen[426]. Erforderlich ist eine Gesamtwürdigung, wobei maßgeblich darauf abzustellen ist, „ob ein bestimmter Sachbereich umfassend und lückenlos geregelt ist oder jedenfalls nach dem aus Gesetzgebungsgeschichte und Materialien ablesbaren objektivierten Willen des Gesetzgebers abschließend geregelt werden sollte. Für die Frage, ob und inwieweit der Bund von seiner Zuständigkeit Gebrauch gemacht hat,

424 Vgl. auch Pieroth, in: Jarass/Pieroth, GG, Art. 72 Rn. 30: „Aus Gründen der Rechtssicherheit sind die bundesgesetzlichen Regelungen, von denen abgewichen wird, im Abweichungsgesetz zu nennen." sowie Degenhart, NVwZ 2006, 1209 (1213); Meyer, Föderalismusreform, S. 172.

425 Vgl. Art. 72 Abs. 1 GG: „solange und soweit".

426 Zum Umfang der Sperrwirkung vgl. ausführlich Degenhart, in: Sachs, GG, Art. 72 Rn. 27 ff.

ist in erster Linie auf das Bundesgesetz selbst, sodann auf den hinter dem Gesetz stehenden Regelungszweck, ferner auf die Gesetzgebungsgeschichte und die Gesetzgebungsmaterialien abzustellen.“[427]

Bei einer Argumentation wie der oben dargestellten, wegen der umfassend geregelten Bürgerbeteiligung in § 3 BauGB könne gar keine länderrechtliche Regelung (wie die jeweiligen kommunalrechtlichen Bestimmungen betreffend Bürgerbegehren und -entscheid) im Zusammenhang mit dem Bauplanungsrecht eine „weitere Beteiligung“ der Bürger ohne Verstoß gegen die Gesetzgebungskompetenz des Bundes regeln, wird der unterschiedliche Charakter der Bürgerbeteiligung nach § 3 BauGB und der „Bürgerbeteiligung“ nach den kommunalrechtlichen Regelungen zu Bürgerbegehren und Bürgerentscheid bzw. die daraus sich ergebende Konsequenz für die Verteilung der Gesetzgebungskompetenzen verkannt. Kennzeichnend für die dort gegebene Fehleinschätzung ist die Aussage, es handele sich bei den landesrechtlichen Vorschriften um solche, die eine „weitere Beteiligung der Bürger“ zulasse. Denn nur dann, wenn man in der Zulassung von Bürgerbegehren und Bürgerentscheiden im Zusammenhang mit der Bauleitplanung fälschlicherweise ein „Plus“ gegenüber der in § 3 BauGB geregelten Beteiligung erblickt, kommt ein Verstoß gegen die Gesetzgebungskompetenz des Bundes, mit der Begründung, es würden die Grenzen, die der Bundesgesetzgeber für das Maß an Bürgerbeteiligung bewusst abgesteckt hat, überschritten, überhaupt in Betracht. Im Folgenden soll aufgezeigt werden, dass es sich bei Bürgerbegehren und -entscheid nicht um eine „weitere Bürgerbeteiligung“ im Vergleich zur Öffentlichkeitsbeteiligung gemäß § 3 BauGB, sondern um ein „Aliud“[428] handelt. Deutlich wird dies durch die unterschiedlichen Funktionen, die mit den beiden Instituten verfolgt werden.

Die Hauptfunktion der Öffentlichkeitsbeteiligung liegt darin, die Beschaffung und Vervollständigung des Abwägungsmaterials zu gewährleisten. Dies hat der Gesetzgeber mit der durch das EAG Bau 2004 aufgenommene Regelung des § 4a Abs. 1 BauGB nunmehr ausdrücklich klargestellt; dort heißt es: „Die Vorschriften über die Öffentlichkeits- und Behördenbeteiligung dienen insbesondere der vollständigen Ermittlung und zutreffenden Bewertung der von der Planung berührten Belange“. Die Öffentlichkeits- und Behördenbeteiligung ist also aus Gründen des Abwägungsgebots und damit wiederum als Ausfluss des Rechtsstaatsprinzips unverzichtbar, denn ohne eine Öffentlichkeits- und Behördenbeteiligung wäre eine

427 BVerfG, Urteil vom 10.02.2004 – 2 BvR 834, 1588/02 –, BVerfGE 109, 190 (230); dass., Beschluss vom 29.03.2000 – 2 BvL 3/96 –, BVerfGE 102, 99 (114 f.).

428 Kautz, BayVBl. 2005, 193 (199).

vollständige Ermittlung und zutreffende Bewertung des Abwägungsmaterials nicht sichergestellt[429]. Die Unterschrift und Stimmabgabe im Rahmen von Bürgerbegehren und Bürgerentscheiden beinhalten dagegen nicht die Möglichkeit, einzelne Belange in den Entscheidungsprozess einzubringen. Die Sachverhaltsermittlung in Form der Aufbereitung des Abwägungsmaterials hat vielmehr außerhalb der durch Bürgerentscheid anstelle des Gemeinderats zu treffenden Entscheidungen stattzufinden. Eine sogenannte Informationsfunktion kommt Bürgerbegehren und Bürgerentscheid also nicht zu.

Nicht anders verhält es sich im Hinblick auf die ebenfalls oft genannte Rechtsschutzfunktion der Öffentlichkeitsbeteiligung nach § 3 BauGB[430]. Auch diese ist dem Institut des Bürgerbegehrens und -entscheids fremd. Die Beteiligung nach § 3 BauGB dient dem Rechtsschutz der von der Planung in ihren Rechten betroffenen Bürger, indem diesen Personen die Möglichkeit gegeben wird, bereits vor der abschließenden Entscheidung ihre Interessen und Rechte geltend zu machen und zu wahren. Das verbessert die ansonsten bei Planungs- und Abwägungsentscheidungen aufgrund reduzierter gerichtlicher Kontrolldichte nur begrenzte Effektivität des Rechtsschutzes[431]. Bürgerbegehren und Bürgerentscheid haben dagegen nicht den Zweck einer Verbesserung des Rechtsschutzes, denn einzelne Belange können hier gerade nicht vorgetragen werden. Es geht nicht um die Anhörung des Einzelnen, sondern um eine Entscheidung der Mehrheit der Gemeindebürger. Auch insoweit wird deutlich, dass das Recht der Beteiligung eher dem Rechtsstaatsprinzip zuzuordnen ist, die Teilnahme an Bürgerbegehren und Bürgerentscheid dagegen dem Demokratieprinzip[432].

Lediglich im Hinblick auf die auch demokratische Funktion, die der Öffentlichkeitsbeteiligung bisweilen zugeschrieben wird, könnte der Eindruck eines vergleichbaren Charakters der Beteiligung nach § 3 BauGB und des Rechtsinstituts von Bürgerbegehren und Bürgerentscheid im Zusammenhang mit der Bauleitplanung entstehen und damit der Schluss auf eine Sperrung der landesrechtlichen Regelungen naheliegen.

---

429 Vgl. auch Söfker, in: Ernst/Zinkahn/Bielenberg, BauGB, § 2 Rn. 5.

430 Vgl. m.w.N. etwa Gaentzsch, in Schlichter/Stich/Driehaus/Paetow, Berliner Kommentar, § 3 Rn. 3; Battis, in: Battis/Krautzberger/Löhr, BauGB, § 3 Rn. 3; Kautz, BayVBl. 2005, 193 (199); a.A. Jäde, in: Jäde/Dirnberger/Weiss, BauGB, § 4a Rn. 1.

431 Gaentzsch, in Schlichter/Stich/Driehaus/Paetow, Berliner Kommentar, § 3 Rn. 3; Battis, in: Battis/Krautzberger/Löhr, BauGB, § 3 Rn. 3.

432 Vgl. dazu Ritgen, Bürgerbegehren und Bürgerentscheid, S. 204.

Die Teilnahme an einem Bürgerentscheid lässt sich zweifelsfrei dem Demokratieprinzip zuordnen, denn Bürgerentscheide sind Abstimmungen im Sinne des Art. 20 Abs. 2 S. 2 GG und somit unmittelbare Ausübung von Staatsgewalt[433]. Es wird aber auch der Öffentlichkeitsbeteiligung nach § 3 BauGB, die – wie eben dargestellt – im Schwerpunkt dem Rechtsstaatsprinzip zuzuordnen ist, eine „demokratische Funktion" beigemessen[434]. Diese Bezeichnung wird mit der durch die Öffentlichkeitsbeteiligung den Bürgern eingeräumten Möglichkeit einer kontrollierenden Einflussnahme auf den politischen Entscheidungsprozess der Bauleitplanung begründet. Festzustellen ist aber, dass, will man nicht sogar die Bezeichnung als „demokratische Funktion" im Zusammenhang mit der Öffentlichkeitsbeteiligung für gänzlich ungeeignet erachten, jedenfalls sich die beiden Institute selbst in dieser dem Namen nach scheinbar vergleichbaren Funktion wesentlich voneinander unterscheiden. Dies zeigt zum einen ein Blick auf den Kreis der jeweils beteiligten Personen. Während durch die Öffentlichkeitsbeteiligung gemäß § 3 BauGB grundsätzlich jedermann[435] das Recht zur Abgabe von Stellungnahmen eingeräumt ist[436], ist eine Teilnahme am Bürgerentscheid nur den Gemeindebürgern eröffnet. Zum anderen haben die Bürger bei einer Abstimmung per Bürgerentscheid, im Gegensatz zur Beteiligung im Sinne des § 3 BauGB,

433 Ritgen, Bürgerbegehren und Bürgerentscheid, S. 204.

434 Battis, in: Battis/Krautzberger/Löhr, BauGB, § 3 Rn. 3; vgl. auch Korbmacher, in: Brügelmann, BauGB, § 3 Rn. 6; Gaentzsch, in: Schlichter/Stich/Driehaus/Paetow, Berliner Kommentar, § 3 Rn. 3; Kautz, BayVBl. 2005, 193 (199); v. Komorowski/Kupfer, VBlBW 2003, 1 (2).

435 Durch das EAG Bau 2004 wurde die Begrifflichkeit im Rahmen des § 3 BauGB geändert: An die Stelle der Beteiligung der „Bürger" trat der europarechtlich vorgegebene Begriff der „Öffentlichkeit". Eine inhaltliche Änderung war mit diesem Begriffswechsel jedoch nicht verbunden; zur Entstehungsgeschichte vgl. ausführlich Krautzberger, in: Ernst/Zinkahn/Bielenberg, BauGB, § 3 Rn. 1 ff. Zu beachten ist insbesondere, dass mit dem Begriff der „Öffentlichkeit", ebenso wie schon mit dem Begriff der „Bürger" im Sinne der alten Fassung des § 3 BauGB, jedermann gemeint ist, d. h. jede natürliche oder juristische Person, die in ihren Rechten oder Interessen betroffen ist oder ein sonstiges Interesse an der Bauleitplanung hat oder dies zeigt. Der Begriff ist also nicht einschränkend auf Bürgerinnen und Bürger im Sinn des Gemeinderechts hin zu interpretieren, d. h., Anforderungen, die das Gemeinderecht an die rechtliche Eigenschaft eines Gemeindebürgers stellt, sind hier unerheblich (Krautzberger, in: Ernst/Zinkahn/Bielenberg, BauGB, § 3 Rn. 1 ff.).

436 Angesichts dieser Beteiligungs- und damit Einflussnahmemöglichkeit auch von Nichtgemeindebürgern erscheint es bereits fraglich, ob überhaupt von einer „demokratischen" Funktion der Öffentlichkeitsbeteiligung gesprochen werden sollte.

selbst die Entscheidungsmacht[437]. Durch die landesrechtlichen Bestimmungen zu Bürgerbegehren und Bürgerentscheid werden Kompetenzen, die an sich dem Gemeinderat zustehen, auf einen in Konkurrenz zum Gemeinderat stehenden Entscheidungsträger verlagert. Die Bürger werden also nicht nur „beteiligt" und ihnen damit die Möglichkeit der Einflussnahme auf die Entscheidung der Gemeinde eingeräumt, sondern es wird ihnen die Entscheidungskompetenz übertragen[438].

Nach alledem bleibt festzuhalten, dass angesichts der sich grundsätzlich unterscheidenden Funktionen der Öffentlichkeitsbeteiligung gemäß § 3 BauGB einerseits und des Rechtsinstituts von Bürgerbegehen und Bürgerentscheid nach den jeweiligen landesrechtlichen Regelungen andererseits nicht davon ausgegangen werden kann, es handele sich bei Bürgerbegehren und Bürgerentscheid in der Bauleitplanung um eine „weitere" Bürgerbeteiligung, deren Bestimmung dem Landesgesetzgeber angesichts der abschließenden bundesrechtlichen Regelung des § 3 BauGB verwehrt wäre. Betroffen sind vielmehr verschiedene Regelungsbereiche; eine Annahme dahingehend, der bundesrechtlichen Regelung zur Beteiligung der Öffentlichkeit könnte eine abschließende Regelung auch mit Blick auf die Übertragung der Entscheidungskompetenz auf die Gemeindebürger entnommen werden, geht also fehl[439].

B. Übermaß an Bürgerbeteiligung und damit einhergehende Gefahr einander widersprechender Ergebnisse sowie unvertretbarer Verzögerungseffekte?

Bedenken gegen die Zulässigkeit von Bürgerbegehren und Bürgerentscheid in Sachen der Bauleitplanung werden mit Blick auf § 3 BauGB weiter dahingehend geltend gemacht, durch das aus dem Nebeneinander von Öffentlichkeitsbeteiligung gemäß § 3 BauGB sowie Bürgerbegehren und -entscheid resultierenden

---

437 Vgl. auch Kautz, BayVBl. 2005, 193 (199): „... die Bürgerbeteiligung gemäß § 3 BauGB [bedeutet] auch in ihrer demokratischen Funktion keine Mitentscheidung durch die Bürger ..."

438 Vgl. auch v. Golitschek, in: Wollenschläger/Kreßel/Egger, FS für Hablitzel, S. 137 (140 ff.); Oebbecke, Die Verwaltung 37 (2004), 105 (114); Fischer, NVBl. 1995, 366 (367); Muckel, NVwZ 1997, 223 (226).

439 So im Ergebnis auch v. Golitschek, in: Wollenschläger/Kreßel/Egger, FS für Hablitzel, S. 137 (140 ff.); NVBl. 1995, 366 (367); Muckel, NVwZ 1997, 223 (226); Spies, Bürgerversammlung – Bürgerbegehren – Bürgerentscheid, S. 220.

„Übermaß an Bürgerbeteiligung“ entstehe die Gefahr einander widersprechender Ergebnisse sowie unvertretbarer Verzögerungseffekte[440].

Insoweit ist zunächst festzustellen, dass aufgrund des oben dargestellten unterschiedlichen Charakters und der daraus folgenden fehlenden Vergleichbarkeit der Bürgerbeteiligung nach § 3 BauGB einerseits und der Teilnahme an Bürgerbegehren und Bürgerentscheiden nach den landesrechtlichen Regelungen andererseits bereits die Wortwahl des „Übermaßes an Bürgerbeteiligung“[441] fehlgeht und deshalb vermieden werden sollte. Es wurde ausführlich dargestellt, dass es sich bei Bürgerbegehren und anschließendem Bürgerentscheid gerade nicht um eine weitere Bürgerbeteiligung handelt, sondern der Bürgerentscheid selbst eine staatliche Entscheidung ist.

Weiter besteht zwar durchaus Grund zu der „Befürchtung“, es könnten die Verfahren des Bürgerentscheids und des § 3 BauGB zu unterschiedlichen Ergebnissen führen, dergestalt, dass eine zuvor von den Bürgern per Bürgerentscheid getroffene Entscheidung sich möglicherweise gerade aufgrund der Einbeziehung der Öffentlichkeit und der insoweit erhobenen Bedenken als nicht realisierbar erweist[442]. Es ist jedoch nicht ersichtlich, warum dies die Unzulässigkeit von Bürgerbegehren und Bürgerentscheid im Zusammenhang mit der Bauleitplanung nach sich ziehen sollte. Von (sich möglicherweise nach allgemeinen Rechtsgrundsätzen als unzulässig erweisenden) „Widersprüchlichkeiten“[443] kann jedenfalls nur dort gesprochen werden, wo unterschiedliche Äußerungen ein und derselben Person bzw. Personengruppe in ein und demselben, jedenfalls aber vergleichbaren Zusammenhang ergehen. Dies ist hier gerade nicht der Fall. Es wurde ausführlich dargelegt, dass sich nicht nur der für die Öffentlichkeitsbeteiligung zugelassene Personenkreis von den für Bürgerbegehren und Bürgerentscheid in Betracht kommenden

440 Gebhardt, Direkte Demokratie, S. 184 ff; vgl. auch Hofmann/Muth/Theisen, Kommunalrecht, S. 164 f.; Ritgen, Bürgerbegehren und Bürgerentscheid, S. 204 f.; Ossenbühl, in: Seiler, FS für Rommel, S. 247 (262); offengelassen von VG Würzburg, Urteil vom 08.05.2002 – W 2 K 01.1244 –, BayVBl. 2003, 87 (89).

441 Dieser Begriff stammt von Gebhardt, Direkte Demokratie, S. 184 ff; damit vergleichbar ist die von Ossenbühl, in: Seiler, FS für Rommel, S. 263, verwendete Bezeichnung als „mißlicher Verdoppelungseffekt“.

442 Vgl. Ritgen, Bürgerbegehren und Bürgerentscheid, S. 204 f.

443 So wird von den Vertretern der eingangs dargestellten Auffassung regelmäßig davon gesprochen, es dürfe nicht zu mehreren, möglicherweise „widersprüchlichen“ Erklärungen der Bürger kommen, vgl. Gebhardt, Direkte Demokratie, S. 186; Hofmann/Muth/Theisen, Kommunalrecht, S. 164 f.; siehe auch Ritgen, Bürgerbegehren und Bürgerentscheid, S. 204: „Zur Gefahr einander widersprechender Ergebnisse“.

Teilnehmern unterscheidet[444], sondern vor allem die jeweiligen Erklärungen in einem völlig anderen Zusammenhang ergehen. Bei der Öffentlichkeitsbeteiligung gemäß § 3 BauGB kann jede einzelne Person bestimmte Belange geltend machen, deren Kenntnis für den Entscheidungsträger insbesondere für das Treffen einer rechtmäßigen Entscheidung im Detail erforderlich ist. Beim Bürgerbegehren und Bürgerentscheid geht es um die (politische) Entscheidung der Mehrheit der Gemeindebürger regelmäßig über das grundsätzliche Für oder Wider eines Vorhabens.

Will man dennoch den Ausschluss eines Nebeneinanders bzw. Nacheinanders von Verfahren der Öffentlichkeitsbeteiligung und Bürgerbegehren und Bürgerentscheid für erforderlich halten mit dem Argument, aufgrund der hier möglicherweise unterschiedlichen Ergebnisse und der damit zwangsläufig verbundenen Frustration bei Initiatoren und Unterstützern bestehe die Gefahr, dass das gesetzgeberische Ziel der Einbindung der Bürger in die Kommunalpolitik sowie der Akzeptanz staatlicher Entscheidungen verfehlt werde und sich zudem das sehr aufwändige Verfahren von Bürgerbegehren und Bürgerentscheid im Nachhinein als überflüssig erweise[445], so muss dem für die hier anstehende Untersuchung entgegengehalten werden, dass eine solche Argumentation zwar möglicherweise einen dem Landesgesetzgeber freistehenden Ausschluss von Bürgerbegehren und Bürgerentscheid im Zusammenhang mit der Bauleitplanung aus rechtspolitischen Gründen und damit unter Zweckmäßigkeitsgesichtspunkten begründen kann. Die rechtliche Unzulässigkeit und damit ein aufgrund entgegenstehenden höherrangigen Rechts zwingender Ausschluss ergibt sich hieraus jedoch nicht[446].

C. Ergebnis

Insgesamt bleibt festzuhalten, dass der rechtlichen Zulässigkeit von Bürgerbegehren und Bürgerentscheid im Zusammenhang mit der Bauleitplanung im Hinblick auf die Vereinbarkeit mit § 3 BauGB nichts entgegensteht.

---

444 Es ist deshalb nicht richtig, wenn die Gegenauffassung verallgemeinernd davon spricht, „dass sich *die Bürgerschaft* zweimal – womöglich noch widersprüchlich – mit derselben Angelegenheit befasst" (Hofmann/Muth/Theisen, Kommunalrecht, S. 164, Hervorhebung nicht im Original); vgl. auch Fischer, NWVBl. 1995, 366 (367).

445 Vgl. Gebhardt, Direkte Demokratie, S. 186; Ritgen, Bürgerbegehren und Bürgerentscheid, S. 204 f.; vgl. auch Ossenbühl, in: Seiler, FS für Rommel, S. 263: „mißliche Verdoppelungs- und Verzögerungseffekte".

446 So auch v. Golitschek, in: Wollenschläger/Kreßel/Egger, FS für Hablitzel, S. 137 (142).

Kapitel 4: § 33 BauGB

Fraglich ist weiter, ob § 33 BauGB Bürgerbegehren und Bürgerentscheid betreffend die Bauleitplanung entgegenstehen könnte. Insofern wurde argumentiert, ein auf Einstellung der Bauleitplanung gerichtetes Bürgerbegehren sowie der nachfolgende Bürgerentscheid seien unzulässig, wenn bereits die formelle und materielle Planreife im Sinne von § 33 BauGB eingetreten sei, da die Gemeinde in diesem Fall verpflichtet sei, den Bebauungsplan unverzüglich in Kraft zu setzen und damit das Bauleitplanverfahren abzuschließen[447].

Dieser Auffassung ist entgegenzuhalten, dass sie dem § 33 BauGB Aussagen entnehmen möchte, die dort so nicht enthalten sind. § 33 BauGB stellt einen besonderen Zulassungstatbestand dar, indem er unter den dort genannten Voraussetzungen Vorhaben auch dann als zulässig bestimmt, wenn sie nach den §§ 30, 34 und 35 BauGB unzulässig wären. Zu diesen Voraussetzungen zählt neben der formellen Planreife, dem Anerkenntnis der künftigen Festsetzungen durch den Antragsteller und der gesicherten Erschließung auch die materielle Planreife. Die materielle Planreife verlangt dabei zwar unter anderem, dass – insbesondere auch mit Blick auf den Planungswillen der Gemeinde – mit einem baldigen Inkrafttreten des Bebauungsplans gerechnet werden kann[448]. Daraus ergibt sich aber keinesfalls eine Pflicht der Gemeinde, das Bauleitplanverfahren auch tatsächlich abzuschließen; ganz im Gegenteil hat das Nichtbetreiben des weiteren Verfahrens durch die Gemeinde schlicht den Fortfall der zunächst entstandenen materiellen Planreife[449] und damit der Voraussetzungen des § 33 BauGB zur Folge. Der Eintritt der Voraussetzungen des § 33 BauGB kann also keinesfalls die freie Dispositionsbefugnis der Gemeinde hinsichtlich des Betreibens eines Bauleitplanverfahrens aushebeln, sondern allenfalls umgekehrt die vollumfängliche Dispositionsbefugnis der Gemeinde die Anwendung des § 33 BauGB[450]. Der Vorschrift des § 33 BauGB

447 So die Auffassung der Antragsgegnerin im Beschwerdeverfahren 4 CE 07.416 vor dem BayVGH, vgl. BayVGH, Beschluss vom 19.03.2007 – 4 CE 07.416 –, juris Rn. 10 und 24.

448 Vgl. Stock, in: Ernst/Zinkahn/Bielenberg, BauGB, § 33 Rn. 42 u. 48 f.; Jäde, in: Jäde/Dirnberger/Weiss, § 33 Rn. 12; BVerwG, Urteil vom 01.08.2002 – 4 C 5.01 –, DVBl. 2003, 62 (67), das von einer nach der Normstruktur unabdingbaren Verknüpfung mit planerischer Aktivität spricht.

449 Vgl. Stock, in: Ernst/Zinkahn/Bielenberg, BauGB, § 33 Rn. 48 f.

450 So auch BayVGH, Beschluss vom 19.03.2007 – 4 CE 07.416 –, juris Rn. 24; Thum, Bürgerbegehren und Bürgerentscheid, Art. 18a Kz. 13.01, S. 10.

können keine Anhaltspunkte für die von der Gegenauffassung angenommene Dominanz gegenüber der Dispositionsbefugnis der Gemeinde entnommen werden, und ein Blick auf die übrigen Vorschriften des Baugesetzbuchs macht deutlich, dass sich ein solches Verständnis zudem als systemwidrig erwiese. Schon § 1 Abs. 3 S. 1 und 2 BauGB lassen klar erkennen, dass grundsätzlich weder eine objektive Pflicht der Gemeinde noch ein Anspruch Dritter besteht, dass die Gemeinde ein einmal begonnenes Planungsverfahren auch zu Ende führt[451]. Gleiches ergibt sich aus § 42 Abs. 1 BauGB als Recht der Entschädigung auf Seiten des Inhabers eines Baurechts nach § 33 BauGB, das mit der planerischen Befugnis der Gemeinde zur Einstellung oder Änderung einer bereits sachlich abgeschlossenen Planung korrespondiert[452]. Die Regelung eines solchen Entschädigungsanspruches wäre überflüssig, wenn nach Eintreten der Voraussetzungen des § 33 BauGB ohnehin eine Pflicht der Gemeinde zum Abschluss eines Bauleitplanverfahrens bestünde, da es dann niemals zum entschädigungspflichtigen Entzug eines Baurechts nach § 33 BauGB kommen könnte.

Festzuhalten ist, dass das Vorliegen der Voraussetzungen des § 33 BauGB keine Pflicht der Gemeinde zum Abschluss des Bauleitplanverfahrens nach sich zieht, vielmehr die Gemeinde auch in diesem Fall vollumfänglich dispositionsbefugt bleibt. Sie kann auch nach Eintritt der Voraussetzungen des § 33 BauGB ihre Planungsabsicht ändern und dabei auch von der Bauleitplanung vollständig Abstand nehmen. Ob dieser Wegfall des Planungswillens der Gemeinde durch eine Entscheidung des Gemeinderats oder durch einen Entscheid der an dessen Stelle tretenden Stimmbürgerschaft kundgetan wird, ist dabei unerheblich. § 33 BauGB steht somit der Zulässigkeit von Bürgerbegehren und Bürgerentscheid in Sachen der Bauleitplanung nicht entgegen.

451 Vgl. BVerwG, Beschluss vom 09.10.1996 – 4 B 180.96 –, BayVBl. 1997, 154; dass., Urteil vom 01.08.2002 – 4 C 5.01 –, DVBl. 2003, 62 (67); Söfker, in: Ernst/Zinkahn/Bielenberg, BauGB, § 1 Rn. 39.

452 Zur hier bejahten, aber umstrittenen Frage der Anwendung des § 42 BauGB für den Fall des Entzug eines Baurechts aus § 33 BauGB sowie zur Frage, ob das Entstehen solcher Entschädigungsansprüche im Falle der Einstellung oder Änderung eines Bauleitplanverfahrens durch Bürgerbegehren und Bürgerentscheid der Zulässigkeit entgegenstehen könnte, vgl. ausführlich unten Teil 2, Kapitel 5.

Kapitel 5: Drohende Entschädigungsansprüche gemäß § 39 ff. BauGB, verlorene Planungskosten und der Grundsatz der sparsamen und wirtschaftlichen Haushaltsführung

Weiter könnte argumentiert werden, Bürgerbegehren und Bürgerentscheide betreffend die Einstellung eines laufenden Bauleitplanverfahrens oder die Aufhebung oder Änderung eines bestehenden Bebauungsplans könnten sich insbesondere angesichts der dabei häufig drohenden Entschädigungsansprüche, aber auch angesichts des Verlustes der bisher aufgewendeten Planungskosten als unzulässig erweisen[453].

A. Entschädigungsansprüche als Folge der Aufhebung oder Änderung eines Bebauungsplans oder der Einstellung eines laufenden Bauleitplanverfahrens nach Eintritt der formellen und materiellen Planreife

Insbesondere dann, wenn ein Bebauungsplan aufgehoben oder geändert wird, besteht die Gefahr einer Belastung der Gemeinde mit Entschädigungsansprüchen Berechtigter nach den §§ 39 ff. BauGB.

Nach hier vertretener Auffassung können Entschädigungsansprüche – zwar nicht nach § 39 BauGB[454], aber nach dem Auffangtatbestand des § 42 BauGB – zudem dann entstehen, wenn nach Eintritt der Planreife im Sinne des § 33 BauGB die

453 So die Auffassungen der Beklagten bzw. Antragsgegner, dargestellt im Urteil des VG Augsburg vom 18.06.1997 – 5 K 96.1065 –, VwRR BY 1997, 321 (321 ff.) und im Beschluss des BayVGH vom 19.03.2007 – 4 CE 07.416 –, abgedruckt in Thum, Bürgerbegehren und Bürgerentscheid, Kz. 44.33; vgl. auch das Urteil des BayVGH vom 18.03.1998 – 4 B 97.3249 –, abgedruckt in Thum, Bürgerbegehren und Bürgerentscheid, Kz. 44.12, sowie Thum, KommP BY 1998, 411 (413 f.).

454 § 39 BauGB setzt ausdrücklich voraus, dass die entschädigungsfähigen Aufwendungen im berechtigten Vertrauen auf den Bestand eines „rechtsverbindlichen" Bebauungsplans getroffen worden sind. Nicht geschützt werden können deshalb Vertrauensschutzansprüche auf bloße Bebauungsplanentwürfe, auch wenn diese bereits im Sinne des § 33 BauGB planreif sind, vgl. Jäde, in: Jäde/Dirnberger/Weiss, BauGB, § 39 Rn. 9 m.w.N.

Einstellung oder Abänderung einer Planung erfolgt. § 42 BauGB ermöglicht die Geltendmachung eines den Bodenwertverlust ausgleichenden Entschädigungsanspruchs für den Fall der Aufhebung oder Änderung der zulässigen Nutzung eines Grundstücks. Unter einer zulässigen Nutzung sind sowohl die zugelassene, d.h. unter formellem Bestandsschutz stehende als auch eine (nur) materiell-rechtlich zulässige Nutzung, genauer eine solche, deren materielle Rechtmäßigkeit sich unmittelbar aus Bauplanungsrecht ergibt, zu verstehen[455]. Zu den zulässigen (aber noch nicht genehmigten und verwirklichten) Nutzungen in diesem Sinne zählen unstreitig diejenigen nach § 30 Abs. 1, § 34 Abs. 1 und 2 (ggf. i.V.m. § 30 Abs. 3 oder § 34 Abs. 4 S. 1 BauGB), wenn zugleich die Erschließung gesichert ist. Im entschädigungsrechtlichen Sinne „zulässig" sind nach umstrittener, aber richtiger Auffassung jedoch auch die Nutzungen auf Basis des § 33 BauGB[456]. Ist nach § 33 BauGB verfahrens- und materiell-rechtliche Planreife eingetreten, die Erschließung gesichert und die Erklärung des Anerkenntnisses abgegeben, so ist nach Wortlaut und Systematik des § 33 BauGB die Zulässigkeit des Vorhabens begründet. Die Argumentation der Gegenauffassung[457], die Bebaubarkeit nach dieser Vorschrift stelle – mangels einer Bindung der Gemeinde mit der Verpflichtung, das Bebauungsplanverfahren auch zu Ende zu führen – lediglich „eine Chance" dar, weshalb Nutzungen auf der Basis des § 33 BauGB nicht im entschädigungsrechtlichen Sinne zulässig seien, kann deshalb nicht überzeugen. Zudem ist es gerade auch mit Blick auf die strengen Anforderungen des § 33 BauGB, durch welche die künftigen Festsetzungen in ihren Rechtswirkungen vorgezogen werden und so die Rechtslage mit der bei bereits wirksamen Bebauungsplänen gleichgesetzt wird, nicht gerechtfertigt, die an sich bestehende Gleichrangigkeit der Zulassungstatbestände der §§ 30 ff. BauGB im Anwendungsbereich des § 42 BauGB aufzugeben[458]. Zuletzt ist darauf hinzuweisen, dass es auch hier – ebenso wie bei Eingriffen in ein aus den übrigen Vorschriften der §§ 30 ff. unstreitig ableitbares Baurecht – nicht auf die Erteilung einer Genehmigung ankommt, denn durch die

455 Jäde, in: Jäde/Dirnberger/Weiss, BauGB, § 42 Rn. 2.

456 Wie hier etwa auch Stock, in: Ernst/Zinkahn/Bielenberg, BauGB, § 33 Rn. 93 ff.; Steiner, DVBl. 1991, 739 (743 ff); Bötsch, BayVBl. 1978, 133 (134 ff.); Dammer, Offene Fragen im Bereich der Anwendung und Auslegung des § 33 BauGB, S. 183 ff; a.A. bspw. Jäde, in: Jäde/Dirnberger/Weiss, BauGB, § 42 Rn. 3 m.w.N.

457 Jäde, in: Jäde/Dirnberger/Weiss, BauGB, § 42 Rn. 3.

458 Vgl. auch Steiner, DVBl. 1991, 739 (744): „Eine Differenzierung nach erst- und zweitklassigen Zulassungstatbeständen ist den §§ 30 ff. BauGB fremd und kann auch nicht im Anwendungsbereich des § 42 Abs. 1 BauGB praktiziert werden."

Baugenehmigung wird lediglich klargestellt, dass ein Rechtsanspruch auf Bauen besteht, es wird aber nicht die Zulässigkeit erst geschaffen.

B. Das Hervorrufen von Entschädigungsansprüchen durch Bürgerentscheid als Verstoß gegen den Grundsatz der Wirtschaftlichkeit und Sparsamkeit?

Wie eben dargestellt können also insbesondere die Aufhebung oder Änderung eines Bebauungsplans sowie die Einstellung oder Abänderung eines Planverfahrens nach Eintritt der Voraussetzungen des § 33 BauGB Entschädigungsansprüche gegen die Gemeinde nach sich ziehen. Die mögliche Entstehung von Entschädigungsansprüchen kann jedoch allein kein Argument für die Unzulässigkeit einer Reduzierung von Nutzungsmöglichkeiten durch Bürgerbegehren und Bürgerentscheid darstellen[459]. Es gilt insoweit nichts anderes als für eine entsprechende Entscheidung des Gemeinderats: Eine Reduzierung von Baurecht ist grundsätzlich zulässig; das ergibt schon ein Umkehrschluss aus den §§ 39 ff. BauGB, die eine solche Reduzierung voraussetzen.

Als problematisch könnte sich das „Hervorrufen" von Entschädigungsansprüchen durch Bürgerbegehren und Bürgerentscheid allenfalls im Hinblick auf den Grundsatz der sparsamen und wirtschaftlichen Haushaltsführung erweisen. Bei dem Erfordernis wirtschaftlichen Handelns in der öffentlichen Verwaltung handelt es sich um ein allgemeines Rechtsgebot[460] mit verfassungsrechtlicher Verankerung in Art. 114 Abs. 2 GG[461]. Eine einfachgesetzliche Ausprägung findet sich insbesondere in den §§ 6 Abs. 1 HGrG, 7 Abs. 1 BHO/LHO sowie für das hier interessierende Kommunalrecht in den jeweiligen Gemeindeordnungen der

459 Vgl. auch Metzner, KommP BY 1998, 163 (165); Thum, KommP BY 1998, 411 (414).

460 Zur Charakterisierung des Gebots der Wirtschaftlichkeit und Sparsamkeit als Rechtsprinzip (im Gegensatz zum bloßen Programmsatz) Walther, BayVBl. 1990, 231 (238); v. Arnim, Wirtschaftlichkeit als Rechtsprinzip, insb. S. 60 f. m.w.N. und 92 ff.; vgl. auch Krebs, in: v. Arnim, Finanzkontrolle im Wandel, S. 65 (70 ff.).

461 Zur verfassungsrechtlichen Bindung der Verwaltung an das Wirtschaftlichkeitsgebot vgl. ausführlich v. Arnim, Wirtschaftlichkeit als Rechtsprinzip, S. 71 f., m.w.N. aus der Literatur. Zum seit der Aufnahme des Art. 114 Abs. 2 GG im Jahre 1969 geltenden Verfassungsrang des Wirtschaftlichkeitsprinzips vgl. Rischer, Finanzkontrolle staatlichen Handelns, S. 239 f.

Länder[462]. Wirtschaftlichkeit bedeutet, dass ein bestimmtes Ergebnis mit einem möglichst geringen Mitteleinsatz erreicht wird (Minimalprinzip oder Kostenminimierung) oder dass mit einem bestimmten Mitteleinsatz das bestmögliche Ergebnis erzielt wird (Maximalprinzip oder Nutzenmaximierung)[463]. Es geht also um ein angemessenes Verhältnis zwischen öffentlichem Mitteleinsatz und sozialem Nutzen[464]. Der Begriff der Sparsamkeit kann mit der Verpflichtung zur Vermeidung unnötiger Ausgaben, der Aufgabenerfüllung mit möglichst geringen finanziellen Aufwendungen sowie einer Begrenzung der aufzuwendenden Mittel auf den notwendigen Umfang umschrieben werden[465]. Unter Betrachtung dieser Begriffsbestimmungen liegt die Annahme eines Verstoßes gegen den Grundsatz der Wirtschaftlichkeit und Sparsamkeit für den Fall der Aufhebung oder Abänderung eines schon beschlossenen Bebauungsplans oder der Einstellung eines bereits weit fortgeschrittenen Planungsverfahrens der Gemeinde durch Bürgerbegehren und Bürgerentscheid auf den ersten Blick nahe, wenn hierdurch Entschädigungsansprüche gegen die Gemeinde entstehen und zudem die gesamten (bisherigen) Planungskosten umsonst aufgewendet sind.

Zu beachten ist aber, dass es sich bei den Begriffen der Wirtschaftlichkeit und Sparsamkeit um unbestimmte Rechtsbegriffe mit sehr weitem Beurteilungsspielraum handelt und dass dieser Beurteilungsspielraum im hier zu besprechenden Fall nicht der Gemeinde, sondern der Stimmbürgerschaft zukommt. Diese gleich

---

462 Vgl. Art. 61 Abs. 2 S. 1 BayGO; § 77 Abs. 2 GemO BW; § 74 Abs. 2 GO Bbg; § 92 Abs. 2 HGO; § 43 Abs. 4 KV M-V; § 82 Abs. 2 NGO; § 75 Abs. 1 GO NRW; § 93 Abs. 3 GemO RP; § 82 Abs. 2 SaarlKSVG; § 72 Abs. 2 S. 1 SächsGemO; § 90 Abs. 2 GO LSA; § 75 Abs. 2 GO SH; § 53 Abs. 2 S. 1 ThürKO.

463 Wegmann, KommP BY 1997, 43 (43); siehe weitergehend zur umfangreichen Diskussion um die genaue Bedeutung der Begriffe der Wirtschaftlichkeit und Sparsamkeit auch Walther, BayVBl. 1990, 231 (232 ff.); v. Arnim, Wirtschaftlichkeit als Rechtsprinzip, S. 19 f.; ders., Staatslehre, S. 215 f.; Krebs, in: v. Arnim, Finanzkontrolle im Wandel, S. 65 (66 ff.); Seckler, Das Gebot der Wirtschaftlichkeit und Sparsamkeit, S. 75 ff.

464 Fischer-Menshausen, in: v. Münch/Kunig, GG, Art. 114 Rn. 18; siehe auch Heintzen, in: v. Münch/Kunig, GG, Art. 114 Rn. 24.

465 Wegmann, KommP BY 1997, 43 (43); siehe auch Walther, BayVBl. 1990 231 (232 ff.); Seckler, Das Gebot der Wirtschaftlichkeit und Sparsamkeit, S. 92 f. Zum Streit über die Charakterisierung des Sparsamkeitsprinzips als Teil des Wirtschaftlichkeitsprinzips vgl. einerseits etwa Walther, BayVBl. 1990, 231 (232 f.) sowie v. Arnim, Wirtschaftlichkeit als Rechtsprinzip, S. 49 f., die den Sparsamkeitsgrundsatz als Kostenminimierungsprinzip des Wirtschaftlichkeitsgrundsatzes bezeichnen, und andererseits Rischer, Finanzkontrolle staatlichen Handelns, S. 242 f.

näher darzustellenden Aspekte sind es, die dazu führen, dass – ganz entgegen dem ersten Anschein – die Unzulässigkeit von Bürgerbegehren und Bürgerentscheid aufgrund eines Verstoßes gegen den Grundsatz der Wirtschaftlichkeit und Sparsamkeit einen seltenen Ausnahmefall darstellt.

I. Wirtschaftlichkeit und Sparsamkeit als unbestimmte Rechtsbegriffe mit sehr weitem Beurteilungsspielraum – die sogenannte „Schlechterdings"-Rechtsprechung

Nach ganz herrschender Auffassung in Rechtsprechung und Literatur kommt der Gemeinde bei der Entscheidung über die Durchführung einer Maßnahme hinsichtlich der Einhaltung der Grundsätze der Sparsamkeit und Wirtschaftlichkeit ein sehr weiter Entscheidungsspielraum zu[466]. So kann nach dieser durch die sogenannte „Schlechterdings"-Rechtsprechung[467] des OVG Rheinland-Pfalz[468] aus dem Jahre 1974 begründeten Auffassung ein Verstoß gegen die Grundsätze der Wirtschaftlichkeit und Sparsamkeit seitens der Aufsichtsbehörden oder Verwaltungsgerichte nur dann beanstandet werden, wenn das gemeindliche Handeln mit den Grundsätzen wirtschaftlichen Handelns schlechterdings unvereinbar ist. Keinesfalls dürfen Aufsichtsbehörde oder Gericht ihren eigenen Beurteilungsspielraum an die Stelle desjenigen der Gemeinde setzten; ob sie selbst ein anderes Vorgehen für wirtschaftlicher und sparsamer halten, ist unerheblich, selbst wenn dies bei objektiver Betrachtung der Fall sein sollte. Der Kommune bleibt hier eine eigene Entscheidungsfreiheit vorbehalten, solange sie sich innerhalb der Grenzen des mit einem vernünftigen Wirtschaften nicht schlechterdings Unvereinbaren bewegt. Seine

466 Vgl. aus der Rechtsprechung insbesondere BayVGH, Urteil vom 27.05.1992 – 4 B 91.190 –, BayVBl. 1992, 628 (630); dens., Urteil vom 18.03.1998 – 4 B 97.3249 –, BayVBl. 1998, 402 (403); VGH BW, Urteil vom 29.11.1982 – 1 S 1415/81 –, VBlBW 1983, 313 (314); OVG NW, Beschluss vom 26.10.1990 – 15 A 1099/87 –, DÖV 1991, 611 (611 f.); OVG RP, Urteil vom 01.07.1974 – 7 A 6/73 –, auszugsweise abgedruckt bei Thum, Bürgerbegehren und Bürgerentscheid, Kz. 46.02; BVerwG, Urteil vom 14.12.1979 – 4 C 28.76 –, BVerwGE 59, 249 (252 f.); sowie aus der Literatur Wegmann, KommP BY 1997, 43 (43 f.); Schnapp/Rawert, JuS 1986, 631 (632 f.); Hendler, in: Isensee/Kirchhof, HStR VI, § 143 Rn. 36; Hager, VerwArch 1993, 97 (108 f.); Pappermann, DÖV 1972, 161 (164); Pröckel, Die unmittelbare Beteiligung der Bürger an der Gemeindeverwaltung, S. 158 f.; kritisch Seckler, Das Gebot der Wirtschaftlichkeit und Sparsamkeit, S. 202 ff.

467 Seckler, Das Gebot der Wirtschaftlichkeit und Sparsamkeit, S. 177 ff.

468 Urteil vom 01.07.1974 – 7 A 6.73 –, auszugsweise abgedruckt bei Thum, Bürgerbegehren und Bürgerentscheid, Kz. 46.02.

Rechtfertigung findet dieser sehr weitgehende Entscheidungsspielraum hinsichtlich der Einhaltung der Grundsätze der Sparsamkeit und Wirtschaftlichkeit zum einen in dem Fehlen konkreter gesetzlicher Zielsetzung oder objektiven Bestimmbarkeit der Ziele; der programmatische Inhalt des Gebots ist objektiv schwerlich messbar, und die Relation zwischen Aufwand und Nutzen bedarf in der Regel wegen fehlender rechnerischer Ermittlungsmöglichkeit einer kommunalpolitischen Bewertung[469]. Zum anderen lässt sich die weite Grenzziehung mit der verfassungsrechtlich gewährleisteten kommunalen Selbstverwaltung begründen[470].

II. Übertragung der sogenannten „Schlechterdings"-Rechtsprechung auf Bürgerbegehren und Bürgerentscheid

Nachdem also festgestellt ist, dass der Gemeinde bei Anwendung der Rechtsbegriffe der Wirtschaftlichkeit und Sparsamkeit gegenüber Rechtsaufsichtsbehörde und Gericht ein weiter Entscheidungsspielraum zukommt, bedarf es weiter einer Untersuchung der Frage, wem dieser Beurteilungsspielraum im Falle eines Bürgerbegehrens und -entscheids zukommt, mit anderen Worten, ob sich die eben gefundenen Ergebnisse auf das Verhältnis Bürgerschaft – Gemeinderat übertragen lassen.

Entgegen früher vielfach vorzufindender Auffassung[471], wonach der Beurteilungsspielraum beim Gebot der Wirtschaftlichkeit und Sparsamkeit – regelmäßig ohne nähere Auseinandersetzung mit der Problematik – auch im Falle von Bürgerbegehren und -entscheid bei den verfassten Gemeindeorganen angesiedelt wurde, wird seit dem als „Meilenstein in der Rechtsprechung zum Bürgerbegehren"[472]

---

469 VGH BW, Urteil vom 29.11.1982 – 1 S 1415.81 –, VBlBW 1983, 313 (314); OVG NW, Beschluss vom 26.10.1990 – 15 A 1099.87 –, DÖV 1991, 611 (611 f.); Vgl. auch Hendler, in: Isensee/Kirchhof, HStR VI, § 143 Rn. 36, der darauf hinweist, dass eine Prüfung der Rechtsaufsicht an den Maßstäben der Wirtschaftlichkeit und Sparsamkeit in den praktischen Auswirkungen einer – unzulässigen – Zweckmäßigkeitsaufsicht gleichkäme. Um dies zu vermeiden, dürften aufsichtliche Maßnahmen erst eingreifen, wenn der Bereich vernünftigen Verwaltungshandelns überschritten sei.

470 Vgl. insbesondere OVG RP, Urteil vom 01.07.1974 – 7 A 6.73 –, auszugsweise abgedruckt bei Thum, Bürgerbegehren und Bürgerentscheid, Kz. 46.02); Wegmann, KommP BY 1997, 43; Pröckel, Die unmittelbare Beteiligung der Bürger an der Gemeindeverwaltung, S. 159.

471 Vgl. die umfassende Analyse praktischer Fälle dargestellt bei Seckler, Das Gebot der Wirtschaftlichkeit und Sparsamkeit, S. 270 ff.

472 Seckler, Das Gebot der Wirtschaftlichkeit und Sparsamkeit, S. 322.

bezeichneten Urteil des Bayerischen Verwaltungsgerichtshofs vom 18.03.1998[473] nach heute herrschender Auffassung[474] der weite Beurteilungsspielraum, der dem grundsätzlich entscheidenden Gemeinderat gegenüber der Rechtsaufsichtsbehörde eingeräumt wird, auch der Stimmbürgerschaft im Verhältnis zu dem über die Zulässigkeit des Bürgerbegehrens entscheidenden Gemeinderat zugestanden. So erweist sich in Orientierung an die oben dargestellte sogenannte „Schlechterdings"-Rechtsprechung ein Bürgerbegehren erst dann als rechtswidrig und kann das Begehren vom Gemeinderat für unzulässig erklärt werden, wenn die mit ihm verlangte Maßnahme mit den Grundsätzen vernünftigen Wirtschaftens schlechterdings unvereinbar ist.

Dieser Auffassung ist sowohl im Hinblick auf das Ergebnis als auch die Begründung grundsätzlich zuzustimmen. Das Gericht weist richtigerweise darauf hin, dass aufgrund der Wirkung eines Bürgerentscheids als Gemeinderatsbeschluss die Stimmbürgerschaft über all diejenigen Fragen eine Entscheidung treffen darf, über die ansonsten der Gemeinderat entscheiden kann. Die Stimmbürgerschaft rückt an die Stelle des Gemeinderats, weshalb auch die Rechtmäßigkeit eines Bürgerbegehrens und -entscheids nicht unter strengeren Voraussetzungen beurteilt werden kann als die Rechtmäßigkeit gemeindlicher Beschlüsse bzw. muss der an die Stelle des Gemeinderats tretenden Stimmbürgerschaft eben der rechtlich nicht angreifbare Entscheidungsspielraum zugestanden werden, der ansonsten dem Gemeinderat eingeräumt ist. Außerdem wird nur so dem Wesen der dem Gemeinderat obliegenden Zulässigkeitsentscheidung die richtige Bedeutung beigemessen. Nach den jeweiligen Bestimmungen der Gemeindeordnungen der Länder hat der Gemeinderat über die Zulässigkeit eines Bürgerbegehrens zu entscheiden. Nach heute wohl einhelliger Meinung handelt es sich dabei zwar um eine umfassende, d.h. unter formellen und materiellen Gesichtspunkten stattfindende Prüfung. Gleichzeitig ist der Gemeinderat aber auf eine reine Rechtsprüfung beschränkt; der Gemeinderat hat somit zu prüfen, ob das Bürgerbegehren rechtmäßig oder rechtswidrig ist, er darf jedoch nicht eigene kommunalpolitische Erwägungen und damit Zweckmäßigkeitserwägungen an Stelle solcher der begehrenden und

473 – 4 B 97.3249 –, BayVBl. 1998, 402 ff.

474 Vgl. etwa Thum, Bürgerbegehren und Bürgerentscheid, Art. 18a Kz. 13.08 Anm. 1, S. 5 f.; Wegmann, KommP BY 1997, 43 (44); Pröckl, Die Unmittelbare Beteiligung der Bürger an der Gemeindeverwaltung, S. 159; Wehr, in: Knemeyer, Bürgerbegehren und Bürgerentscheid, S. 49 (51); vgl. auch Wittzack, in: Knemeyer, Bürgerbegehren und Bürgerentscheid, S. 37 (44); differenzierend Seckler, Das Gebot der Wirtschaftlichkeit und Sparsamkeit, S. 322 ff. und 357 ff.

entscheidenden Bürger setzen. Der Rat hat sich also gegenüber einem Bürgerbegehren in demselben Maße zurückzunehmen, wie dies die staatliche Rechtsaufsichtsbehörde gegenüber der Gemeinde tun muss.

Zunächst kann demnach festgehalten werden, dass Bürgerbegehren und Bürgerentscheid im Hinblick auf die Grundsätze der Sparsamkeit und Wirtschaftlichkeit grundsätzlich erst dann als rechtswidrig angesehen werden können, wenn die hier verlangte Maßnahme mit den Grundsätzen vernünftigen Wirtschaftens schlechterdings unvereinbar ist, da im Falle von Bürgerbegehren und Bürgerentscheid der weite Beurteilungsspielraum bei der Entscheidung über die Durchführung einer Maßnahme hinsichtlich der Einhaltung der Grundsätze der Wirtschaftlichkeit und Sparsamkeit eben der Stimmbürgerschaft zusteht. Zu beachten ist vor allem auch, dass die volle Darlegungslast zur Begründung einer Rechtswidrigkeit beim Gemeinderat läge. Dieser müsste darlegen, dass die entstehenden Kosten auch unter Berücksichtigung der gemeindlichen Vermögensverhältnisse mit den Grundsätzen einer geordneten Haushaltswirtschaft schlechterdings nicht mehr zu vereinbaren wären, wobei er auch zu prüfen hätte, ob und mit welchem Erlös die Gemeinde zur Deckung eventuell entstehender Schulden Vermögensgegenstände, die sie zur Erfüllung ihrer Aufgaben nicht benötigt, veräußern könnte und ob sich nicht durch andere Maßnahmen[475] die Finanzlage ausgleichen ließe[476]. Dieser enorme Entscheidungsfreiraum hat wiederum zur Folge, dass selbst hohe durch eine Entscheidung der Stimmbürgerschaft drohende Entschädigungsansprüche nur in praktisch schwer vorstellbaren Ausnahmefällen zu einer Unzulässigkeit von Bürgerbegehren und –entscheid in Sachen der Bauleitplanung führen können.

Zu beachten bleibt jedoch, dass das so gefundene Ergebnis nur Geltung beanspruchen kann, wenn sichergestellt ist, dass die anstelle des Gemeinderats entscheidende Stimmbürgerschaft den ihr zugewiesenen Beurteilungsspielraum auch tatsächlich ausüben kann. Nur die begehrenden und entscheidenden Bürger können mit Blick auf das Demokratieprinzip in rechtlich zulässiger Weise an die Stelle des gewählten Repräsentanten treten; es genügt somit nicht, wenn die Beurteilung hinsichtlich der Einhaltung der Grundsätze der Wirtschaftlichkeit und Sparsamkeit ausschließlich durch die Initiatoren wahrgenommen würde.

Diesem Erfordernis der Wahrnehmung des Beurteilungsspielraums durch die beurteilungsbefugte und -verpflichtete Stimmbürgerschaft kann nur genügt

---

475 Wie zum Beispiel die Mittel für freiwillige Leistungen.

476 BayVGH, Urteil vom 18.03.1998 – 4 B 97.3249 –, BayVBl. 1998, 402 (404); vgl. auch Thum, KommP BY 1998, 411 (414); Seckler, Das Gebot der Wirtschaftlichkeit und Sparsamkeit, S. 364 f.

werden,indem der Stimmbürgerschaft die finanziellen Folgen und haushaltsrechtlichen Konsequenzen vor Augen geführt werden. Das kann durch die in den meisten Bundeländern ohnehin vorgesehene Aufnahme eines Kostendeckungsvorschlags[477] im Bürgerbegehren als sichergestellt angesehen werden, denn selbst nach der nur Mindestanforderungen an einen Kostendeckungsvorschlag stellenden Auffassung wird zumindest verlangt, dass „der Kostendeckungsvorschlag eine überschlägige Kostenschätzung enthält“[478]. Ist ein Kostendeckungsvorschlag dagegen nicht gefordert[479], könnte diesem Erfordernis auch im Rahmen der nach sämtlichen landesrechtlichen Vorschriften einem Bürgerbegehren beizufügenden Begründung Rechnung getragen werden[480]. Problematisch erscheint insofern – genauso wie ganz allgemein im Hinblick auf das Erfordernis eines Kostendeckungsvorschlags – allein der regelmäßig fehlende vertiefte Einblick der Initiatoren in die Gemeindefinanzen. Um eine allzu hohe Hürde[481] hinsichtlich der Zulassung eines Begehrens zu vermeiden, wäre es deshalb durchaus sinnvoll, einen ausdrücklichen Anspruch der Initiatoren auf dahingehende Unterstützung der Gemeindeverwaltung in die landesrechtlichen Gesetzesvorschriften aufzunehmen[482].

---

477 Allgemein zur umstrittenen Frage nach dem zwingenden Erfordernis eines Kostendeckungsvorschlags vgl. etwa Humpert, DÖV 1990, 999 (1005), mit dem Hinweis, dass nur so der Bürgerschaft die Selbstverantwortung für die geplante Maßnahme klar vor Augen geführt würde; sowie die Übersicht zum Meinungsstand bei Seckler, Das Gebot der Wirtschaftlichkeit und Sparsamkeit, S. 244 f. Zum Argument der Verantwortung im Zusammenhang mit der Beurteilung der Einhaltung der Grundsätze der Sparsamkeit und Wirtschaftlichkeit vgl. auch Seckler, Das Gebot der Wirtschaftlichkeit und Sparsamkeit, S. 329 und 331.

478 VGH BW, Beschluss vom 06.07.1982 – 2 S 1 1526/81 –, VBlBW 1983, 269 (271); siehe auch Klenke, NWVBl. 2002, 45 (48): „... [den Bürgern] muss ... deutlich gemacht werden, dass es die Maßnahme nicht umsonst gibt.“

479 So z.B. in Bayern.

480 Vgl. hierzu auch Seckler, Das Gebot der Wirtschaftlichkeit und Sparsamkeit, S. 334 und 360.

481 Vgl. zur Kritik am Kostendeckungsvorschlag als „große“, „hohe“ oder „beachtliche“ Hürde oder als „gravierendes Erfordernis“ auch Kromer, DVBl. 1985, 143 (149); Hager, VerwArch84 (1993), 97 (108); Seeger, ZParl 1988, 516 (531); Beilharz, Politische Partizipation, S. 22 f.

482 So richtig Seckler, Das Gebot der Wirtschaftlichkeit und Sparsamkeit, S. 360 f. Sie weist zudem darauf hin, dass ein solcher Anspruch – bezogen auf die Rechtslage in Bayern – de lege lata wohl nur auf ein erweitertes Verständnis von Art. 25 BayVwVfG gestützt werden könne.

C. Ergebnis

Im Ergebnis bleibt festzuhalten, dass sich auch aus drohenden Entschädigungsansprüchen oder verlorenen Planungskosten als Folge eines Bürgerentscheids kein Argument gegen eine grundsätzliche Zulässigkeit von Bürgerbegehren und Bürgerentscheid in Sachen der Bauleitplanung ergibt.

Teil 3: Fazit

Kapitel 1: Wesentliche Ergebnisse

A. Im ersten Teil der Arbeit wurde die Vereinbarkeit von Bürgerbegehren und Bürgerentscheiden zu Fragen der Bauleitplanung mit dem Abwägungsgebot untersucht.

Die durch das bauplanungsrechtliche Abwägungsgebot vorgeschriebene Abwägung der Gemeinde wird in drei Phasen vollzogen. Zuerst sind die abwägungserheblichen Belange zu ermitteln (§ 2 Abs. 3 BauGB). Dem folgt eine objektive Bewertung derselben (§ 2 Abs. 3 BauGB). Auf Grundlage der ersten beiden Stufen erfolgt dann in einem dritten Schritt die eigentliche Abwägung (§ 1 Abs. 7 BauGB), bei der es darum geht, die verschiedenen Interessen in einen gerechten Ausgleich zu bringen.

Die Vereinbarkeit mit dem Abwägungsgebot ist für die verschiedenen im Rahmen des Bauleitplanverfahrens denkbaren Beschlüsse durch Bürgerentscheid (Satzungs- bzw. Feststellungsbeschluss, Aufstellungsbeschluss, Auslegungsbeschluss, (Rahmen-)Festlegung einzelner Festsetzungen, Planungsverzicht und Planungsstopp) unterschiedlich zu beurteilen.

I. Betreffend den am Ende eines Bauleitplanverfahrens stehenden und dieses abschließenden Satzungs- bzw. Feststellungsbeschlusses gilt es verschiedene Konstellationen zu unterscheiden:

1. Die Aufstellung, Änderung oder Aufhebung eines Bauleitplans durch Satzungs- bzw. Feststellungsbeschluss im Wege des Bürgerentscheids unter vollständiger Umgehung der ständigen Gemeindeorgane würde einen Verstoß gegen das Abwägungsgebot nach sich ziehen.

In dieser Fallvariante, bei der ein vollständig seitens der Initiatoren des Bürgerbegehrens erstellter Bauleitplan den Bürgern zur abschließenden Beschlussfassung vorgelegt würde bzw., ginge es um die Frage der Aufhebung eines Bauleitplans, den Bürgern die Frage nach der Aufhebung eines konkreten Bauleitplans zur Abstimmung gestellt würde, kann schon den ersten beiden Stufen des Abwägungsgebots nicht genügt werden. Dem Erfordernis der als Vorbereitung der eigentlichen Abwägung und Fassung des Satzungs- bzw. Feststellungsbeschlusses durchzuführenden

Ermittlung und Bewertung des Abwägungsmaterials kann rechtswirksam nicht durch die Initiatoren eines Bürgerbegehrens nachgekommen werden.

Nach ausdrücklicher Anordnung des Baugesetzbuchs fällt grundsätzlich das gesamte Verfahren der Bauleitplanung in den Zuständigkeits- und Verantwortungsbereich der Gemeinde. Auch die Ermittlung und Bewertung des Abwägungsmaterials ist damit zwingend hoheitlich seitens der Gemeinde vorzunehmen. Anders als der im Wege des Bürgerentscheids gefasste Beschluss der Stimmbürgerschaft, dem unter demokratietheoretischen Aspekten unproblematisch die Wirkung eines Gemeinderatsbeschlusses beigemessen werden kann, ist das Handeln der Initiatoren ausschließlich dem gesellschaftlichen Bereich zuzuordnen und würde dessen Qualifikation bei Ermittlung und Bewertung der abwägungserheblichen Belange als solches „der Gemeinde" einen Verstoß gegen das Gebot demokratischer Legitimation hoheitlichen Verwaltungshandelns bedeuten.

Gemäß Art. 20 Abs. 2 S. 1 GG und der darin enthaltenen Normierung der Volkssouveränität ist das Volk zum alleinigen Ausgangspunkt der Ausübung von Staatsgewalt bestimmt, wobei auf kommunaler Ebene auch das Gemeindevolk als Legitimationssubjekt fungieren kann.

Von dem Begriff der Staatsgewalt als Legitimationsobjekt sind zum einen, im materiellen Sinne, alle Aufgaben erfasst, deren sich der Staat in verfassungskonformer Weise angenommen hat. Im formellen Sinne ist der Begriff der Staatsgewalt einschränkend dahingehend zu verstehen, dass es eines amtlichen Handelns mit Entscheidungscharakter bedarf. Nicht erfasst werden demnach vollständig programmierte oder unverbindliche Maßnahmen, rein technische Hilfsarbeiten sowie ausschließlich vorbereitende und beratende Tätigkeiten.

Der nötige Zusammenhang zwischen Subjekt und Objekt demokratischer Legitimation und damit ein ausreichendes Legitimationsniveaus wird durch die beiden Legitimationskomponenten der personellen und sachlich-inhaltlichen Legitimation hergestellt. Die personelle Legitimation auf kommunaler Ebene wird dadurch gewährleistet, dass die Amtswalter der Gemeinde auf eine Kette von Ernennungsakten verweisen können, die bis zu dem vom gemeindlichen Volk jeweils direkt gewählten kommunalen Organ zurückreicht. Im Einzelnen wird personelle Legitimation also entweder durch unmittelbare Wahl seitens der Gemeindebürger oder – ausgehend von der direkt gewählten Vertretungskörperschaft oder dem direkt gewählten Hauptverwaltungsbeamten – durch individuelle Berufungsakte innerhalb der gemeindlichen Verwaltung an die nachgeordneten Stellen vermittelt. Betreffend die sachlich-inhaltliche Legitimation sind für den hier interessierenden Bereich des eigenen Wirkungskreises der Gemeinde einerseits die Steuerung durch staatliche Gesetze sowie die staatliche Rechtsaufsicht maßgebend; dies aber nur, soweit die gesetzliche Programmierung reicht und auch Ermessens- und Beurteilungsspielräume der Gemeinde nicht eingeräumt sind. Zum anderen wird die sachlich-inhaltliche Legitimation durch das Bestehen einer der Ministerialverwaltung analogen innerkommunalen Weisungsstruktur gewährleistet; die dem gemeindlichen Volk gegenüber unmittelbar verantwortliche Spitze der kommunalen Verwaltung muss einen umfassenden inhaltlichen Einfluss auf den jeweiligen Amtswalter in der Kommunalverwaltung besitzen.

Eine Übertragung der abstrakten Erkenntnisse auf den konkreten Fall einer Ermittlung und Bewertung des Abwägungsmaterials durch die Initiatoren eines Bürgerbegehrens zeigt, dass ein hinreichendes Legitimationsniveau nicht gewährleistet wäre.

Die Ermittlung und objektive Bewertung der abwägungserheblichen Belange ist als Ausübung von Staatsgewalt zu qualifizieren: im materiellen Sinne, weil durch die bundesrechtliche Zuständigkeitsregelung die Bauleitplanung und damit auch die Ermittlung und Bewertung des Abwägungsmaterials insbesondere auch mit Blick auf Art. 84 Abs. 1 S. 7 GG n.F. in verfassungskonformer Weise als Aufgabe der Gemeinde bestimmt wird; im formellen Sinne, weil die Ermittlung und Bewertung des Abwägungsmaterials trotz der vorbereitenden Funktion im Hinblick auf die eigentliche Abwägung als Handeln mit Entscheidungscharakter zu qualifizieren ist. Ausschlaggebend ist, dass die (in Vorbereitung auf eine abschließende Entscheidung) ergangenen Maßnahmen bereits selbst eine Entscheidung enthalten.

Bei einer Ermittlung und Bewertung des Abwägungsmaterials seitens der Initiatoren wären weder die sachlich-inhaltliche noch die personelle Legitimation in dem für ein hinreichendes Legitimationsniveau erforderlichen Sinne gegeben. Die Effektivität der legislativen Steuerung ist angesichts des Programmierungsgrades der Regelung des § 2 Abs. 3 BauGB äußerst gering, und auch das Institut der Rechtsaufsicht muss wegen der eingeschränkten rechtsaufsichtsbehördlichen Kontrolldichte bei Ermittlung und Bewertung des Abwägungsmaterials als Legitimation vermittelndes exekutives Steuerungsmittel vernachlässigt werden. Zudem ist eine auf direkt legitimierte Organe rückführbare inhaltliche Weisungsbefugnis nicht gegeben. Neben der nur äußerst geringen Wirkung der für die sachlich-inhaltliche Legitimation entscheidenden Kriterien fehlt es den Initiatoren an personeller Legitimation sogar vollständig.

Weiter ist die demnach ausschließlich dem gesellschaftlichen Bereich zuzuordnende Ermittlung und Bewertung des Abwägungsmaterials auch nicht ausnahmsweise zulässig. Durch die eine Einbeziehung Privater in gewissem Umfang zulassende besondere Regelung des § 4b BauGB wird eine eigenständige

Ermittlung und Bewertung des Abwägungsmaterials durch die privaten Initiatoren nicht ermöglicht.

2. In der zweiten Fallvariante soll der Stimmbürgerschaft nach Vornahme einer ordnungsgemäßen Ermittlung und Bewertung des Abwägungsmaterials hoheitlich seitens der Gemeinde eine hier erarbeitete Beschlussvorlage zur abschließenden Abwägung und Beschlussfassung durch Bürgerentscheid vorgelegt werden.

Die Zulässigkeit eines Satzungs- bzw. Feststellungsbeschluss durch Bürgerentscheid nach Durchführung eines soweit ordnungsgemäßen Verfahrens ist im Hinblick auf die Vereinbarkeit mit dem Abwägungsgebot für die Erstellung, Änderung und Ergänzung eines Bauleitplans einerseits und die Aufhebung eines Bauleitplans andererseits unterschiedlich zu beurteilen:

a. Der Satzungs- bzw. Feststellungsbeschluss betreffend die Erstellung, Änderung und Ergänzung eines Bauleitplans würde einen Verstoß gegen das Abwägungsgebot nach sich ziehen, da den entscheidenden Bürgern die Möglichkeit der Vornahme einer eigentlichen Abwägung (§ 1 Abs. 7 BauGB) anstelle des Gemeinderats rechtlich verwehrt ist.

Während die Ermittlung und Bewertung des Abwägungsmaterials auch durch die Gemeindeverwaltung vorgenommen werden kann, hat die eigentliche Abwägung zwingend durch das für den Satzungs- bzw. Feststellungsbeschluss zuständige Beschlussorgan und damit im „normalen“ Bauleitplanverfahren grundsätzlich durch den Gemeinderat zu erfolgen. Als in der Praxis gängiges und von der Rechtsprechung anerkanntes Vorgehen wird diesem aber regelmäßig ein durch die Verwaltung ggf. unter Zuhilfenahme privater Planungsbüros erarbeiteter sogenannter Abwägungsvorschlag unterbreitet. In der das Bauleitplanverfahren abschließenden Ratssitzung kann dabei entweder in einem ersten Beschluss darüber abgestimmt werden, ob der Gemeinderat nach eigener Abwägung dem Abwägungsvorschlag zustimmt und, wenn ja, in einem gleich darauffolgenden Beschluss der diesem Abwägungsvorschlag entsprechende Satzungs- bzw. Feststellungsbeschluss gefasst werden. Regelmäßig ergeht aber nur ein Satzungs- bzw. Feststellungsbeschluss, und auch dieses Vorgehen ist als den Anforderungen einer eigenen Abwägung des Gemeinderats genügend anzusehen. Denn mit seinem „Ja“ zum Plan macht der Rat zugleich deutlich, dass er sich die diesem Beschluss zugrunde liegenden Erwägungen, die regelmäßig in dem der Sitzungsvorlage beigefügten Abwägungsvorschlag und der dem Bauleitplan beigefügten Begründung niedergelegt sind, nach eigener Abwägung zu eigen macht, wenn nicht ausdrücklich Abweichungen hiervon beschlossen werden. Entscheiden nun aber die Bürger mit einem „Ja“ über die Frage der Erstellung, Änderung oder Ergänzung eines Bauleitplans, kann dagegen nicht angenommen werden, dass sie sich mit ihrem

„Ja" zum Plan die der Beschlussvorlage zugrunde liegenden Erwägungen nach eigener Abwägung zu eigen machen, weil es ihnen rechtlich überhaupt nicht möglich ist, die hier erforderliche eigentliche Abwägung vorzunehmen.

Im Gegensatz zur bloßen Abwägung von Gründen und Gegengründen im Hinblick auf ein in Frage gestelltes, bereits abschließend konkret benennbares Ergebnis, bei der es nur um die Entscheidung der Frage des „Ob" geht, ist die eigentliche Abwägung bei der Erstellung, Änderung oder Ergänzung eines Bauleitplans von inhaltlicher Ergebnisoffenheit geprägt. Im Rahmen der schöpferischen Tätigkeit, welche die Erstellung eines Bebauungsplans darstellt (eben Planung), ist dem Abwägen als solchem in Verbindung mit dem Planen („planspezifisches Abwägen") eigen, dass es gestaltende Funktion hat bzw. untrennbar mit der Gestaltungstätigkeit verbunden ist. Denn die Frage, wie einem Ausgleich der verschiedenen zueinander ins Verhältnis zu setzenden Belange am besten gerecht zu werden ist, kann je nach Abwägung des Entscheidungsträgers in unzähligen Detailgestaltungen ihren Ausdruck finden.

Der entscheidende Unterschied der Entscheidungssituation der Stimmbürgerschaft im Vergleich zum Gemeinderat liegt nun darin begründet, dass es den im Wege des Bürgerentscheids abstimmenden Bürgern rechtlich verwehrt ist, von dem Abwägungsvorschlag der Verwaltung abzuweichen und demnach ggf. korrigierend in den Planinhalt einzugreifen, womit dem Erfordernis der eben dargestellten eigentlichen planerischen Abwägung bei der Erstellung, Änderung oder Ergänzung von Bauleitplänen keinesfalls genügt werden kann. Während die Gemeinderatsmitglieder zumindest die Möglichkeit haben, nach eigener Abwägung Änderungen des Planinhalts zu verlangen, können die abstimmenden Bürger sich zwar ebenfalls mit den dargelegten Belangen abwägend beschäftigen, die Wahl ihrer Entscheidung bleibt aber auf die Alternativen der vollständigen Zustimmung oder Ablehnung bezüglich des konkreten Planentwurfs und dem diesem zugrunde liegenden Abwägungsvorschlag beschränkt. Von einer eigenen planerischen Abwägung, welche diesen Namen verdient, kann bei den ausschließlich zur Verfügung stehenden Entscheidungsalternativen vollständiger Zustimmung oder vollständiger Ablehnung und damit dem Fehlen einer Möglichkeit, auch nur kleine inhaltliche Änderungen zu verlangen, nicht gesprochen werden.

b. Anders ist die rechtliche Situation im Falle der isolierten Aufhebung eines Bauleitplans zu beurteilen. Werden die von der Gemeindeverwaltung ordnungsgemäß ermittelten und bewerteten Belange den Bürgern zur Kenntnis gegeben, kann auch bei einem durch Bürgerentscheid bestimmten „Ja" zur Beschlussvorlage über die Planaufhebung angenommen werden, dass sich die Bürger mit ihrem „Ja" die dieser Vorlage zugrunde liegenden Erwägungen nach eigener Abwägung zu eigen machen. Der Unterschied zur Planerstellung ergibt sich bei der eigentlichen Abwägung hinsichtlich der isolierten Aufhebung daraus, dass sich die Abwägung nicht auf die inhaltliche Gestaltung eines Plans auswirkt. Anders als die planerische Abwägung im Rahmen der Planerstellung, die durch eine inhaltliche Ergebnisoffenheit geprägt ist und die hauptsächlich dazu dient, eine Entscheidung über das „Wie“ des Planinhalts als gerechten Ausgleich zu finden, geht es im Rahmen der Aufhebung eines Bauleitplans darum, anhand einer Abwägung der für und wider sprechenden Argumente eine Entscheidung über das „Ob“ der ins Auge gefassten Aufhebung zu treffen. Letztlich geht es also um das bloße Abwägen von Gründen und Gegengründen, weshalb es auch den Bürgern mit ihrer auf Zustimmung oder Ablehnung beschränkten Entscheidungsfreiheit grundsätzlich möglich ist, unter Berücksichtigung sämtlicher für und gegen die Aufhebung sprechenden Belange eine eigenständige Abwägung vorzunehmen und ihr dabei gefundenes Ergebnis durch ihre Abstimmung zum Ausdruck zu bringen.

3. Auch die im Rahmen der Untersuchung der Vereinbarkeit eines Satzungs- bzw. Feststellungsbeschlusses durch Bürgerentscheid mit dem Abwägungsgebot zuletzt besprochene Fallvariante einer Beschlussfassung nach vollständiger Abwägung seitens des Gemeinderats im Sinne einer Sanktionierung des durch den Gemeinderat gefundenen Abwägungsergebnisses ist rechtlich zulässig. Die angesichts der grundsätzlich engen Verbindung zwischen eigentlicher Abwägung und Satzungsbeschluss sowohl aufgrund des möglicherweise länger andauernden Zeitraums zwischen abschließender Abwägung durch den Gemeinderat und Beschlussfassung durch die Stimmbürgerschaft mit Blick auf § 214 Abs. 3 BauGB als auch aufgrund der Subjektsverschiedenheit hinsichtlich Abwägungsentscheidung und Satzungs- bzw. Feststellungsbeschluss sich ergebende Zweifel an diesem Ergebnis sind unbegründet.

II. Ein Bürgerentscheid über den am Beginn des Bauleitplanverfahrens stehenden Aufstellungsbeschluss ist selbst dann grundsätzlich mit dem Abwägungsgebot vereinbar, wenn dieser bereits einen detaillierten und zudem vollständig seitens der Initiatoren eines Bürgerbegehrens erstellten Planentwurf enthält.

Durch einen auf detailliertem fremderstellten Entwurf basierenden Aufstellungsbeschluss kommt es zwar zu einer Vordeterminierung des gemeindlichen Abwägungsprozesses von außen. Schon das Baugesetzbuch selbst zeigt aber, dass eine solche Vordeterminierung nicht grundsätzlich unzulässig ist. Unzulässig wäre jedoch die naheliegende Möglichkeit der Übernahme der fremden Ermittlungen und Bewertungen des Abwägungsmaterials oder der abwägenden Erwägungen des Entwurfserstellers. Es ist deshalb im weiteren Verlauf des Bauleitplanverfahrens in besonderem Maße darauf zu achten, dass durch die Gemeinde sämtliche Stufen des Abwägungsvorgangs ordnungsgemäß erfüllt werden und sich nicht das Risiko einer unzulässigen sogenannten nachvollziehenden Abwägung verwirklicht.

III. Weiter ist es mit Blick auf die Anforderungen des Abwägungsgebots auch grundsätzlich rechtlich zulässig, durch Bürgerentscheid einen Auslegungsbeschluss über einen seitens der Gemeinde erarbeiteten Planentwurf zu fassen, da eine „(Vor-)Abwägung" nicht zwingend mit dem Auslegungsbeschluss verbunden ist. Dieser Beschluss würde jedoch nichts weiter darstellen als eine Entscheidung über die Einleitung des Auslegungsverfahrens. Eine Billigung des Entwurfs in seiner konkreten inhaltlichen Ausgestaltung kann darin nicht gesehen werden.

IV. Bürgerbegehren und Bürgerentscheide, die auf eine Vorentscheidung zum Inhalt eines Bauleitplans zielen, stellen einen Verstoß gegen das Abwägungsgebot dar, wenn es sich um die Festlegung einzelner konkret bestimmter Planinhalte handelt. Werden dagegen nur Rahmenfestlegungen bestimmt, ist eine Vereinbarkeit mit dem Abwägungsgebot zu bejahen, wenn es sich im Sinne der Rechtsprechung des Bayerischen Verwaltungsgerichtshofs um solche Rahmenfestlegungen handelt, die einen Abwägungsspielraum von substantiellem Gewicht belassen und genügend Alternativen zur Abwägung der konkreten Belange offenhalten.

1. Wird durch einen Bürgerentscheid nach seiner Fragestellung im Hinblick auf einzelne konkret bestimmte Festsetzungen eines Bauleitplans eine Entscheidung getroffen und so der Gemeinderat verpflichtet, den Bauleitplan mit einem in Einzelpunkten bestimmten Inhalt zu beschließen, ist der Bürgerentscheid aufgrund seiner internen Verbindlichkeit für den Gemeinderat als abwägungsschädliche Vorwegentscheidungen im Sinne der Grundsätze des Flachglas-Urteils des Bundesverwaltungsgerichts anzusehen.

Ist die Gemeinde im Hinblick auf einzelne Festsetzungen bereits zu Beginn des Bauleitplanverfahrens festgelegt, würde sich die Ermittlung und Bewertung des Abwägungsmaterials auf die unverrückbar vorbestimmten Festlegungen ausrichten. Dies würde bedeuten, dass eigene Ermittlungen der Gemeinde im Hinblick auf etwaige den Festsetzungen entgegenstehende Belange unterblieben, da sie ja ohnehin sinnlos wären und die Möglichkeit des Vorbringens solcher Belange im Anregungsverfahren zur funktionslosen Förmlichkeit würde, da ihnen in der nachfolgenden eigentlichen Abwägung ohnehin keine Beachtung geschenkt werden könnte.

Selbst wenn die Gemeinde aber sämtliche Ermittlungen losgelöst von den vorab festgelegten Festsetzungen (pro forma) durchführen würde, könnten die sich hier ergebenden Erkenntnisse nicht ordnungsgemäß in der eigentlichen Abwägung verwendet werden. Der für die eigentliche Abwägung zwingend erforderliche Spielraum wäre nicht gegeben.

Das so sich ergebende Abwägungsdefizit kann auch nicht im Sinne der seit dem Flachglas-Urteil anerkannten Grundsätze als ausnahmsweise unschädlich betrachtet werden, da die dort dafür aufgestellten Voraussetzungen nicht erfüllt sind. Weder die erste Voraussetzung einer sachlichen Rechtfertigung der Vorwegnahme der Entscheidung noch die dritte Voraussetzung der Abwägungsfehlerfreiheit der Vorabentscheidung sind hier gegeben.

2. Bei richtigem Verständnis und daraus folgender Handhabung der vom Bayerischen Verwaltungsgerichtshof aufgestellten Voraussetzungen sowie unter Berücksichtigung der außergewöhnlichen Situation einer Selbstbindung durch Bürgerentscheid und deren rechtlicher Qualifikation als „Bindung an eigene städtebaulichen Interessen" im Gegensatz zur im Rahmen der Vorwegbindungsproblematik sonst üblichen „Bindung an Partikularinteressen Dritter" kann bei einer Festlegung inhaltlicher Rahmenbestimmungen durch Bürgerentscheid ein Verstoß gegen das Abwägungsgebot ausgeschlossen werden. Eine abwägungsschädliche Vorwegbindung liegt bei näherem Hinsehen gar nicht vor.

Die der Vorwegbindung im Sinne des Flachglas-Urteils eigene Problematik einer Entscheidung unabhängig von der Durchführung einer ordnungsgemäßen Ermittlung und Bewertung der abwägungserheblichen Materialien kommt hier gar nicht zum Tragen. Indem nämlich der Bayerische Verwaltungsgerichtshof nur solche Rahmenfestlegungen für zulässig erachtet, die einen Planungsspielraum von substantiellem Gewicht belassen und genügend Alternativen zur Abwägung der konkreten (und damit aller betroffenen) Belange offenhalten, setzt er von vorneherein voraus, dass es sich bei den durch Bürgerentscheid gemachten Rahmenvorgaben um solche handelt, die die sich mit der planungsrechtlichen Situation, welche sich nach ungekürzter Zusammenstellung des Abwägungsmaterials zeigt, vereinbaren lässt. Nur wenn sich also nach freier, d. h. von den Grenzwertfestlegungen losgelöster Ermittlung und Bewertung des Abwägungsmaterials eine planungsrechtliche Situation abzeichnet, die es auch unter Einhaltung der Rahmenvorgaben ermöglichen würde, sämtliches Abwägungsmaterial in der eigentlichen Abwägung zumindest in verhältnismäßiger Weise zu berücksichtigen, handelt es sich überhaupt um wirksame und damit bindende Vorgaben.

Stellen sich die Rahmenvorgaben danach als wirksam dar, kann eine gewisse Einschränkung des Gemeinderats bei der eigentlichen Abwägung zwar nicht geleugnet werden. Der Gemeinderat ist dann verpflichtet, den hinter den Rahmenvorgaben stehenden Interessen einen Vorrang vor an sich gleichgewichtigen oder im Rahmen der Verhältnismäßigkeit auch gewichtigeren entgegenstehenden Belangen einzuräumen, wenn und soweit dies erforderlich sein sollte, um in der planerischen Umsetzung den durch Bürgerentscheid festgelegten Rahmen zu wahren. Trotz des verbleibenden weiten Spielraums ist die eigentliche Abwägung also nicht mehr vollständig offen. Diese Einschränkung erweist sich im Hinblick auf die Anforderungen des Abwägungsgebots aber als unschädlich. So, wie der Gemeinderat durch das Vorziehen und Zurücksetzen bestimmter Belange als geradezu elementarer planerischer, nämlich politischer Entschließung zum Ausdruck bringen darf und auch soll, wie und in welche Richtung sich die Gemeinde städtebaulich fortentwickeln soll, kann eine solchermaßen zulässige Prioritätensetzung auch durch Bürgerentscheid teilweise vorgegeben werden. Entscheidend ist, dass hier kein Zwang von außen gegeben ist; der durch Bürgerentscheid gebildete Wille stellt rechtlich betrachtet den eigenen Willen der Gemeinde dar. Der Schutzzweck des grundsätzlichen Erfordernisses einer vollständig offenen Abwägung, die Verhinderung einer Verzerrung der Abwägung durch äußere Zwänge zugunsten von Partikularinteressen, wird hier nicht tangiert.

V. Planungsverzicht und Planungsstopp durch Bürgerentscheid sind unproblematisch mit dem Abwägungsgebot vereinbar. Ein Blick auf die das Abwägungsgebot betreffenden gesetzlichen Regelungen des Baugesetzbuchs sowie eine Untersuchung von Wesen und Zweck der bauplanungsrechtlichen Abwägung machen deutlich, dass diese negativen Grundsatzentscheidungen über das „Ob“ einer Planung mit dem Abwägungsgebot weder unmittelbar noch mittelbar in Berührung kommen.

B. Im zweiten Teil der Arbeit ging es um die Zulässigkeit von Bürgerbegehren und Bürgerentscheiden zu Fragen der Bauleitplanung mit Blick auf die sonstigen Vorschriften des Baugesetzbuchs.

Neben dem Abwägungsgebot gibt es keine weiteren Vorschriften des Baugesetzbuches, die Bürgerbegehren und Bürgerentscheid zu Fragen der Bauleitplanung grundsätzlich entgegenstehen.

I. Mit Bürgerbegehren und -entscheiden zu Fragen der Bauleitplanung grundsätzlich vereinbaren lässt sich zunächst § 1 Abs. 3 S. 1 BauGB.

Obwohl sich im Wege des Bürgerentscheids getroffene Entscheidungen über einen Planungsverzicht oder -stopp sowie umgekehrt die einen Bauleitplan befürwortenden Entscheide im Einzelfall mit Blick auf § 1 Abs. 3 S. 1 BauGB als unzulässig erweisen können, weil ausnahmsweise eine Planungspflicht bzw. ein Planungsverbot besteht, spricht für die grundsätzliche Vereinbarkeit mit § 1 Abs. 3 S. 1 BauGB entscheidend, dass die Vorschrift eben nicht von vorneherein nur eine einzige Entscheidung als rechtmäßig erscheinen lässt.

II. Auch die Vorschrift des § 1 Abs. 3 S. 2 BauGB steht Bürgerbegehren und Bürgerentscheid zu Fragen der Bauleitplanung nicht entgegen.

Der Schutzzweck dieser Ansprüche auf Aufstellung oder Nichtaufstellung von Bauleitplänen ausschließenden Bestimmung, die Planungsfreiheit der Gemeinde zu erhalten, macht deutlich, dass lediglich Ansprüche außerhalb der Gemeinde stehender Dritter ausgeschlossen werden sollen. Die Stimmbürgerschaft kann jedoch nicht als Dritter in diesem Sinne angesehen werden, denn bei der Entscheidung der Gemeindebürger geht es um die interne Willensbildung der Gemeinde unter Einbeziehung der Bürgerschaft mittels Bürgerentscheid. Durch Bürgerbegehren und Bürgerentscheid machen die Bürger also gerade keinen Anspruch auf Planung bzw. Unterlassung der Planung geltend, sondern nehmen die auf Bauleitplanung gerichtete interne Willensbildung der Gemeinde vor.

III. Weiter kann auch der Vorschrift des § 3 BauGB eine Unzulässigkeit von Bürgerbegehren und Bürgerentscheid in Sachen der Bauleitplanung nicht entnommen werden.

1. Die in § 3 BauGB durch Bundesrecht geregelte Bürgerbeteiligung schließt die Geltung der landesrechtlichen Bestimmungen zur Bürgerbeteiligung durch Bürgerbegehren und -entscheid auch im Bereich der Bauleitplanung nicht wegen Verstoßes gegen die Gesetzgebungskompetenz des Bundes aus. Die auch seit der Föderalismusreform bestehende konkurrierende Gesetzgebungskompetenz des Bundes im Bereich des Bauplanungsrechts verbietet lediglich solche landesrechtlichen Bestimmungen, die den gleichen Regelungsbereich einer durch Bundesrecht gesetzten Bestimmung betreffen. Die Bürgerbeteiligung nach § 3 BauGB und diejenige nach den kommunalrechtlichen Regelungen zu Bürgerbegehren und Bürgerentscheid weisen aber einen unterschiedlichen Charakter auf. In der Zulassung von Bürgerbegehren und Bürgerentscheiden zu Fragen der Bauleitplanung nach den kommunalrechtlichen Bestimmungen kann nicht ein „Plus" gegenüber der in § 3 BauGB geregelten Beteiligung erblickt werden, vielmehr handelt es sich um ein „Aliud". Das wird deutlich aus den unterschiedlichen Funktionen, die mit den beiden Instituten verfolgt werden. Die Hauptfunktion der Öffentlichkeitsbeteiligung nach § 3 BauGB liegt in der Beschaffung und Vervollständigung des Abwägungsmaterials. Diese sogenannte Informationsfunktion kommt Bürgerbegehren und -entscheiden nicht zu; die dort vorzunehmende Unterschriften- und Stimmabgabe beinhaltet nicht die Möglichkeit, einzelne Belange in den Entscheidungsprozess einzubringen. Weiter wird demnach auch die der Öffentlichkeitsbeteiligung eigene Rechtsschutzfunktion vom Institut des Bürgerbegehrens und -entscheids nicht geteilt. Zuletzt unterscheiden sich die beiden Institute sogar im Hinblick auf die beiden Instituten bisweilen zugeschriebene, dem Namen nach scheinbar vergleichbare sogenannte demokratische Funktion. Dies zeigen zum einen ein Blick auf den unterschiedlichen Kreis der jeweils beteiligten Personen und zum anderen die den Bürgern bei einer Abstimmung durch

Bürgerentscheid im Gegensatz zur Beteiligung im Sinne des § 3 BauGB selbst zustehende Entscheidungsmacht.

2. Der unterschiedliche Charakter und die daraus resultierende Vergleichbarkeit der Bürgerbeteiligung nach § 3 BauGB einerseits und der Teilnahme an Bürgerbegehren und Bürgerentscheiden nach den landesrechtlichen Regelungen andererseits sind zudem auch Grund dafür, dass Bürgerbegehren und Bürgerentscheiden zu Fragen der Bauleitplanung nicht wegen eines „Übermaßes an Bürgerbeteiligung“, der „Gefahr einander widersprechender Ergebnisse“ oder „unvertretbarer Verdoppelungs- und Verzögerungseffekte“ für rechtlich unzulässig erklärt werden können.

IV. Auch § 33 BauGB können Bürgerbegehren und Bürgerentscheid zu Fragen der Bauleitplanung entgegenstehende Gründe nicht entnommen werden.

Selbst wenn im Rahmen eines Bauleitplanverfahrens formelle und materielle Planreife im Sinne von § 33 BauGB eingetreten ist, bleibt die Dispositionsbefugnis der Gemeinde vollumfänglich bestehen. Anhaltspunkte für die Annahme einer Pflicht der Gemeinde, das Bauleitplanverfahren bei Vorliegen der Voraussetzungen des § 33 BauGB zum Anschluss zu bringen, können § 33 BauGB nicht entnommen werden, und ein Blick auf die übrigen Vorschriften des BauGB macht deutlich, dass sich eine solche Annahme zudem als systemwidrig erweist.

V. Zuletzt haben sich auch mit Blick auf drohende Entschädigungsansprüche (§§ 39 ff. BauGB), verlorene Planungskosten und den Grundsatz der sparsamen und wirtschaftlichen Haushaltsführung bestehende Zweifel an der grundsätzlichen Zulässigkeit von Bürgerbegehren und Bürgerentscheiden zu Fragen der Bauleitplanung als unbegründet erwiesen.

Als Folge der Aufhebung oder Änderung eines Bebauungsplans oder der Einstellung eines laufenden Planverfahrens kann es zu Entschädigungsansprüchen gemäß §§ 39 ff. BauGB gegen die Gemeinde kommen. Zudem sind (bisher) entstandene Planungskosten vergeblich aufgewandt. Da jedoch im Hinblick auf das verfassungsrechtlich verankerte Erfordernis einer sparsamen und wirtschaftlichen Haushaltsführung den Gemeinden ein sehr weiter Beurteilungsspielraum eingeräumt ist, der im Falle eines Bürgerbegehrens und -entscheids der Stimmbürgerschaft zukommt, erweisen sich Bürgerbegehren und -entscheide erst dann als rechtswidrig und kann das Begehren vom Gemeinderat als rechtswidrig beanstandet werden, wenn die mit ihm verlangte Maßnahme mit den Grundsätzen vernünftigen Wirtschaftens schlechterdings unvereinbar ist. Da zudem die volle Darlegungslast zur Begründung einer Rechtswidrigkeit beim Gemeinderat angesiedelt ist, muss angenommen werden, dass selbst hohe durch eine Entscheidung der Stimmbürgerschaft drohende Entschädigungsansprüche oder ein hoher Verlust an Planungskosten nur in praktisch schwer vorstellbaren Ausnahmefällen die Unzulässigkeit von Bürgerbegehren und

-entscheid wegen Verstoßes gegen den Grundsatz einer sparsamen und wirtschaftlichen Haushaltsführung begründen können.

Kapitel 2: Konsequenzen für das Kommunalrecht

Gegenstand dieser Arbeit war allein die Frage der Vereinbarkeit kommunaler Plebiszite mit den Vorschriften des Baugesetzbuches und damit die Prüfung von Bundesrecht. Nicht zu verkennen ist aber, dass Bürgerbegehren und -entscheide nicht ohne landesrechtliche Normierungen in Betracht kommen. Die Kommunalrechtsgesetzgeber unterliegen dabei bestimmten Bindungen, sie haben aber auch Gestaltungsfreiräume, für die das Ergebnis der Arbeit von Bedeutung ist.

A. Bindung der Landesgesetzgeber und gesetzestechnische Umsetzung

Aus der Fülle der denkbaren durch Bürgerentscheid zu treffenden Entscheidungen zu Fragen der Bauleitplanung bleiben nach der vorliegenden Prüfung folgende, die das Bundesrecht verbietet: Mit dem am weitesten gehenden Fall beginnend, ist es den Bürgern nicht gestattet, selbst einen fertigen Bauleitplan zu entwerfen und mittels Bürgerbegehren und Bürgerentscheid über dessen Wirksamkeit zu befinden. Weiter ist es ihnen – selbst nach soweit ordnungsgemäßer Durchführung des Verfahrens seitens der Gemeinde – rechtlich nicht möglich, eine abschließende Abwägung und Beschlussfassung über einen Satzungs- bzw. Feststellungsbeschluss betreffend die Erstellung, Änderung oder Ergänzung eines Bauleitplans vorzunehmen. Zuletzt steht das Baugesetzbuch auch Vorentscheidungen zum Inhalt eines Bauleitplans entgegen, soweit es sich um die Festlegung einzelner konkret bestimmter Planinhalte handelt.

Damit wird zugleich die Grenze deutlich, die dem Landesgesetzgeber hinsichtlich der Zulassung von Bürgerbegehren und -entscheiden zu Fragen der Bauleitplanung gesetzt ist. Es ist ihm verwehrt, unter Überschreitung dieser Grenze die eben aufgezeigten Fragen einem Bürgerentscheid zugänglich zu machen.

Für die derzeit in den verschiedenen Kommunalverfassungen geltende Gesetzeslage bedeutet dies Folgendes: Im Hinblick auf die Bundesländer Bayern, Hessen, Sachsen, Sachsen-Anhalt und Thüringen, deren Gemeindeordnungen die Bauleitplanung gar nicht in den Negativkatalog der vom Bürgerentscheid ausgeschlossenen Themenbereiche aufgenommen haben, ist das Verbot, die genannten

Entscheidungsfragen zum Gegenstand von Bürgerbegehren und -entscheid zu machen, an der regelmäßig ausdrücklich im Negativkatalog aufgeführten Unzulässigkeit solcher Anträge, die ein gesetzwidriges Ziel verfolgen, festzumachen[483]. Das Verbot gesetzwidrige Ziele verfolgender Anträge wird aber auch in Bayern, wo es an einer solchen ausdrücklichen gesetzlichen Bestimmung fehlt, nach der ganz überwiegenden Auffassung aufgrund des in Art. 20 Abs. 3 GG normierten Gesetzbindungsgrundsatzes als ungeschriebene Zulässigkeitsschranke betrachtet[484].

In den Negativkatalogen der übrigen Bundesländer finden sich sämtlich Ausnahmetatbestände betreffend die Bauleitplanung. Sie unterscheiden sich dem Wortlaut nach lediglich hinsichtlich ihrer Extensität. Während in Brandenburg, Mecklenburg-Vorpommern, Nordrhein-Westfalen, Niedersachsen, Rheinland-Pfalz, dem Saarland und Schleswig-Holstein die „Aufstellung, Änderung, (Ergänzung) und Aufhebung von Bauleitplänen“[485] von der Bürgerentscheidsfähigkeit ausgenommen sind, ist der Wortlaut der baden-württembergischen Vorschrift mit dem Verbot von Bürgerentscheiden „über Bauleitpläne“[486] enger gefasst. Nach den im Rahmen der vorliegenden Untersuchung gefundenen Ergebnissen steht nun fest, dass die im Hinblick auf die genaue Reichweite der Ausnahmetatbestände – allein dem Wortlaut nach zu urteilen – oft unklaren Vorschriften einer engen Auslegung nur insoweit zugänglich sind, als jedenfalls die oben genannten Entscheidungsfragen als von der Ausnahmebestimmung erfasst anzusehen sind. Kurz gesagt: Die bundesrechtskonforme Auslegung verlangt hier, dass zumindest die Entscheidungen, welche einen Verstoß gegen das höherrangige Baugesetzbuch bedeuten würden, als von dem jeweiligen Ausnahmetatbestand erfasst anzusehen sind.

Freilich ist es – wie für jede andere Auslegungsmethode – auch Grundvoraussetzung der bundesrechtskonformen Auslegung, dass der Wortlaut der Vorschrift eine solche überhaupt zulässt[487]. Im Hinblick auf die Gesetzeslage in Brandenburg,

---

483 Siehe § 8 b Abs. 2 Nr. 7 HGO; § 24 Abs. 2 Nr. 8 SächsGemO; § 26 Abs. 3 Nr. 7 GO LSA; § 17 Abs. 2 Nr. 8 ThürO.

484 Aus der Rspr. vgl. etwa BayVGH, Beschluss vom 24.07.2003 – 4 CE 02.3295 –, juris Rn. 1 sowie ausführlich VG Ausgsburg, Urteil vom 06.06.2008 – 7 K 07.1554 –, juris Rn. 53 ff. m.w.N.; aus der Lit. siehe Thum, KommPrax 1997, 296 (296 ff.) und die dort Genannten.

485 § 20 Abs. 3 Nr. 10 GO Bbg; § 20 Abs. 2 Nr. 4 KV M-V; § 22 b Abs. 2 S. 2 Nr. 6 NGO; § 26 Abs. 5 Nr. 6 GO NRW; § 17 a Abs. 2 Nr. 6 GemO RP; § 21 a Abs. 4 Nr. 6 SaarlKSVG; § 16 g Abs. 2 Nr. 6 GO SH.

486 § 21 Abs. 2 Nr. 6 GemO BW.

487 Für eine Auslegung ist erforderlich, dass der Wortlaut interpretationsfähig ist, d. h. mit anderen Worten, er darf nicht eindeutig sein. Nur durch das Kriterium des sprachlich

Mecklenburg Vorpommern, Nordrhein-Westfalen, Niedersachsen, Rheinland-Pfalz, Saarland und Schleswig-Holstein ist diese Voraussetzung angesichts der sprachlich weit gefassten Bestimmungen ganz unproblematisch gegeben. Aber auch der enger gefasste Wortlaut der baden-württembergischen Ausnahmebestimmung lässt eine solche Auslegung zu[488]. Er ist nämlich keinesfalls eindeutig etwa dahingehend zu verstehen, dass lediglich bereits in Kraft getretene Bauleitpläne erfasst sein sollen[489]. Denn obwohl ein Bauleitplan nach dem Baugesetzbuch tatsächlich erst mit dem abschließenden Satzungs- bzw. Feststellungsbeschluss und dessen Bekanntmachung entsteht, können dem Wortlaut nach zudem unproblematisch auch künftige Bauleitpläne gemeint sein[490]. Weiter ist es angesichts fehlender Bezugnahme der landesrechtlichen Regelungen auf die Begriffsdefinition des Baugesetzbuchs auch nicht ausgeschlossen, den Begriff „Bauleitpläne" als für das Verfahren der Bauleitplanung in seiner Gesamtheit stehend anzusehen[491] oder sogar die Wortwahl „über Bauleitpläne" als Synonym für „betreffend Bauleitpläne" zu verstehen[492].

B. Gestaltungsfreiraum der Landesgesetzgeber und gesetzestechnische Umsetzung

Eben ging es um die durch das Baugesetzbuch verbotenen Bürgerentscheide und deren Bedeutung für das Kommunalrecht. Nun soll der Blick auf diejenigen Entscheidungen gerichtet werden, für die Baugesetzbuch das direktdemokratische Entscheidungsverfahren zulässt. Zusammengefasst sind dies die abschließende Abwägung und Beschlussfassung betreffend die isolierte Aufhebung eines Bauleitplans, der Satzungs- bzw. Feststellungsbeschluss nach vollständiger Abwägung

möglichen Wortsinns kann eine klare Abgrenzung zwischen Auslegung und Rechtsfortbildung, die an besondere Voraussetzungen gebunden ist, vorgenommen werden, vgl. nur Larenz/Canaris, Methodenlehre, S. 143 f.

488 Zu den im Rahmen der inhaltlichen Auslegung des § 21 Abs. 2 Nr. 6 GemO BW vertretenen Auffassung vgl. ausführlich unten.

489 So mit Recht Burmeister/Wortha, VBlBW 2009, 412 (413).

490 So könnten auch der Satzungsbeschluss oder sogar konkrete Vorgaben hinsichtlich des Inhalts eines zukünftigen Bauleitplans als von der Ausnahmeregelung erfasst angesehen werden, vgl. Geitmann, VBlBW 2007, 321 (328); Löbbecke, VBlBW 2009, 253 (255).

491 Löbbecke, VBlBW 2009, 253 (255).

492 So würden sogar alle Entscheidungen erfasst, die sich auf einen potentiellen Bauleitplan auswirken können. Vgl. dazu auch West, VBlBW 2010, 389 (391).

durch den Gemeinderats, der Aufstellungsbeschluss, der Auslegungsbeschluss, bestimmte Voraussetzungen einhaltende Rahmenfestlegungen zum Inhalt eines Bauleitplans sowie die Entscheidungen über Planungsverzicht und Planungsstopp.

Die Gesetzgeber der Kommunalverfassungen haben insoweit einen Gestaltungsspielraum. Sie haben die Möglichkeit, auf der Grundlage von Zweckmäßigkeitserwägungen frei darüber zu entscheiden, ob und inwieweit diese Fragen einer Entscheidung durch die Bürger zugänglich gemacht werden sollen.

Wie bereits erwähnt, haben sich die Gesetzgeber der Länder Bayern, Hessen, Sachsen, Sachsen-Anhalt und Thüringen gegen die Aufnahme eines Ausschlusstatbestands betreffend die Bauleitplanung entschieden. Damit ist die Möglichkeit einer Durchführung von Bürgerbegehren und Bürgerentscheiden zu den genannten Punkten dort uneingeschränkt gegeben.

Im Hinblick auf die übrigen Flächenstaaten kommt es entscheidend darauf an, wie man die in den jeweiligen Ausnahmetatbeständen vorzufindenden Regelungstypen verstanden wissen will[493]. Werden, wie in der überwiegenden Zahl der Länder, Bürgerbegehren und Bürgerentscheide über die „Aufstellung, Änderung, (Ergänzung) und Aufhebung von Bauleitplänen" für unzulässig erklärt, besteht Einigkeit jedenfalls insoweit, als die Ausnahmetatbestände in einem umfassenden Sinn dahingehend zu verstehen sind, dass – beginnend mit dem Aufstellungsbeschluss – das gesamte förmliche Bauleitplanverfahren von der Bürgerentscheidsfähigkeit ausgenommen ist[494]. Unklar ist lediglich, ob auch Entscheidungen vor Beginn des förmlichen Verfahrens von den Ausnahmetatbeständen erfasst sein sollen[495,496].

---

493 Die Entscheidung dieser Frage ist nicht Gegenstand der vorliegenden Arbeit. Es folgt deshalb lediglich eine Darstellung des Meinungsstands.

494 Vgl. aus der Literatur etwa Finkelnburg, in: Battis/Söfker/Stüer, FS für Krautzberger, S. 11 (14) sowie Klenke, NWVBl. 2002, 45 (47) sowie aus der Rechtsprechung VG Köln, Urteil vom 25.05.2007 – 4 K 4967/06 –, juris Rn. 18 ff., dass., Urteil vom 03.09.1999 – 4 K 2849/97 –, NWVBl. 2000, 267 (270); VG Braunschweig, Urteil vom 27.05.2004 – 1 A 103/04 –, NdsVBl. 2005, 78 (79); VG Düsseldorf, Urteil vom 02.03.2007 – 1 K 4143/06 –, juris Rn. 33.

495 Dafür spricht sich etwa Finkelburg aus, in: Battis/Söfker/Stüer, FS für Krautzberger, S. 11 (14). Zur Gegenauffassung vgl. bspw. VG Saarland, Urteil vom 21.10.2011 – 3 K 2342/10 –, juris Rn. 36, indem dort entscheidend auf den bereits ergangenen Aufstellungsbeschluss und den damit bestehenden Unterschied zu einem Fall des VG Freiburg (Beschluss vom 11.05.2011 – 5 K 764/11 – juris) hingewiesen wird.

496 Davon hängt ab, ob – neben denjenigen oben genannten Entscheidungen, die regelmäßig erst nach Beginn des förmlichen Verfahrens ergehen – auch die noch vor einem Aufstellungsbeschluss des Gemeinderats stattfindende Entscheidung über einen

Schwieriger stellt sich die derzeitige Gesetzeslage in Baden-Württemberg dar. Im Hinblick auf die Auslegung der im Jahre 2005 erlassenen Ausnahmeregelung „... Bürgerentscheid über Bauleitpläne ...“ des § 21 Abs. 2 Nr. 6 GemO BW gehen die Meinungen weit auseinander. Nach einer in der Literatur vertretenen sehr engen Auffassung erfasst die Ausnahmebestimmung lediglich den Satzungsbeschluss, während sämtliche vorhergehenden Verfahrensschritte noch Gegenstand eines Bürgerbegehrens und -entscheids sein können[497]. Im Gegensatz dazu steht eine sehr weite Auffassung, nach der alle Entscheidungen, die einen (auch potentiellen) Bauleitplan betreffen, umfasst sein sollen[498]. Im Übrigen besteht, insbesondere mit Blick auf den wegen des unklaren Wortlauts besonders bedeutenden Gesetzgeberwillen, Einigkeit dahingehend, dass zwar das förmliche Bauleitplanverfahren sowie inhaltliche Detailvorgaben vom Ausnahmetatbestand erfasst sein sollen, sogenannte Grundsatzentscheidungen im Vorfeld des förmlichen Verfahrens dagegen zulässig bleiben[499]. Wo die Grenze zwischen den zulässigen Grundsatzentscheidungen im Vorfeld und den Entscheidungen im förmlichen Verfahren verlaufen soll, ist aber auch unter den Vertretern dieser letztgenannten Auffassung umstritten. So wird einerseits für eine ausschließlich sachliche Abgrenzung plädiert, indem – unabhängig vom Beginn des förmlichen Verfahrens durch Aufstellungsbeschluss – der Begriff „Vorfeld“ als primär politischer Bereich, ob und wie die Gemeinde im Rahmen ihrer Planungshoheit ein Gebiet städtebaulich

Planungsverzicht sowie einem Aufstellungsbeschluss zeitlich vorangehende Rahmenfestlegungen durch Bürgerbegehren und Bürgerentscheid als unzulässig anzusehen sind.

497 Geitmann, VBlBW 2007, 321 (328). Nach dieser Auffassung wären hinsichtlich der hier in Frage stehenden, nicht schon durch höherrangiges Recht ausgeschlossenen Entscheidungen durch Bürgerentscheid folgende zulässig: der Aufstellungsbeschluss, der Auslegungsbeschluss, Rahmenfestlegungen sowie die Entscheidungen über Planungsverzicht und Planungsstopp.

498 West, VBlBW 2010, 389 (391); vgl. auch VG Karlsruhe, Urteil vom 30.05.2008 – 1 K 78/08 –, juris Rn. 14 ff. Nach dieser Auslegung wären sämtliche oben genannten Entscheidungen, sogar der Planungsverzicht, vom Ausnahmetatbestand erfasst.

499 Vgl. aus der Literatur insbesondere Löbbecke, VBlBW 2009, 253 (254 ff.) und Burmeister/Wortha, VBlBW 2009, 412 (413 ff.) sowie aus der Rechtsprechung VGH Mannheim, Beschluss vom 27.06.2011 – 1 S 1509/11 –, DVBl. 2011, 1035 (1038); dens., Beschluss vom 22.06.2009 – 1 S 2865/08 –, VBlBW 2009, 425 (426); dens., Beschluss vom 20.03.2009 – 1 S 419/09 –, NVwZ-RR 2009, 574 (575); VG Freiburg, Beschluss vom 11.05.2011 – 5 K 764/11 –, juris Rn. 6.

ordnen will, zu verstehen sei[500]. Nach der Gegenmeinung ist eine (zumindest auch) zeitliche Abgrenzung des Begriffs der „Grundsatzentscheidungen im Vorfeld des förmlichen Verfahrens“ vorzunehmen[501]. Der Aufstellungsbeschluss stelle eine Zäsur dar, weil mit ihm in das förmliche Verfahren eingetreten werden. Es spreche deshalb vieles dafür, dass Grundsatzentscheidungen zum „Ob“ einer Planung durch Bürgerentscheid ab diesem Zeitpunkt nicht mehr zulässig seien[502].

500 Löbbecke, VBlBW 2009, 253 (256). Hiernach wären bis auf die förmlichen Verfahrensschritte sämtliche mit dem Baugesetzbuch zu vereinbarenden Entscheidungen zulässig. D. h., dass – neben der vor dem Aufstellungsbeschluss ergehenden Entscheidung über einen Planungsverzicht – vor allem auch die einem Aufstellungsbeschluss zeitlich nachgehende Entscheidung über einen Planungsstopp möglich sein soll. Aber auch Rahmenfestlegungen zum Inhalt eines Bauleitplans dürften unter Zugrundelegung dieser Auffassung – unabhängig vom Entscheidungszeitpunkt – als Grundsatzentscheidung zulässig sein.

501 VGH Mannheim, Beschluss vom 27.06.2011 – 1 S 1509/11 –, DVBl. 2011, 1035 (1038); vgl. auch dens., Beschluss vom 20.03.2009 – 1 S 419/09 –, NVwZ-RR 2009, 574 (575).

502 Mit dieser Auffassung käme man hier zu dem Ergebnis einer Unzulässigkeit aller oben genannten Entscheidungen durch Bürgerentscheid, mit Ausnahme des vor Beginn des förmlichen Verfahrens ergehende Planungsverzichts und der vor diesem Zeitpunkt bestimmten Rahmenfestlegungen zum Inhalt eines Bauleitplans.

Literaturverzeichnis

Achterberg, Norbert, Die Annexkompetenz, DÖV 1966, 695–701.

Arnim, Hans Herbert von, Gemeindliche Selbstverwaltung und Demokratie, AöR 113 (1988), 1–30.

———, Wirtschaftlichkeit als Rechtsprinzip, Berlin 1988.

———, Staatslehre der Bundesrepublik Deutschland, München 1984 [zitiert: v. Arnim, Staatslehre].

Battis, Ulrich, Kommentierung von § 3 BauGB, in: ders./Krautzberger, Michael/Löhr, Rolf-Peter, Baugesetzbuch, Kommentar, 11. Auflage, München 2009 [zitiert: Battis, in: ders./Krautzberger/Löhr, BauGB].

———, Kommentierung von § 4b BauGB, in: ders./Krautzberger, Michael/Löhr, Rolf-Peter, Baugesetzbuch, Kommentar, 11. Auflage, München 2009 [zitiert: Battis, in: ders./Krautzberger/Löhr, BauGB].

———/*Krautzberger*, Michael/*Löhr*, Michael, Gesetz zur Erleichterung von Planungsvorhaben für die Innenentwicklung der Städte („BauGB 2007"), NVwZ 2007, 121–128.

Becker, Ulrich, Kommunalrecht, in: ders./Heckmann, Dirk/Kempen, Bernhard/ Manssen, Gerrit, Öffentliches Recht in Bayern – Verfassungsrecht, Kommunalrecht, Polizei- und Sicherheitsrecht, Öffentliches Baurecht, 4. Auflage, München 2008, S. 73–234 [zitiert: Becker, in: ders./Heckmann/ Kempen/Manssen, Öffentliches Recht in Bayern].

Beilharz, Günter, Politische Partizipation im Rahmen des § 21 der Gemeindeordnung von Baden-Württemberg, Tübingen 1981 [zitiert: Beilharz, Politische Partizipation].

Bernhardt, Dirk, Das baurechtliche Abwägungsgebot zwischen richterlicher Rechtsfortbildung und gesetzlicher Regelung, JA 2008, 166–174.

Bieback, Karl-Jürgen, Die Mitwirkung der Beschäftigten in der öffentlichen Verwaltung – untersucht am Beispiel der öffentlichen Verwaltung durch personale Dienstleistungen, Berlin 1983 [zitiert: Bieback, Die Mitwirkung der Beschäftigten in der öffentlichen Verwaltung].

Birk, Dieter, Normsetzungsbefugnis und öffentlich-rechtlicher Vertrag, NJW 1977, 1797–1800.

Blanke, Thomas, Antidemokratische Effekte der verfassungsrechtlichen Demokratietheorie, KJ 1998, 452–471.

———, Funktionale Selbstverwaltung und Demokratieprinzip, in: Redaktion Kritische Justiz (Hrsg.), Demokratie und Grundgesetz – Eine Auseinandersetzung mit der verfassungsgerichtlichen Rechtsprechung, Baden-Baden 2000, S. 32–58 [zitiert: Blanke, in: Redaktion Kritische Justiz, Demokratie und Grundgesetz].

Blumenberg, Hildegard, Neuere Entwicklung zu Struktur und Inhalt des Abwägungsgebots im Bauplanungsrecht, DVBl. 1989, 86–94.

Böckenförde, Ernst-Wolfgang, Demokratie als Verfassungsprinzip, in: Isensee, Josef/Kirchhof, Paul (Hrsg.), Handbuch des Staatsrechts der Bundesrepublik Deutschland, Band II: Verfassungsstaat, 3. Auflage Heidelberg 2004, § 24 [zitiert: Böckenförde, in: Isensee/Kirchhof, HStR II].

———, Die Bedeutung der Unterscheidung von Staat und Gesellschaft im demokratischen Sozialstaat der Gegenwart, in: ders. (Hrsg.), Staat, Gesellschaft, Freiheit: Studien zur Staatstheorie und zum Verfassungsrecht, Frankfurt a.M. 1976, S. 185–220 [zitiert: Böckenförde, in: ders. Staat, Gesellschaft, Freiheit].

Bötsch, Klaus, Entschädigung bei Entzug eines Baurechts nach § 33 BBauGB durch Planungsänderung, BayVBl. 1978, 133–136.

Borchert, Dietrich, Bauleitplanung durch Beliehene, Kaiserslautern 2005.

Bovenschulte, Andreas, Gemeindeverbände als Organisationsformen kommunaler Selbstverwaltung, Baden-Baden 2000 [zitiert: Bovenschulte, Gemeindeverbände].

Breuer, Rüdiger, Die Kontrolle der Bauleitplanung – Analyse eines Dilemmas, NVwZ 1982, 273–280.

Britz, Gabriele, Die Mitwirkung Privater an der Wahrnehmung öffentlicher Aufgaben durch Einrichtungen des öffentlichen Rechts – Verwaltungsorganisation zwischen Legitimationserfordernis und Rationalisierungswunsch, VerwArch 91 (2000), 418–437.

Brohm, Winfried, Öffentliches Baurecht: Bauplanungs-, Bauordnungs- und Raumordnungsrecht, München 2002 [zitiert: Brohm, Öffentliches Baurecht].

Brosius-Gersdorf, Frauke, Deutsche Bundesbank und Demokratieprinzip: Eine verfassungsrechtliche Studie zur Bundesbankautonomie vor und nach der dritten Stufe der Europäischen Währungsunion, Berlin 1997 [zitiert: Brosius-Gersdorf, deutsche Bundesbank und Demokratieprinzip].

Bryde, Brun-Otto, Die bundesrepublikanische Volksdemokratie als Irrweg der Demokratietheorie, StWissStPrax 5 (1994), 305–330.

Burgi, Martin, Privat vorbereitete Verwaltungsentscheidungen und staatliche Strukturschaffungspflicht – Verwaltungsverfassungsrecht zwischen Staat und Gesellschaft, Die Verwaltung 33 (2000), 183–206.

Burkhardt, Werner: Die rechtliche Ordnung des Bürgerentscheids, Bürger- und Ratsbegehrens nach dem baden-württembergischen Kommunalrecht, Diss. jur,. Freiburg 1987 [zitiert: Burkhardt, Die rechtliche Ordnung des Bürgerentscheids, Bürger- und Ratsbegehrens].

Burmeister, Thomas/*Wortha*, André, Bürgerbegehren gegen Bauprojekte, VBlBW 2009, 412–419.

Dammer, Christian, Offene Fragen im Bereich der Anwendung und Auslegung des § 33 BauGB, unter bevorzugter Abhandlung von Fragen des Nachbarrechts und des Planungsschadensrechts, Diss. jur., Regensburg 1999 [zitiert: Dammer, Offene Fragen im Bereich der Anwendung und Auslegung des § 33 BauGB].

Decker, Andreas/*Konrad*, Christian, Bayerisches Baurecht mit Bauplanungsrecht, Rechtsschutz sowie Raumordnungs- und Landesplanungsrecht, 2. Auflage, München 2008 [zitiert: Decker/Konrad, Bayerisches Baurecht].

Dederer, Hans-Georg, Korporative Staatsgewalt: Integration privat organisierter Interessen in die Ausübung von Staatsgewalt – Zugleich eine Rekonstruktion der Legitimationsdogmatik, Tübingen 2004 [zitiert: Dederer, Korporative Staatsgewalt].

———, Organisatorisch-personelle Legitimation der funktionalen Selbstverwaltung, NVwZ 2000, 403–405.

Degenhart, Christoph, Kommentierung von Art. 72 GG, in: Sachs, Michael (Hrsg.), Grundgesetz, Kommentar, 5. Auflage, München 2009 [zitiert: Degenhart, in: Sachs, GG].

———, Die Neuordnung der Gesetzgebungskompetenzen durch die Föderalismusreform, NVwZ 2006, 1209–1216.

Dirnberger, Franz, Kommentierung von § 1 BauGB, in: Jäde, Henning/Dirnberger, Franz/Weiss, Josef, Baugesetzbuch, Baunutzungsverordnung, Kommentar, 6. Auflage, Stuttgart u. a. 2010 [zitiert: Dirnberger, in: Jäde/Dirnberger/Weiss, BauGB].

Dreier, Horst, Hierarchische Verwaltung im demokratischen Staat: Genese, aktuelle Bedeutung und funktionelle Grenzen eines Bauprinzips der Exekutive, Tübingen 1991 [zitiert: Dreier, Hierarchische Verwaltung].

Dressel, Andreas, Bürgerbegehren und Bürgerentscheid in den Hamburger Bezirken – Ein Beitrag zur direkten Demokratie in Hamburg unter

Berücksichtigung von Berlin und Bremen, Baden-Baden 2003 [zitiert: Dressel, Bürgerbegehren und Bürgerentscheid].
Ebsen, Ingwer, Der Bauplanungsgarantievertrag – ein neues Mittel vertraglicher Bindung der Gemeinde bei der Bauleitplanung?, JZ 1985, 57–63.
———, Bürgerbeteiligung durch die Gemeindevertretung und repräsentative Demokratie, DVBl. 1984, 1107–1113.
Ehlers, Dirk, Die Grenzen der Mitbestimmung in öffentlichen Unternehmen, JZ 1987, 218–227.
———, Die Staatsgewalt in Ketten, in: Faber, Heiko/Frank, Götz, Demokratie in Staat und Wirtschaft, Festschrift für Ekkehart Stein zum 70. Geburtstag, Tübingen 2002, S. 125–142 [zitiert: Ehlers, in: Faber/Frank, FS für Stein].
Engelken, Klaas, Kommunen und bundesrechtliche Aufgaben nach der Föderalismusreform I – Zum neuen Aufgabenübertragungsverbot nach Art. 84 Abs. 1 Satz 7 GG, VBlBW 2008, 457–468.
Erbguth, Wilfried, Abwägung auf Abwegen? – Allgemeines und Aktuelles –, JZ 2006, 484–492.
———, Anmerkungen zum administrativen Entscheidungsspielraum – Am Beispiel der Planfeststellung –, DVBl. 1992, 398–404.
———, Zum System der Fachplanungen, in: ders./Oebbecke, Janbernd/Rengeling, Hans-Werner/Schulte, Martin (Hrsg.), Planung, Festschrift für Werner Hoppe zum 70. Geburtstag, München 2000, S. 631–648 [zitiert: Erbguth, in: ders./Oebbecke/Rengeling/Schulte, FS für Hoppe].
———, Bauleitplanung und private Investitionen, VerwArch 89 (1998), 189–219.
———, Rechtsschutzfragen und Fragen der §§ 214 und 215 BauGB im neuen Städtebaurecht, DVBl. 2004, 802–810.
Finkelnburg, Klaus, Die Änderungen des Baugesetzbuchs durch das Europarechtsanpassungsgesetz Bau, NVwZ 2004, 897–903.
———, Direkte Demokratie durch Bürgerbegehren und Bürgerentscheid und die städtebauliche Planung, in: Battis, Ulrich/Söfker, Wilhelm/Stüer, Bernhard (Hrsg.), Nachhaltige Stadt- und Raumentwicklung, Festschrift für Michael Krautzberger zum 65. Geburtstag, München 2008, S. 11–18 [zitiert: Finkelnburg, in: Battis/Söfker/Stüer, FS für Krautzberger].
Fisahn, Andreas, Abgeleitete Demokratie, KritV 79 (1996), 267–281.
Fischer, Hans Georg, Bürgerbegehren und Bürgerentscheid – ein neues Element unmittelbarer Demokratie in der Kommunalverfassung von Nordrhein-Westfalen, NWVBl. 1995, 366–372.

Fischer-Menshausen, Herbert, Kommentierung von Art. 114 GG, in: von Münch, Ingo/Kunig, Philip (Hrsg.), Grundgesetz-Kommentar, Band 3, 3. Auflage, München 1996 [zitiert: Fischer-Menshausen, in: v. Münch/Kunig, GG].

Franckenstein, Georg Freiherr von und zu, Public Private Partnership in der Bauleitplanung, UPR 2000, 288–292.

Franssen, Everhardt, Zustimmungsbedürftigkeit von Bundesgesetzen nach Maßgabe der Mitverantwortungstheorie? – Zur Auslegung von Art. 84 Abs. 1 GG, JZ 1974, 314–318.

Gaentzsch, Günter, Kommentierung von § 1 BauGB, Stand: 6. Lieferung Dezember 2005, in: Schlichter, Otto/Stich, Rudolf/Driehaus, Hans-Joachim/Paetow, Stefan (Hrsg.), Berliner Kommentar zum Baugesetzbuch, Band I, Loseblatt, Köln, München, Stand: 17. Lieferung September 2010 [zitiert: Gaentzsch, in: Schlichter/Stich/Driehaus/Paetow, Berliner Kommentar].

———, Kommentierung von § 3 BauGB, Stand: 6. Lieferung Dezember 2005, in: Schlichter, Otto/Stich, Rudolf/Driehaus, Hans-Joachim/Paetow, Stefan (Hrsg.), Berliner Kommentar zum Baugesetzbuch, Band I, Loseblatt, Köln, München, Stand: 17. Lieferung September 2010 [zitiert: Gaentzsch, in: Schlichter/Stich/Driehaus/Paetow, Berliner Kommentar].

———, Kommentierung von § 2 BauGB, in: Schlichter, Otto/Stich, Rudolf (Hrsg.), Berliner Kommentar zum Baugesetzbuch, 2. Auflage, Köln u. a. 1995 [zitiert: Gaentzsch, in: Schlichter/Stich, Berliner Kommentar].

Gebhardt, Christian, Direkte Demokratie im parlamentarischen System – Bürgerbegehren und Bürgerentscheid in Bayern, Würzburg 2000 [zitiert: Gebhardt, Direkte Demokratie].

Geitmann, Roland, Bürgerbegehren und – entscheid demokratisch handhaben und ausgestalten, VBlBW 2007, 321–328.

Gersdorf, Hubertus, Öffentliche Unternehmen im Spannungsfeld zwischen Demokratie- und Wirtschaftlichkeitsprinzip: Eine Studie zur verfassungsrechtlichen Legitimation der wirtschaftlichen Betätigung der öffentlichen Hand, Berlin 2000 [zitiert: Gersdorf, Öffentliche Unternehmen].

Gierke, Hans-Georg, Kommentierung von § 1 BauGB, Stand: 43. Lieferung Januar 2000, in: Brügelmann, Hermann (Begr.), Baugesetzbuch, Kommentar, Band I, Loseblatt, Stuttgart, Stand: 75. Lieferung, Januar 2010 [zitiert: Gierke, in: Brügelmann, BauGB].

———, Hans-Georg, Kommentierung von § 2 BauGB, Stand: 63. Lieferung Juni 2007, in: Brügelmann, Hermann (Begr.), Baugesetzbuch, Kommentar,

Band I, Loseblatt, Stuttgart, Stand: 75. Lieferung, Januar 2010 [zitiert: Gierke, in: Brügelmann, BauGB].

Golitschek, Herbert von, Grenzen der Zulässigkeit von Bürgerbegehren in der gemeindlichen Bauleitplanung in Bayern, in: Wollenschläger, Michael/ Kreßel, Eckhard/Egger, Johann (Hrsg.), Recht – Wirtschaft – Kultur, Herausforderungen an Staat und Gesellschaft im Zeitalter der Globalisierung, Festschrift für Hans Hablitzel zum 60. Geburtstag, Berlin 2005, S. 137–157 [zitiert: v. Golitschek, in: Wollenschläger/Kreßel/Egger, FS für Hablitzel].

Gotzmann, Claudia, Die Staatsaufsicht über die öffentlich-rechtlichen Rundfunkanstalten, unter besonderer Berücksichtigung ihrer Organisation als rechtsfähige Anstalt des öffentlichen Rechts, München 2003 [zitiert: Gotzmann, Staatsaufsicht].

Grigoleit, Klaus Joachim, Normative Steuerung von Kooperativer Planung – Zum Problem der Kommerzialisierung kommunaler Gemeinwohlkonkretisierung, Die Verwaltung 33 (2000), 79–109.

Groh, Ulrich/*Haubelt*, Karl Georg/*Raithel*, Peter, Der Bürgerentscheid in Bayern. Bürgerbegehren und Bürgerentscheid – unmittelbare Demokratie auf kommunaler Ebene, CD-ROM, 2. Ausgabe, Kronach 2003 [zitiert: Groh/ Haubelt/Raithel, Bürgerentscheid in Bayern].

Groß, Thomas, Kommentierung von Art. 84 GG, Stand: 20. Lieferung April 2007, in: Friauf, Heinrich/Höfling, Wolfram (Hrsg.), Berliner Kommentar zum Grundgesetz, Band IV, Loseblatt, Berlin, Stand: 30. Lieferung Juli 2010 [zitiert: Groß, in: Friauf/Höfling, Berliner Kommentar].

Grupp, Klaus/*Stelkens*, Ulrich: Aufbauhilfe zur Prüfung der Rechtmäßigkeit eines Bebauungsplans, Stand: 8. Juli 2008, http://www.saarheim.de/Anmer kungen/bebauungsplan.htm (19.12.2010).

Grzeszick, Bernd, Kommentierung von Art. 20 GG, Stand: 57. Lieferung Januar 2010, in: Maunz, Theodor/Dürig, Günter (Begr.), Grundgesetz, Kommentar, Band III, Loseblatt, München, Stand: 59. Lieferung Juli 2010 [zitiert: Grzeszick, in: Maunz/Dürig, GG].

Gusy, Christoph, Zulässigkeit gemeindlicher Verpflichtungen zum Erlaß oder zum Nichterlaß eines Bebauungsplans?, BauR 1981, 164–170.

Hager, Gerd, Rechtspraktische und rechtspolitische Notizen zu Bürgerbegehren und Bürgerentscheid, VerwArch 84 (1993), 97–122.

Haghgu, Katrin, Die Zustimmung des Bundesrates nach Art. 84 Abs. 1 GG – Wider die sog. Einheitsthese, Berlin 2007 [zitiert: Haghgu, Die Zustimmung des Bundesrates nach Art. 84 Abs. 1 GG].

Happ, Michael, Neues zur Abwägung (§ 1 VII BauGB)?, NVwZ 2007, 304–307.
Heintzen, Markus, Beteiligung Privater an der Wahrnehmung öffentlicher Aufgaben und staatliche Verantwortung, VVDStRL 62 (2003), 220–260.
———, Kommentierung von Art. 114 GG, in: von Münch, Ingo/Kunig, Philip (Hrsg.), Grundgesetz-Kommentar, Band III, 5. Auflage, München 2003 [zitiert: Heintzen, in: v. Münch/Kunig, GG].
Heitsch, Christian, Die Ausführung der Bundesgesetze durch die Länder, Tübingen 2001 [zitiert: Heitsch, Ausführung der Bundesgesetze].
Hendler, Reinhard, Das Prinzip Selbstverwaltung, in: Isensee, Josef/Kirchhof, Paul (Hrsg.), Handbuch des Staatsrechts der Bundesrepublik Deutschland, Band VI: Bundesstaat, 3. Auflage, Heidelberg 2008, § 143 [zitiert: Hendler, in: Isensee/Kirchhof, HStR VI].
Hermes, Georg, Kommentierung zu Art. 83 GG, in: Dreier, Horst (Hrsg.), Grundgesetz-Kommentar, Band III, 1. Auflage, Tübingen 2000 [zitiert: Hermes, in: Dreier, GG].
Hermes, Georg, Kommentierung zu Art. 84 GG, in: Dreier, Horst (Hrsg.), Grundgesetz-Kommentar, Band III, 1. Auflage, Tübingen 2000 [zitiert: Hermes, in: Dreier, GG].
Herzog, Roman, Kommentierung von Art. 20 GG, Stand: 18. Lieferung 1980, in: Maunz, Theodor/Dürig, Günter (Begr.), Grundgesetz, Kommentar, Band II, Loseblatt, München, Stand: 30. Lieferung 1993 [zitiert: Herzog, in: Maunz/Dürig, GG].
———, Allgemeine Staatslehre, Band I, Frankfurt am Main 1991.
Hoffmann-Riem, Wolfgang, Verfahrensprivatisierung als Modernisierung, in: ders./Schneider, Jens-Peter (Hrsg.), Verfahrensprivatisierung im Umweltrecht, Baden-Baden 1996, S. 9–30 [zitiert: Hoffmann-Riem, in: ders./Schneider, Verfahrensprivatisierung im Umweltrecht].
———, Reform des allgemeinen Verwaltungsrechts als Aufgabe – Ansätze am Beispiel des Umweltschutzes –, AöR 115 (1990), 400–447.
Hofmann, Harald/*Muth*, Michael/*Theisen*, Rolf-Dieter, Kommunalrecht in Nordrhein-Westfalen, 12. Auflage, Witten 2004 [zitiert: Kommunalrecht].
Hofmann-Hoeppel, Jochen/*Weible*, Marcus, Bürgerbegehren und Bürgerentscheid – Rechtstradition und Rechtspraxis eines plebiszitären Elements unter besonderer Berücksichtigung der Rechtslage in Bayern, BayVBl. 2000, 577–623.
Hoppe, Werner, Die Abwägung im EAG Bau nach Maßgabe des § 1 VII BauGB 2004 – Unter Berücksichtigung von § 2 III, IV BauGB 2004, NVwZ 2004, 903–910.

———, Zur so genannten »subjektiven Abwägungssperre« im Planungsrecht infolge selbstbindender Vorentscheidung des Planungsträgers, in: Ennuschat, Jörg/Geerlings, Jörg/Mann, Thomas/Pielow, Johann-Christian (Hrsg.), Wirtschaft und Gesellschaft im Staat der Gegenwart, Gedächtnisschrift für Peter J. Tettinger, Köln 2007, S. 417–429 [zitiert: Hoppe, in: Ennuschat/ Geerlings/Mann/Pielow, GS für Tettinger].

———, Die »Zusammenstellung des Abwägungsmaterials« und die »Einstellung der Belange« in die Abwägung »nach Lage der Dinge« bei der Planung, DVBl. 1977, 136–144.

———, Zur Struktur von Normen des Planungsrechts, DVBl. 1974, 641–647.

———, Gerichtliche Kontrolldichte bei komplexen Verwaltungsentscheidungen, in: Bachof, Otto/Heigl, Ludwig/Redeker, Konrad (Hrsg.), Verwaltungsrecht zwischen Freiheit, Teilhabe und Bindung – Festgabe aus Anlaß des 25jährigen Bestehens des Bundesverwaltungsgerichts, München 1978, S. 295–312 [zitiert: Hoppe, in: Bachof/Heigl/Redeker, FG BVerwG].

———, Planung und Pläne in der verwaltungsgerichtlichen Kontrolle, in: Erichsen, Hans-Uwe/Hoppe, Werner/v. Mutius, Albert (Hrsg.), System des verwaltungsgerichtlichen Rechtsschutzes – Festschrift für Christian-Friedrich Menger zum 70. Geburtstag, S. 747–777 [zitiert: Hoppe, in: Erichsen/ Hoppe/v. Mutius, FS für Menger].

———, Die Schranken der planerischen Gestaltungsfreiheit (§ 1 Abs. 4 und 5 BBauGB) – Das Urteil des Bundesverwaltungsgerichts vom 12. Dezember 1969 zum Abwägungsgebot (§ 1 Abs. 4 Satz 2 BBauGB) und seine Rechtskontrolle, BauR 1970, 15–18.

———/*Beckmann*, Martin, Zur rechtlichen Unbedenklichkeit der alternativlosen Übernahme des Projektentwurfs eines privaten Vorhabenträgers durch die planende Gemeinde, DVBl. 1987, 1249–1255.

———/*Bleicher*, Herbert, Rechtsprobleme bei der Verfahrensprivatisierung von Standortauswahlverfahren im Abfallrecht, NVwZ 1996, 421–424.

———/*Just*, Jan-Dirk, Zur Ausübung der planerischen Gestaltungsfreiheit bei der Planfeststellung und Plangenehmigung, DVBl. 1997, 789–795.

———, in: Hoppe, Werner/Bönker, Christian/Grotfels, Susan (Hrsg.), Öffentliches Baurecht: Raumordnungsrecht, Städtebaurecht, Bauordnungsrecht, 4. Auflage, München 2010 [zitiert: Hoppe, in: Hoppe/Bönker/Grotfels, Öffentliches Baurecht].

———/*Schlarmann*, Hans/*Buchner*, Reimar, Rechtsschutz bei der Planung von Straßen und anderen Verkehrsanlagen, München 2001 [zitiert: Hoppe/ Schlarmann/Buchner, Rechtsschutz bei der Planung von Straßen].

Huber, Thomas, Kommentierung von Art. 18a BayGO, Stand: 33. Lieferung Juni 2004, in: Hölzl, Joseph/Hien, Eckart/Huber, Thomas, Gemeindeordnung mit Verwaltungsgemeinschaftsordnung, Landkreisordnung und Bezirksordnung für den Freistaat Bayern, Kommentar, Loseblatt, Heidelberg u. a., Stand: Dezember 2008 [zitiert: Huber, in: Hölzl/Hien/Huber, GO]

Huber, Peter Michael, Die Vorgaben des Grundgesetzes für kommunale Bürgerbegehren und Bürgerentscheide, AöR 126 (2001), 165–203.

Humpert, Paul-Peter, Bürgerantrag, Bürgerentscheid und Bürgerbegehren in der Kommunalverfassung der neuen Bundeländer, DÖV 1990, 999–1005.

Ibler, Martin, Die Schranken planerischer Gestaltungsfreiheit im Planfeststellungsrecht, Berlin 1988 [zitiert: Ibler, Schranken planerischer Gestaltungsfreiheit].

———, Die behördlichen Abwägungsspielräume bei Bauleitplanung und Planfeststellung, JuS 1990, 7–16.

Ingold, Albert, Das Aufgabenübertragungsverbot aus Art. 84 Abs. 1 Satz 7 GG als Hindernis für die bauplanungsrechtliche Gesetzgebung des Bundes?, DÖV 2010, 134–139.

Isensee, Josef, Gemeinwohl und Staatsaufgaben im Verfassungsstaat, in: ders./Kirchhof, Paul (Hrsg.), Handbuch des Staatsrechts der Bundesrepublik Deutschland, Band III, 2. Auflage, Heidelberg 1996, § 57 [zitiert: Isensee, in: ders./Kirchhof, HStR III].

Jäde, Henning, Kommentierung zu § 2 BauGB, in: ders./Dirnberger, Franz/Weiss, Josef, Baugesetzbuch, Baunutzungsverordnung, Kommentar, 6. Auflage, Stuttgart u. a. 2010 [zitiert: Jäde, in: ders./Dirnberger/Weiss, BauGB].

———, Kommentierung von § 4a, in: ders./Dirnberger, Franz/Weiss, Josef, Baugesetzbuch, Baunutzungsverordnung, Kommentar, 6. Auflage, Stuttgart u. a. 2010 [zitiert: Jäde, in: ders./Dirnberger/Weiss, BauGB].

———, Kommentierung von § 33, in: ders./Dirnberger, Franz/Weiss, Josef, Baugesetzbuch, Baunutzungsverordnung, Kommentar, 6. Auflage, Stuttgart u. a. 2010 [zitiert: Jäde, in: ders./Dirnberger/Weiss, BauGB].

———, Kommentierung von § 42, in: ders./Dirnberger, Franz/Weiss, Josef, Baugesetzbuch, Baunutzungsverordnung, Kommentar, 6. Auflage, Stuttgart u. a. 2010 [zitiert: Jäde, in: ders./Dirnberger/Weiss, BauGB].

Jarass, Hans, Die materiellen Voraussetzungen der Planfeststellung in neuerer Sicht – Dogmatische Grundlagen und praktische Folgen, insbesondere im Verkehrswegbereich –, DVBl. 1998, 1202–1211.

———, Allgemeine Probleme der Gesetzgebungskompetenz des Bundes, NVwZ 2000, 1089–1096.

Jestaedt, Matthias, Demokratieprinzip und Kondominialverwaltung: Entscheidungsteilhabe Privater an der öffentlichen Verwaltung auf dem Prüfstand des Verfassungsprinzips Demokratie, Berlin 1993 [zitiert: Jestaedt, Demokratieprinzip und Kondominialverwaltung].

———, Demokratie unter Bagatellvorbehalt? – Zu Bedeutung und Rechtfertigung eines demokratischen Bagatellvorbehalts, Der Staat 32 (1993), 29–56.

———, Demokratische Legitimation – quo vadis?, JuS 2004, 649–653.

Jochum, Georg Nikolaus, Amtshaftung bei Abwägungs- und Prognosefehlern in der Bauleitplanung, Münster 1994 [zitiert: Jochum: Amtshaftung bei Abwägungs- und Prognosefehlern].

Kämper, Phillip, Planungsleistungen als „Gegenleistungen" in städtebaulichen Verträgen, Berlin 2007 [zitiert: Kämper, Planungsleistungen als „Gegenleistung"].

Kahl, Wolfgang, Die Zustimmungsbedürftigkeit von Bundesgesetzen nach Art. 84 I GG unter besonderer Berücksichtigung des Umweltverfahrensrechts, NVwZ 2008, 710–718.

———, Das Kooperationsprinzip im Städtebaurecht, DÖV 2000, 793–802.

Kamp, Christina, Kommunale Steuerung der Bebaubarkeit durch Verträge und dingliche Rechte, Berlin 2008 [zitiert: Kamp, Kommunale Steuerung der Bebaubarkeit].

Kautz, Steffen, Bürgerbegehren und Bürgerentscheid beim Erlass von Bebauungsplänen, BayVBl. 2005, 193–201.

Klatt, Günter, Der Bebauungsplan in der kommunalen Praxis: Grundlagen – Verfahren – Wirkungen, Berlin 2002 [zitiert: Klatt, Der Bebauungsplan in der kommunalen Praxis].

Klein, Hans H., Demokratie und Selbstverwaltung, in: Schnur, Roman (Hrsg.), Festschrift für Ernst Forsthoff zum 70. Geburtstag, 2. Aufl., München 1974, S. 165–185 [zitiert: Klein, in: Schnur, FS für Forsthoff].

———, Zum Begriff der öffentlichen Aufgabe, DÖV 1965, 755–759.

Klenke, Reinhard, Rechtsfragen zum Bürgerbegehren nach dem nordrhein-westfälischen Kommunalverfassungsrecht, NWVBl. 2002, 45–50.

Kluth, Winfried, Funktionale Selbstverwaltung: verfassungsrechtlicher Status – verfassungsrechtlicher Schutz, Tübingen 1997 [zitiert: Kluth, Funktionale Selbstverwaltung].

———, Funktionale Selbstverwaltung, Die Verwaltung 35 (2002), 349–376.

Kment, Martin, Zu den Aufgaben und Pflichten des Beamten im Abwägungsvorgang – Gesetzesbindung, Unparteilichkeit und Gehorsamspflicht –, BauR 2005, 1257–1266.

Koch, Hans-Joachim, (Verfahrens-) Privatisierung im öffentlichen Baurecht, in: Hoffmann-Riem, Wolfgang/Schneider, Jens-Peter (Hrsg.), Verfahrensprivatisierung im Umweltrecht, Baden-Baden 1996, S. 170–187 [zitiert: Koch, in: Hoffmann-Riem/Schneider, Verfahrensprivatisierung im Umweltrecht].

———/*Hendler*, Reinhard, Baurecht, Raumordnungs- und Landesplanungsrecht, 4. Auflage, Stuttgart u. a. 2004 [zitiert: Koch/Hendler, Baurecht].

Köller, Sandra, Funktionale Selbstverwaltung und ihre demokratische Legitimation, Berlin 2009 [zitiert: Köller, Funktionale Selbstverwaltung].

Komorowski, Alexis von/*Kupfer*, Dominik, Der Bebauungsplan – Rechtsmäßigkeit, Fehlerfolgen und Kontrolle unter besonderer Berücksichtigung der Rechtsprechung des VGH Baden-Württemberg – Teil 1, VBlBW 2003, 1–15.

Korbmacher, Andreas, Kommentierung von § 3 BauGB, Stand: 70. Lieferung April 2009, in: Brügelmann, Hermann (Begr.), Baugesetzbuch, Kommentar, Band I, Loseblatt, Stuttgart, Stand: 75. Lieferung Juli 2010 [zitiert: Korbmacher, in: Brügelmann, BauGB].

Kraft, Ingo, Gerichtliche Abwägungskontrolle von Bauleitplänen nach dem EAG Bau, UPR 2004, 331–335.

Kraus, Stefan, Gemeindliches Einvernehmen und Bürgerbegehren, KommP BY 1996, 315–316.

Krautzberger, Michael, Städtebauliche Verträge in der praktischen Bewährung, UPR 2007, 407–414.

———, Kommentierung von § 3 BauGB, Stand: 83. Lieferung März 2007, in: Ernst, Werner/Zinkahn, Willy/Bielenberg, Walter (Begr.), Baugesetzbuch, Kommentar, Band I, Loseblatt, München, Stand: 96. Lieferung Juli 2010 [zitiert: Krautzberger, in: Ernst/Zinkahn/ Bielenberg, BauGB].

———, Kommentierung von § 4b BauGB, Stand: 88. Lieferung Juni 2008, in: Ernst, Werner/Zinkahn, Willy/Bielenberg, Walter (Begr.), Baugesetzbuch, Kommentar, Band I, Loseblatt, München, Stand: 96. Lieferung Juli 2010 [zitiert: Krautzberger, in: Ernst/Zinkahn/Bielenberg, BauGB].

———, Kommentierung von § 1 BauGB, in: Battis, Ulrich/Krautzberger, Michael/ Löhr, Rolf-Peter, Baugesetzbuch, Kommentar, 11. Auflage, München 2009 [zitiert: Battis, in: ders./Krautzberger/Löhr, BauGB].

Krebs, Walter, Rechtmäßigkeit und Wirtschaftlichkeit als Kontrollmaßstäbe des Rechnungshofs, in: von Arnim, Hans-Herbert (Hrsg.), Finanzkontrolle im Wandel: Vorträge und Diskussionsbeiträge der 15. Verwaltungswissenschaftlichen Arbeitstagung 1988 des Forschungsinstituts für öffentliche Verwaltung bei der Hochschule für Verwaltungswissenschaften

Speyer, Berlin 1989, S. 65–81 [zitiert: Krebs, in: v. Arnim, Finanzkontrolle im Wandel].
Kromer, Michael, Bürgerbeteiligung in der Gemeinde – Ein systematischer Überblick, DVBl. 1985, 143–149.
Kügel, Wilfried, Der Planfeststellungsbeschluss und seine Anfechtbarkeit: zugleich ein Beitrag zur Auslegung der §§ 74, 75 VwVfG, Berlin 1985 [zitiert: Kügel, Der Planfeststellungsbeschluss und seine Anfechtbarkeit]
Kühling, Jürgen, Fachplanungsrecht, 1. Auflage, Düsseldorf 1988.
———/*Herrmann*, Nikolaus, Fachplanungsrecht, 2. Auflage, Düsseldorf 2000.
Kunig, Philip, Alternativen zum einseitig hoheitlichen Verwaltungshandeln, in: Hoffmann-Riem, Wolfgang/Schmidt-Aßmann, Eberhard (Hrsg.), Konfliktbewältigung durch Verhandlungen, Band I: Informelle und mittlerunterstützte Verhandlungen in Verwaltungsverfahren, Baden-Baden 1990, S. 43–66 [zitiert: Kunig, in: Hoffmann-Riem/Schmidt-Aßmann, Konfliktbewältigung durch Verhandlungen].
———/*Rublack*, Susanne, Aushandeln statt Entscheiden? – Das Verwaltungsverfahrensrecht vor neuen Herausforderungen, Jura 1990, 1–11.
Kupfer, Dominik, Das Fehlerfolgenregime im Bauplanungsrecht, Die Verwaltung 38 (2005), 493–516.
Kuschnerus, Ulrich, Der sachgerechte Bebauungsplan – Handreichungen für die kommunale Planung, 3. Auflage, Bonn 2004 [zitiert: Kuschnerus, Der sachgerechte Bebauungsplan].
Larenz, Karl/*Canaris*, Claus-Wilhelm, Methodenlehre der Rechtswissenschaft, 3. Auflage, Berlin u. a. 1995 [zitiert: Larenz/Canaris, Methodenlehre].
Leisner, Walter, Werbefernsehen und Öffentliches Recht: Ein Beitrag zur Problematik der öffentlichen Aufgabe sowie zu Grundlagen und Grenzen fiskalischer Staatstätigkeit, Berlin 1967 [zitiert: Leisner, Werbefernsehen und Öffentliches Recht].
———, Mitbestimmung im öffentlichen Dienst – innere Kontrolle der Staatsgewalt, ZBR 1971, 65–68.
Lepa, Manfred, Probleme der Zustimmungsbedürftigkeit von Bundesgesetzen, DVBl. 1974, 399–406.
Lerche, Peter, Kommentierung von Art. 84 GG, Stand: 24. Lieferung 1985, in: Maunz, Theodor/Dürig, Günter (Begr.), Grundgesetz, Kommentar, Band V, Loseblatt, München, Stand: 59. Lieferung Juli 2010 [zitiert: Lerche, in: Maunz/Dürig, GG].
Ley, Richard, Das Europarechtsanpassungsgesetz Bau (EAG Bau) vom 24. Juni 2004 – Was hat sich im Bauleitplanungsrecht geändert?, DVP 2005, 45–51.

Lissack, Gernot, Bayerisches Kommunalrecht, 2. Auflage, München 2001.
Löbbecke, Marc, Die Zulässigkeit von Bürgerentscheiden „über Bauleitpläne", VBlBW 2009, 253–257.
Looman, Gudula, Bürgerbegehren auf Aufstellen oder Unterlassen von Bebauungsplänen – Verstoß gegen die kommunale Planungshoheit?, NVwZ 1998, 1271–1273.
Loschelder, Wolfgang, Weisungshierarchie und persönliche Verantwortung in der Exekutive, in: Isensee, Josef/Kirchhof, Paul (Hrsg.), Handbuch des Staatsrechts der Bundesrepublik Deutschland, Band V: Rechtsquellen, Organisation, Finanzen, 3. Auflage, Heidelberg 2007, § 107 [zitiert: Loschelder, in: Isensee/Kirchhof, HStR V].
Lüers, Hartwig, Die Bauleitplanung nach dem BauROG, DVBl. 1998, 433–445.
Mager, Ute, Neues vom Abwägungsgebot?, JA 2009, 398–400.
Manssen, Gerrit, Öffentliches Baurecht, in: Becker, Ulrich/Heckmann, Dirk/Kempen, Bernhard/Manssen, Gerrit, Öffentliches Recht in Bayern – Verfassungsrecht, Kommunalrecht, Polizei- und Sicherheitsrecht, Öffentliches Baurecht, 4. Auflage, München 2008, S. 391–502 [zitiert: Manssen, in: Becker/Heckmann/Kempen/Manssen, Öffentliches Recht in Bayern].
Martens, Wolfgang, Öffentlich als Rechtsbegriff, Bad Homburg u. a 1969.
Mehde, Veith, Neues Steuerungsmodell und Demokratieprinzip, Berlin 2000 [zitiert: Mehde, Neues Steuerungsmodell].
———, Ausübung von Staatsgewalt und Public Private Partnership, VerwArch 91 (2000), 540–565.
Mehr Demokratie e.V., Erster Bürgerbegehrensbericht Deutschland 1956–2007, Berlin 2008 [zitiert: Mehr Demokratie e.V., Erster Bürgerbegehrensbericht Deutschland].
———, Vollständiger Zehn-Jahres-Bericht bayerischer Bürgerbegehren und Bürgerentscheide, München 2005 [zitiert: Mehr Demokratie e.V., Zehn-Jahres-Bericht bayerischer Bürgerbegehren und Bürgerentscheide].
Meister, Johannes, Die dogmatische Einordnung der Prüfungs- und Mitteilungspflicht in § 3 Abs. 2 Satz 4 BauGB, BauR 2003, 1835–1839.
Merten, Detlef, Bürgerverantwortung im demokratischen Verfassungsstaat, VVDStRL 55 (1996), 7–43.
Metzner, Richard, Bürgerbegehren und Bürgerentscheid in der Bauleitplanung, KommP BY 1998, 163–166.
Meyer, Hans, Die Föderalismusreform 2006: Konzeption, Kommentar, Kritik, Berlin 2008 [zitiert: Meyer, Föderalismusreform].

Meyn, Karl-Ulrich, Gesetzesvorbehalt und Rechtsetzungsbefugnis der Gemeinden, Göttingen 1977 [zitiert: Meyn, Gesetzesvorbehalt und Rechtsetzungsbefugnis].

Muckel, Stefan, Die Selbstverwaltung in der Sozialversicherung auf dem Prüfstand des Demokratieprinzips, NZS 2002, 118–125.

———, Bürgerbegehren und Bürgerentscheid – wirksame Instrumente unmittelbarer Demokratie in den Gemeinden?, NVwZ 1997, 223–228.

Musil, Andreas, Wettbewerb in der staatlichen Verwaltung, Tübingen 2005.

Mutius, Albert von, Zum personalen Geltungsbereich des Petitionsrechts, VerwArch 70 (1979), 165–175.

———, in: von Mutius, Albert/Rentsch, Harald (Hrsg.), Kommunalverfassungsrecht Schleswig-Holstein, Kommentar, 5. Auflage, Kiel 1998 [zitiert: v. Mutius, in: ders./Rentsch, Kommunalverfassungsrecht].

Neusinger, Ulrich, Bürgerbegehren und Bürgerentscheid – Aktuelle Fragen des kommunalen Volksentscheids in Bayern, Kronach u. a. 1999 [zitiert: Neusinger, Bürgerbegehren und Bürgerentscheid].

Niehues, Norbert, Das Erfordernis der „Planrechtfertigung“ als Instrument des verfassungsrechtlichen Eigentumsschutzes (Art. 14 Abs. 3 Satz 1 GG), WiVerw 1985, 250–264.

Nierhaus, Michael, Gerichtliche Kontrolle von Prognoseentscheidungen, DVBl. 1977, 19–26.

Oebbecke, Janbernd, Weisungs- und unterrichtungsfreie Räume in der Verwaltung, Köln 1986 [zitiert: Oebbecke, Weisungs- und unterrichtungsfreie Räume].

———, Nicht bürgerbegehrensfähige Angelegenheiten, Die Verwaltung 37 (2004), 105–118.

Özdemir, Fatos, Die Behandlung von Mängeln der Abwägung bei der Aufstellung von Bauleitplänen im Planerhaltungssystem des EAG Bau, Berlin 2009 [zitiert: Özdemir, Die Behandlung von Mängeln der Abwägung].

Ossenbühl, Fritz, Bürgerbegehren und Bürgerentscheid, in: Seiler, Gerhard (Hrsg.), Gelebte Demokratie, Festschrift für Manfred Rommel, Stuttgart u. a. 1997, S. 247–266 [zitiert: Ossenbühl, in: Seiler, FS für Rommel]

———, Die Erfüllung von Verwaltungsaufgaben durch Private, VVDStRL 29 (1971), 137–202.

———, Verwaltungsvorschriften und Grundgesetz, Bad Homburg u. a. 1968 [zitiert: Ossenbühl, Verwaltungsvorschriften].

Papier, Hans-Jürgen, Verfassungsfragen des kommunalen Ausländerwahlrechts, KritV 1987, 309–314.

———, Die rechtlichen Grenzen der Bauleitplanung, DVBl. 1975, 461–467.

———, Rechtliche Bindung und gerichtliche Kontrolle planender Verwaltung im Bereich des Bodenrechts, NJW 1977, 1714–1720.

Pappermann, Ernst, Prozeßvergleich nach aufsichtsbehördlicher Aufhebung der Wahl eines kommunalen Wahlbeamten?, DÖV 1972, 161–165.

Pathe, Karl, Die Ausführung der Bundesgesetze, DVBl. 1951, 681–685.

Peters, Hans, Öffentliche und staatliche Aufgaben, in: Dietz, Rolf/Hübner, Heinz (Hrsg.), Festschrift für H.C. Nipperdey zum 70. Geburtstag, Band II: Arbeits- und Wirtschaftsrecht, München und Berlin 1965, S. 877–895 [zitiert: Peters, in: Rolf/Hübner, FS für Nipperdey].

Pieper, Hans-Gerd, Teilweiser Abschied von der materiellen Abwägungsfehlerlehre im EAG-Bau – Folgen für die Rechtsmäßigkeitsprüfung des Bebauungsplans, Jura 2006, 817–820.

Pieroth, Bodo, Kommentierung von § 28 GG, in: Jarass, Hans/Pieroth, Bodo (Hrsg.), Grundgesetz für die Bundesrepublik Deutschland, Kommentar, 11. Auflage, München 2011 [zitiert: Pieroth, in: Jarass/Pieroth, GG].

Pieroth, Bodo, Kommentierung von Art. 72 GG, in: Jarass, Hans/Pieroth, Bodo (Hrsg.), Grundgesetz für die Bundesrepublik Deutschland, Kommentar, 11. Auflage, München 2011 [zitiert: Pieroth, in: Jarass/Pieroth, GG].

Pietzcker, Jost, Verfahrensprivatisierung und staatliche Verfahrensverantwortung, in: Hoffmann-Riem, Wolfang/Schneider, Jens-Peter (Hrsg.), Verfahrensprivatisierung im Umweltrecht, Baden-Baden 1996, S. 284–309 [zitiert: Pietzcker, in: Hoffmann-Riem/Schneider, Verfahrensprivatisierung im Umweltrecht].

Pröckl, Thomas, Die unmittelbare Beteiligung der Bürger an der Gemeindeverwaltung nach bayerischem Kommunalrecht, Bayreuth 1999 [zitiert: Pröckel, Die unmittelbare Beteiligung der Bürger an der Gemeindeverwaltung].

Püttner, Zur Mitbestimmung in öffentlich-rechtlich organisierten Unternehmen, DVBl. 1984, 165–169.

———, Mitbestimmung und demokratische Legitimation insbesondere im Kulturbereich, DVBl. 1988, 357–362.

Quaas, Michael/*Kukk*, Alexander, Neustrukturierung der Planerhaltungsbestimmungen in §§ 214 ff. BauGB, BauR 2004, 1541–1552.

Rabe, Klaus/*Heintz*, Detlef, Bau- und Planungsrecht, Raumordnungs- und Landesplanungsrecht, Allgemeines Städtebaurecht, Städtebauliche Sanierung und Entwicklung, Bauordnungsrecht, Bauaufsichtliche Maßnahmen, Baurechtlicher Nachbarschutz, 6. Auflage, Stuttgart 2006 [zitiert: Rabe/Heinz, Bau- und Planungsrecht].

Reidt, Olaf, in: Gelzer, Konrad/Bracher, Christian-Dietrich/Reidt, Olaf, Bauplanungsrecht, 7. Auflage, Köln 2004.

Reidt, Olaf, Die Einschaltung Dritter in die Bauleitplanung, NVwZ 1998, 592–593.

Rinken, Alfred, Demokratie und Hierarchie, Zum Demokratieverständnis des Zweiten Senats des Bundesverfassungsgerichts, KritV 79 (1996), 281–309.

———, Demokratie und Hierarchie, Zum Demokratieverständnis des zweiten Senats des Bundesverfassungsgerichts, in: Redaktion Kritische Justiz (Hrsg.), Demokratie und Grundgesetz – eine Auseinandersetzung mit der verfassungsgerichtlichen Rechtsprechung, Baden-Baden 2000, S. 125–147 [zitiert: Rinken, in: Redaktion Kritische Justiz, Demokratie und Grundgesetz].

Rischer, Herbert, Finanzkontrolle staatlichen Handelns: Wirtschaftlichkeit und Sparsamkeit als Prüfungsmaßstäbe, Heidelberg 1995 [zitiert: Rischer, Finanzkontrolle staatlichen Handelns].

Ritgen, Klaus, Bürgerbegehren und Bürgerentscheid – Dargestellt am Beispiel des § 26 der nordrhein-westfälischen Gemeindeordnung, Baden-Baden 1997 [zitiert: Ritgen, Bürgerbegehren und Bürgerentscheid].

———, Zu den thematischen Grenzen von Bürgerbegehren und Bürgerentscheid, NVwZ 2002, 129–136.

———, Bürgerbegehren und Bürgerentscheid in den Jahren 2005 und 2006, KommJur 2007, 288–294.

Scheuner, Ulrich, Das Gesetz als Auftrag der Verwaltung, DÖV 1969, 585–593.

Schilling, Holger, Die Übertragung von Verfahrensschritten der Bauleitplanung auf private Dritte. Möglichkeiten und Umfang gemäß § 4 b BauGB inklusive einer Checkliste für die planende Gemeinde unter besonderer Berücksichtigung der Praxis der Stadtplanungsämter des Freistaates Thüringen, Hamburg 2008 [zitiert: Schilling, Die Übertragung von Verfahrensschritten der Bauleitplanung auf private Dritte].

Schlarmann, Lieselotte, Die Alternativenprüfung im Planungsrecht, Münster 1991 [zitiert: Schlarmann, Alternativenprüfung].

Schliesky, Utz, Aktuelle Probleme bei Bürgerbegehren und Bürgerentscheid, DVBl. 1998, 169–176.

Schmidt-Aßmann, Eberhard, Verwaltungslegitimation als Rechtsbegriff, AöR 116 (1991), 329–390.

———, Konfliktmittlung in der Dogmatik des deutschen Verwaltungsrechts, in; Hoffmann-Riem, Wolfgang/Schmidt-Aßmann, Eberhard (Hrsg.), Konfliktbewältigung durch Verhandlungen, Band I: Informelle und mittlerunterstützte Verhandlungen in Verwaltungsverfahren, Baden-Baden

1990, S. 9–28 [zitiert: Schmidt-Aßmann, in: Hoffmann-Riem/ Schmidt-Aßmann, Konfliktbewältigung durch Verhandlungen].
———, Verwaltungsverantwortung und Verwaltungsgerichtsbarkeit, VVDStRL 34 (1976), 221–268.
Schmidt-Eichstaedt, Gerd, Die Einschaltung Dritter in das Bauleitplanverfahren, in: Ziekow, Jan (Hrsg.), Bauplanungsrecht vor neuen Herausforderungen, Berlin 1999, S. 131–146 [zitiert: Schmidt-Eichstaedt, in: Ziekow, Bauplanungsrecht vor neuen Herausforderungen].
———, Städtebaurecht – Einführung und Handbuch, 4. Auflage, Stuttgart 2005 [zitiert: Schmidt-Eichstaedt, Städtebaurecht].
Schnapp, Friedrich E., Kommentierung von Art. 20 GG, in: v. Münch, Ingo/Kunig, Philip (Hrsg.), Grundgesetz-Kommentar, Band II, 5. Auflage, München 2001 [zitiert: Schnapp, in: v. Münch/Kunig, GG].
———/*Rawert*, Karl-Heinz, Öffentliches Recht: Kündigung eines Gemeindeangestellten im Wege der Kommunalaufsicht, JuS 1986, 631–638.
Scholler, Heinrich, Bundes- oder Landeskompetenz zur Zustellungsregelung von Widerspruchsbescheiden, DÖV 1968, 756–759.
Schrödter, Wolfgang, Kommentierung von § 4b BauGB, in: Schrödter, Hans (Begr.), Baugesetzbuch, Kommentar, 7. Auflage, München 2006 [zitiert: Schrödter, in: Schrödter, BauGB].
Schulte, Martin, Schlichtes Verwaltungshandeln: Verfassungs- und verwaltungsdogmatische Strukturüberlegungen am Beispiel des Umweltrechts, Tübingen 1995 [zitiert: Schulte, Schlichtes Verwaltungshandeln].
Schulze-Fielitz, Helmuth, Das Flachglas-Urteil des Bundesverwaltungsgerichts – BVerwGE 45, 309, Zur Entwicklung der Diskussion um das planungsrechtliche Abwägungsgebot, Jura 1992, 201–208.
———, Sozialplanung im Städtebaurecht: am Beispiel der Stadterneuerung, Königstein/Ts. 1979 [zitiert: Sozialplanung im Städtebaurecht].
Schuppert, Gunnar Folke, Verfassungsrecht und Verwaltungsorganisation, Der Staat 32 (1993), 581–610.
Seckler, Dorothea, Das Gebot der Wirtschaftlichkeit und Sparsamkeit in Bürgerbegehren und Bürgerentscheid – dargestellt am Beispiel der Bayerischen Gemeindeordnung, Bayreuth 2000 [zitiert: Seckler, das Gebot der Wirtschaftlichkeit und Sparsamkeit].
Seeger, Richard, Bürgerbegehren und Bürgerentscheid in Baden-Württemberg, ZParl 1988, 516–535.
Seidel, Achim, Privater Sachverstand und staatliche Garantenstellung im Verwaltungsrecht, München 2000 [zitiert: Seidel, Privater Sachverstand].

Söfker, Wilhelm, Kommentierung von § 1 BauGB, Stand: 94. Lieferung Januar 2010, in: Ernst, Werner/Zinkahn, Willy/Bielenberg, Walter (Begr.), Baugesetzbuch, Kommentar, Band I, Loseblatt, München, Stand: 96. Lieferung Juli 2010 [zitiert: Söfker, in: Ernst/Zinkahn/Bielenberg, BauGB].

———, Kommentierung von § 2 BauGB, Stand: 85. Lieferung September 2007, in: Ernst, Werner/Zinkahn, Willy/Bielenberg, Walter (Begr.), Baugesetzbuch, Kommentar, Band I, Loseblatt, München, Stand: 96. Lieferung Juli 2010 [zitiert: Söfker, in: Ernst/Zinkahn/ Bielenberg, BauGB].

Sommermann, Karl-Peter, Kommentierung von Art. 20 GG, in: v. Mangoldt, Hermann/Klein, Friedrich/Starck, Christian (Hrsg.), Kommentar zum Grundgesetz, Band II, 6. Auflage, München 2010 [zitiert: Sommermann, in: v. Mangoldt/Klein/Starck, GG].

Spies, Ute, Bürgerversammlung – Bürgerbegehren – Bürgerentscheid: Elemente direkter Demokratie, dargestellt am hessischen Kommunalrecht, Stuttgart u. a. 1999 [zitiert: Spies, Bürgerversammlung – Bürgerbegehren – Bürgerentscheid].

Steiger, Heinhard, Zur Entscheidung kollidierender öffentlicher Interessen bei der politischen Planung als rechtlichem Problem, in: Menger, Christian-Friedrich (Hrsg.), Fortschritte des Verwaltungsrechts, Festschrift für Hans J. Wolff zum 75. Geburtstag, München 1973, S. 385–428 [zitiert: Steiger, in: Menger, FS für Wolff].

Stelkens, Ulrich, Planerhaltung bei Abwägungsmängeln nach dem EAG Bau – zugleich Versuch einer Abgrenzung zwischen § 1 Abs. 7 und § 2 Abs. 3 BauGB, UPR 2005, 81–88.

Steinberg, Rudolf, Das Nachbarrecht der öffentlichen Anlagen, Stuttgart 1988 [zitiert: Steinberg, Das Nachbarrecht].

Steiner, Udo, Bauen nach künftigem Bebauungsplan (§ 33 BauGB), DVBl. 1991, 739–744.

Stock, Jürgen, Kommentierung von § 33 BauGB, Stand: 83. Lieferung März 2007, in: Ernst, Werner/Zinkahn, Willy/Bielenberg, Walter (Begr.), Baugesetzbuch, Kommentar, Band II, Loseblatt, München, Stand: 96. Lieferung Januar 2010 [zitiert: Stock, in: Ernst/Zinkahn/ Bielenberg, BauGB].

Stollmann, Frank, Verwaltung und Wirtschaft – Kooperationsformen im Städtebaurecht, WiVerw 2000, 126–139.

———, Die Einschaltung Dritter im neuen Städtebaurecht, NuR 1998, 578–583.

Streinz, Rudolf, Bürgerbegehren und Bürgerentscheid. Zur Einführung von Plebisziten in die Kommunalverfassung, Die Verwaltung 16 (1983), 293–317.

Stüer, Bernhard, Handbuch des Bau- und Fachplanungsrechts, Planung – Genehmigung – Rechtsschutz, 3. Auflage, München 2005 [zitiert.: Stüer, Handbuch des Bau- und Fachplanungsrechts].

———, in: Hoppenberg, Michael/de Witt, Siegfried (Hrsg.), Handbuch des öffentlichen Baurechts, Band I, Loseblatt, München, Stand: Dezember 2009 [zitiert: Stüer, in: Hoppenberg/de Witt, HdbÖffBauR].

Tettinger, Peter J., Mitbestimmung in der Sparkasse und verfassungsrechtliches Demokratiegebot, Heidelberg 1986 [zitiert: Tettinger, Mitbestimmung].

———/*Schwarz*, Kyrill-Alexander, Kommentierung von Art. 28 GG, in: v. Mangoldt, Hermann/Klein, Friedrich/Starck, Christian (Hrsg.), Kommentar zum Grundgesetz, Band II, 6. Auflage, München 2010 [zitiert: Tettinger/Schwarz, in: v. Mangoldt/Klein/Starck, GG].

Thum, Cornelius, Bürgerbegehren und Bürgerentscheid in Bayern, Kommentar, Loseblatt, Kronach u. a., Stand: September 2008 [zitiert: Thum, Bürgerbegehren und Bürgerentscheid].

———, Bürgerbegehren und Bürgerentscheide im Bauplanungsrecht, KommP BY 1998, 411–415.

———, Zulässigkeit und Rechtsfolgen von Bürgerbegehren und Bürgerentscheiden im Bauplanungsrecht, KommP BY 1996, 251–252.

Treffer, Gerd/*Kroll*, Fritz, Bürgerbegehren und Bürgerentscheid in Bayern, Handkommentar mit Vollzugshinweisen und Wegweiser zum Verfahren, München 1996 [zitiert: Treffer/Kroll, Bürgerbegehren und Bürgerentscheid].

Tschentscher, Axel, Demokratische Legitimation der dritten Gewalt, Tübingen 2006 [zitiert: Tschentscher, Demokratische Legitimation].

Tsevas, Athanassios, Die verwaltungsgerichtliche Kontrollintensität bei der materiell-rechtlichen Nachprüfung des Planfeststellungsbeschlusses für raumbeanspruchende Großprojekte, Berlin 1992 [zitiert: Tsevas, Die verwaltungsgerichtliche Kontrollintensität].

Uechtritz, Michael, Die Änderungen im Bereich der fehlerfolgen und der Planerhaltung nach §§ 214 ff. BauGB, ZfBR 2005, 11–20.

Wagner, Jörg, Bauleitplanverfahren – Änderungen durch die BauGB-Novelle 1998, BauR 1997, 709–721.

Wagner, Olav, Unzulässige Delegation der Abwägung im Bebauungsplanverfahren, NJW-Spezial 2008, 588–589.

Wahl, Die Einschaltung privatrechtlich organisierter Verwaltungseinrichtungen in den Straßenbau, DVBl. 1993, 517–527.

Walther, Klaus, Inhalt und Bedeutung der Wirtschaftlichkeit und Sparsamkeit in der öffentlichen Verwaltung, BayVBl. 1990, 231–238.

Wegmann, Manfred, Bürgerbegehren und Bürgerentscheid – Zwischenbilanz und aktuelle rechtliche Fragen, in: Bayerische Landeszentrale für politische Bildungsarbeit (Hrsg.), Kommunalpolitik in Bayern, S. 75–102 [zitiert: Wegmann, in: Bayerische landeszentrale für politische Bildungsarbeit, Kommunalpolitik in Bayern].

———, Bürgerbegehren und Bürgerentscheid: Gebot der Sparsamkeit und Wirtschaftlichkeit, KommP BY 1997, 43–45.

Wehr, Matthias, Die Entscheidung über die Zulässigkeit des Bürgerbegehrens – Voraussetzungen und Konsequenzen, in: Knemeyer, Franz-Ludwig (Hrsg.), Bürgerbegehren und Bürgerentscheid in Bayern: Modell für mehr Demokratie und Stärkung kommunaler Selbstverwaltung?, Stuttgart u. a. 1996, S. 49–56 [zitiert: Wehr, in: Knemeyer, Bürgerbegehren und Bürgerentscheid].

Weiße, Björn, Die Bürgerkommune aus dem Blickwinkel ihrer demokratischen Legitimation – Ein Beitrag zur Verwaltungsmodernisierung, Hamburg 2009 [zitiert: Weiße: Die Bürgerkommune].

West, Christian, Zur Zulässigkeit von Bürgerentscheiden im Bereich der Bauleitplanung, VBlBW 2010, 389–393.

Weyreuther, Felix, Rechtliche Bindung und gerichtliche Kontrolle planender Verwaltung im Bereich des Bodenrechts, BauR 1977, 293–309.

———, Über die Erforderlichkeit von Bebauungsplänen, DVBl. 1981, 369–373.

Wickel, Martin/Bieback, Karin, Das Abwägungsgebot – Materiell-rechtliches Prinzip oder Verfahrensgrundsatz?, Die Verwaltung 39 (2006), 571–585.

Wittzack, Maren, Zusammenfassender Bericht über den Erfahrungsaustausch und die Diskussion anläßlich des Praktiker-Forums „Bürgerbegehren und Bürgerentscheid“ vom 13.5.1996 in Würzburg, in: Knemeyer, Franz-Ludwig (Hrsg.), Bürgerbegehren und Bürgerentscheid in Bayern: Modell für mehr Demokratie und Stärkung kommunaler Selbstverwaltung?, Stuttgart u. a. 1996, S. 37–48 [zitiert: Wehr, in: Knemeyer, Bürgerbegehren und Bürgerentscheid].

www.ingramcontent.com/pod-product-compliance
Ingram Content Group UK Ltd.
Pitfield, Milton Keynes, MK11 3LW, UK
UKHW021906290926
8980IPUK00015B/1089

9 783631 653265